Heinrich Böll:
Rom auf den ersten Blick
Landschaften · Städte · Reisen

Mit einem Vorwort von
Heinrich Vormweg

Deutscher
Taschenbuch
Verlag

dtv

Von Heinrich Böll sind außerdem
im Deutschen Taschenbuch Verlag erschienen:
In eigener und anderer Sache. Schriften und
Reden 1952-1985 (5962; 9 Bände in Kassette)
In Einzelbänden lieferbar:
Zur Verteidigung der Waschküchen (10601)
Briefe aus dem Rheinland (10602)
Heimat und keine (10603)
Ende der Bescheidenheit (10604)
Man muß immer weitergehen (10605)
Es kann einem bange werden (10606)
Die »Einfachheit« der »kleinen« Leute (10607)
Feindbild und Frieden (10608)
Die Fähigkeit zu trauern (10609)

Juni 1991
Deutscher Taschenbuch Verlag GmbH & Co. KG,
München

Erstveröffentlichung: Lamuv Verlag,
Bornheim-Merten 1987
ISBN 3-88977-124-6
Umschlaggestaltung: Celestino Piatti
Gesamtherstellung: C. H. Beck'sche Buchdruckerei,
Nördlingen
Printed in Germany · ISBN 3-423-11393-6

Das Buch

»Alles erste Blicke am ersten Tag... und wieviel Blicke tut ein Auge täglich?« Sich aufmerksam umzuschauen auf seinen Reisen, das in fremden Landschaften, Städten und Gesichtern Wahrgenommene festzuhalten und mitzuteilen war für Heinrich Böll ganz selbstverständlich. Er hat das offenbar sehr früh schon geradezu als eine Bedingung des Überlebens empfunden, eine Voraussetzung dafür, sich nicht selbst zu verlieren. Schon in den zahlreichen Briefen, die er als wider Willen umhergeworfener Soldat vor allem an seine Eltern und seine Frau richtete, finden sich immer andere, oft detailliert ausgeführte Beschreibungen all dessen, was ihm vor Augen kam. Neben den bisher unbekannten Briefen aus der Soldatenzeit sind hier brillante, sprachlich funkelnde Essays, Berichte und Reportagen versammelt, die einem erst in dieser Zusammenstellung bewußt machen, daß Heinrich Böll neben all seiner großen erzählerischen Qualitäten auch ein ausgezeichneter, sehr spontaner und persönlicher Reiseschriftsteller ist. Berlin, Paris, Polen, Israel, Prag, Petersburg, Rom und natürlich immer wieder Irland sind die Stationen der Reisen, von denen Böll hier erzählt. Als Kontrapunkt stehen Texte über Köln und den Rhein. »Manche dieser Beschreibungen und Berichte«, schreibt Heinrich Vormweg im Vorwort, »insbesondere in den Briefen, geben das Gefühl, hier dem Ausgangspunkt, den Anfängen, dem produktiven Grundansatz des Schriftstellers – damit auch des Erzählers – so direkt auf der Spur zu sein wie sonst nirgendwo.«

Der Autor

Heinrich Böll, geboren am 21. Dezember 1917 in Köln, war nach dem Abitur Lehrling im Buchhandel. Danach Studium der Germanistik. Im Krieg sechs Jahre Soldat. Seit 1947 veröffentlichte er Erzählungen, Romane, Hör- und Fernsehspiele, Theaterstücke, Essays und war auch als Übersetzer aus dem Englischen tätig. 1972 erhielt Heinrich Böll den Nobelpreis für Literatur. Er starb am 16. Juli 1985 in Langenbroich/Eifel.

Von Heinrich Böll
sind im Deutschen Taschenbuch Verlag erschienen:
Irisches Tagebuch (1)
Zum Tee bei Dr. Borsig (200)
Als der Krieg ausbrach (339)
Nicht nur zur Weihnachtszeit (350; auch als dtv großdruck 2575)
Ansichten eines Clowns (400)
Wanderer, kommst du nach Spa... (437)
Ende einer Dienstfahrt (566)
Der Zug war pünktlich (818)
Wo warst du, Adam? (856)
Gruppenbild mit Dame (959)
Billard um halbzehn (991)
Die verlorene Ehre der Katharina Blum (1150; auch als dtv großdruck 25001)
Das Brot der frühen Jahre (1374)
Hausfriedensbruch/Aussatz (1439)
Und sagte kein einziges Wort (1518)
Ein Tag wie sonst (1536)
Haus ohne Hüter (1631)
Du fährst zu oft nach Heidelberg (1725)
Das Heinrich Böll Lesebuch (10031)
Was soll aus dem Jungen bloß werden? (10169)
Das Vermächtnis (10326)
Die Verwundung (10472)
Weil die Stadt so fremd geworden ist... (10754; zusammen mit Heinrich Vormweg)
NiemandsLand (10787; Hrsg. unter Mitarbeit von Jürgen Starbatty)
Frauen vor Flußlandschaft (11196)
Eine deutsche Erinnerung (11385)
Heinrich Böll zum Wiederlesen (dtv großdruck 25023)

Über Heinrich Böll:
In Sachen Böll – Ansichten und Einsichten (730)

Inhalt

Vorwort

Längst schon scheint der Bericht in Wörtern, scheint die Beschreibung überflüssig zu sein. Was immer die Augen nah oder fern wahrnehmen, es läßt sich ja ganz direkt und weit objektiver, genauer als in Wörtern und Sätzen festhalten per Foto, Film oder Video, und fürs Ohr tun Tonband und Kassette das ihre dazu. Es ist eine ganz andere Kultur des Berichtens entstanden. Zu Millionen fixieren die Menschen mittels der jedermann zugänglichen Aufzeichnungsgeräte, vor allem der optischen, was ihnen ganz persönlich zu Hause und auf Reisen, in nahen und fernen Umgebungen, Landschaften, Städten aufgefallen ist. Und wenn andere etwas zu berichten haben, sei's im eigenen Wohnzimmer oder in den Medien, bevorzugt längst jedermann die Wirklichkeitsnähe und Anschaulichkeit der Bilder. Foto- und Filmbericht reduzieren alle sprachliche Bemühung, jedenfalls tendenziell, auf den bloßen Kommentar, lassen sie zu peripherem Beiwerk werden.

Es geht eine große Faszination aus von der scheinbar einzig noch zeitgemäßen Kultur des Berichtens. Auch Heinrich Böll hat sie gespürt; es ist in diesem Buch belegt durch einige Vor- und Nachworte zu Fotobänden und die Drehbücher zu zwei Fernsehfilmen. Zugleich aber hinterläßt die technisch begründete Kultur des Berichtens ein Ungenügen. Das hat Böll ebenfalls gespürt; es überträgt sich durch manchen Hinweis in und zwischen den Zeilen der Briefe, Berichte und Beschreibungen, die in diesem Band zusammengestellt sind. Aber er hat diesen Zwiespalt nicht zu einer Grundsatzfrage gemacht. Ohne Foto und Film auszuschließen, gar ihre Möglichkeiten zu verwerfen, ist Heinrich Böll, wo er von Landschaften, Städten und Reisen berichtet hat, ganz schlicht seinem Selbstverständnis als Schriftsteller gefolgt. Ihm jedenfalls waren immer die Sprache und ihre imaginierende Kraft näher als die technischen Medien und die durch sie so viel leichter herstellbaren Abbilder. Der Sprache traute er mehr. Und sein Zutrauen, es hat sich als beweiskräftig erwiesen.

Der Erzähler Böll ist gegenwärtig auch in seinen Beschreibungen und Berichten, aber diese sind deshalb keine Erzählungen. Es finden sich in Bölls Erzählungen und Romanen manche Passagen, die wegen der eindringlichen Sachlichkeit ihres Beschreibens zum Vergleich locken, aber sie unterscheiden sich, so unmittelbar realistisch sie sind, auch auf den ersten Blick schon deshalb, weil sie ganz unverkennbar ins Erzählen integriert und dadurch gewandelt sind. Dem Erzählen ganz nahe, sind Bölls Beschreibungen und Berichte doch ein eigener Teil seines Werkes, ähnlich seinen Reden, seinen Essays, seinen Äußerungen in Gesprächen, die ebenfalls den Erzähler nie verleugnet haben. Die Identität des Schriftstellers ist hier wie dort mit Händen zu greifen, und sie zählt mehr als alle Unterscheidungen, die sich anbieten. Wie sie sich darstellt, speziell in den Beschreibungen und Berichten, darauf vor allem kommt es an.

Manche dieser Beschreibungen und Berichte, insbesondere in den Briefen, geben das Gefühl, hier dem Ausgangspunkt, den Anfängen, dem produktiven Grundansatz des Schriftstellers – damit auch des Erzählers – so direkt auf der Spur zu sein wie sonst nirgendwo, und wenn man einmal alle herkömmlichen Genre- und Gattungsunterscheidungen außer acht läßt, soviel sie sonst bedeuten, trifft das wohl auch zu. Unverstellt zeigt sich Bölls erstaunliche Fähigkeit zur direkten sprachlichen Konkretisierung komplexer und zugleich differenzierter Umweltwahrnehmung, wobei Umwelt immer auch soziale Umwelt ist, geschichtliche, von Menschen bewohnte Umwelt. Das ist keine Frage des Stils oder der Methoden. Es hat zu tun mit einer fast naiven, doch zugleich ungemein vielseitigen, einer zerstreuten, offenen, wartenden, des spontanen Zugriffs fähigen Unmittelbarkeit des Blicks und des Erfahrens, die bei Böll stets auch eine Unmittelbarkeit des Schreibens ist. Wo andere sich mit komplizierten Instrumentarien der erfahrbaren Realität nähern und ihr doch nur blasse Fotos abgewinnen, hatte Böll immer schon zu- und begreifend sein Wort.

Dabei macht jeder Vergleich zwischen den in den Briefen oft nur skizzenhaft hingeworfenen Ansichten von Landschaften, Städten, Reisen und den sorgfältig ausgearbeiteten Ansichten deutlich, daß ein struktureller Unterschied zwischen ihnen nicht besteht. Eines bleibt sich gleich: ein Zwang geradezu, die festgefügten Vorurteilsmuster, mit denen die Menschen seit eh und je in ihrer Zeit leben, jedenfalls partiell zu unterlaufen und zu annullieren. Schon der Soldat Böll im Zweiten Weltkrieg, seine Briefe weisen es aus, bestand darauf, unreglementiert wahrzunehmen, vorschriftswidrig zu berichten, was er selbst erfuhr. In seinem ganzen Ausmaß verdeutlicht sich dies heute zwar erst, wenn der zeitgeschichtliche Kontext ins Bild geholt wird; wenn die Briefe aus dem Zweiten Weltkrieg im Umfeld jener Jahre gesehen werden; wenn noch bewußt ist, welche der damals einer übergroßen Mehrheit als ganz natürlich erscheinenden, selbstverständlichen Sicht- und Anschauungsweisen in ihnen einfach nicht vorkommen. Aber erkennbar ist es auch ohne dies, und die späteren Beschreibungen und Berichte haben dem immer noch andere Facetten hinzugefügt. Die Unfähigkeit, seine Erfahrungen dem vorherrschenden Konsens ein- und unterzuordnen, war damals schon und blieb Teil der Identität des Schriftstellers Heinrich Böll. Daß Böll sie um 1945 offenbar auch als Hilflosigkeit, Unbeholfenheit erlebte, hat die Kraft, die sich hierin verbarg, nur gesteigert.

Spätestens hier wird auch deutlich, was der scheinbar so zeitgemäßen, abbildersatten modernen Kultur des Berichtens durchweg immer noch fehlt: die aus der Individualität, der Person des Berichterstatters folgende Kraft des Bedeutens, jene Erhellung der Dinge, Zustände, Szenerien aus ganz subjektiver, aber deshalb nicht beliebiger, sondern notwendiger Erfahrung, ohne die sie wie leblos bleiben. Immer wieder hat Heinrich Böll es riskiert, berichtend und beschreibend auf dem subjektiven Blick, seinem Blick zu bestehen. Er konnte nicht anders. Und immer neu zeigt sich, daß er gerade deshalb mehr sah als andere, genauer und komplexer sah und schrieb und immer wieder Überraschendes mitzuteilen hatte.

Der zugleich unterscheidende, erhellende und prägende Blick Heinrich Bölls zeigt seinen Zugriff oft schon im ersten Satz. »Der eiserne Vorhang ist aus Luft«, »Durch Straßen wie diese führte mein Schulweg«, »Köln ist für mich die Stadt der alten Gesichter« – das sind solche Anfänge, die von einem Moment zum anderen aufrütteln, die Perspektive verändern, den Blick der Leser öffnen. Und nicht nur, als sie zuerst an die Öffentlichkeit kamen. Die Unmittelbarkeit, die spontane Intensität von Bölls Kunst, sich schreibend den Erfahrungen so auszusetzen, daß das Erfahrbare sich neu und überraschend enthüllt, sie bringen noch immer Neues, nicht nur, weil die rückblickende Erinnerung an Erweiterungen des Blickfelds und die Umorientierungen, die sie schon ungezählten Lesern vermittelt haben, vorhält, sondern Neues jetzt, heute. Vorurteilsmuster nämlich, das falsche Sehen, die Unfähigkeit zur Wahrheit sind ungeheuer haltbar. Sie überwuchern immer wieder die Breschen, die der genaue Blick in sie schlägt. Schon deshalb haben Heinrich Bölls Beschreibungen und Berichte weiterhin Aktualität.

Heinrich Vormweg

Mit den Augen eines Soldaten
Briefe aus den Kriegsjahren (1940–1943)

Sich aufmerksam umzuschauen, das in fremden Landschaften, Städten und Gesichtern Wahrgenommene festzuhalten und mitzuteilen, war für Heinrich Böll ganz selbstverständlich, lange bevor er als Schriftsteller hervorgetreten ist. Er hat das offensichtlich sehr früh schon als eine Bedingung des Überlebens empfunden, eine Voraussetzung dafür, sich selbst nicht zu verlieren. Das Medium war zunächst derBrief. In den zahlreichen Briefen, die er als wider Willen umhergeworfener Soldat vor allem an seine Eltern und seine Frau richtete, finden sich immer andere, oft detailliert ausgeführte Beschreibungen all dessen, was ihm vor Augen kam. Im folgenden eine Auswahl solcher Passagen aus bisher unveröffentlichten Briefen, die Heinrich Böll von Mitte 1940 bis Herbst 1943 geschrieben hat.

Bromberg, den 16. Juli 1940

(...) Die Landschaft, soweit ich sie kenne, hat den fabelhaften Reiz absoluter Eintönigkeit; Sand, Gebüsch, Nadelwäldchen und dieses kleine, schmuddelige Flüßchen, die Brahe. Die Stadt ist da, wo sie einen deutschen Eindruck macht, zum Teil vom Gepräge der Maternusstraße, oder etwa so wie die Roonstraße (also eine von Bäumen umsäumte Maternusstraße). In manchen Straßen haben die Häuser flache Dächer und dunkelgraue, verwaschene Fassaden, das wirkt sehr östlich, fast so, wie ich mir eine russische Großstadt vorstelle; die drei oder vier Hauptstraßen dagegen sind äußerst bunt und großstädtisch; unheimliche polnische Huren, die allen Charme Frankreichs mit den Reizen der Halbwildheit vereinigen (...)

Ausgesprochen polnische Viertel habe ich bisher noch nicht entdeckt, obwohl ja die Bevölkerung bekanntlich 90 Prozent polnisch ist. Die Volksdeutschen (...) sind äußerlich vom Schlage Zevens (daher die Sympathien), wenigstens die, die man ohne Hakenkreuzabzeichen als Deutsche erkennt; die anderen haben oft den unverkennbaren östlichen Blick oder irgendeinen anderen polnischen Einschlag; die meisten von ihnen tragen wenig dazu bei, den Aufenthalt hier sympathischer zu machen; im übrigen werden sie alle, soweit sie Geschäftsleute sind, steinreich; zweifellos wäre es nicht eben begeisternd, wenn alle 120000 Einwohner von dieser Sorte wären. Von den Polen weiß man, daß sie Fremde sind und uns nicht Freund sein können, und damit ist die Lage klar; sie machen alle einen sehr niedergedrückten Eindruck, aber hinter der Schwermut ihrer Augen, die wie ein Niederschlag ist, lauert der Haß und ein toller Fanatismus, der zweifellos wilder als je wieder aufflackern würde, sobald einmal etwa drei Wochen kein Militär mehr hier wäre; dann würde aber keiner von den Volksdeutschen mehr übrigbleiben. Man sieht ganz deutlich in ihren Augen, daß dieses Volk prädestiniert ist zur Revolution, und es wird einem klar, daß sie noch lange nicht die Hoffnung aufgegeben haben, einmal wieder frei zu werden; manchmal sieht man an einer kleinen Kirche, in einer Haustür oder am Ufer des trüben Flüßchens eine Gestalt, die in ihrer phantastischen Armut, in ihrer abgründigen Trauer und der schlummernden, verhaltenen Leidenschaft wie ein Sinnbild vom Schicksal Polens ist. Die Mentalität der Volksdeutschen kann ich nur nach den Physiognomien und nach der Sprache beurteilen, aber das genügt ja auch vollkommen, danach schlage ich vor, unser Urteil nicht nur zu intensivieren, sondern nach höchstmöglicher Intension endgültig zu fixieren. (...)

Im Lazarett, Amiens, den 6. September 1940

(...) Heute nachmittag bin ich mehrere Stunden in Amiens gewesen; zunächst war ich sehr erstaunt über die Größe der Stadt, ich hatte höchstens eine Stadt wie Siegburg erwartet, aber Amiens ist mindestens so groß wie Mainz; die Zerstörungen sind geradezu entsetzlich; direkt aus der Nähe gesehen wirkt alles noch viel grauenhafter, weil jede Einzelheit fast ebensoviel Elend erzählt, wie wenn man von fern das Ganze sieht; die Kathedrale ist völlig unversehrt, aber von den Häusern zehn Meter weiter steht nichts mehr; einige Stadtviertel sind völlig unversehrt geblieben. Nachdem ich mir zuerst einmal lange die wunderbare Kathedrale angesehen habe (leider nur von außen), habe ich mich lange in der Altstadt umhergetrieben und habe den Kinderfreund gespielt, indem ich einen Arm voll Keks an die schmutzigen, reizenden französischen Kinder verteilt habe.

Die Kathedrale ist fabelhaft. Wirklich; der Kölner Dom ist von außen ein Scheißhaufen dagegen. Jede einzelne der vielen Figuren ist wert, daß man ein Bild davon besitzt.

Das einzige, wonach ich mich dann sehr emsig umgetan habe, war eine vernünftige Buchhandlung; aber es war nichts zu finden; in einem Papierladen habe ich ein paar Postkarten bekommen, die ganz nett sind; davon lege ich die schönsten bei; es war immer schon meine Idee, aus den Trümmern Frankreichs wenigstens ein paar Bücher von Léon Bloy und Georges Bernanos mitzubringen; hoffentlich habe ich noch einmal Gelegenheit, für längere Zeit in die Stadt zu kommen, aber es ist sehr schwierig; jedenfalls werde ich dann *nur* nach Büchern ausschauen; es ist doch das einzige, was sich lohnt.

Von den anderen Kirchen der Stadt sind einige zerstört; eine ganz unzerstörte habe ich gesehen; es sieht wirklich eigenartig aus, die völlig unversehrte Kirche inmitten eines ehemals engen großstädtischen Viertels (das hat man im Gefühl, das liegt in der Atmosphäre) hoch aufragen zu sehen; stellt Euch vor, man könnte eines Tages von St. Mauritius aus St. Apostel hoch und frei von allen Seiten betrachten; man würde glauben, man träume; so erging es mir tatsächlich hier. (...)

Köln-Dünnwald, den 1. April 1941

(...) Bei Tage ist es sehr schön hier, zwei Stunden patrouilliert man seine 578 Schritt immer rund durch den Wald; wenn nicht gerade geschossen wird, hört man die Vögel singen. Die wunderbare Stille des Waldes ist wirklich herrlich. Nach der ersten Stunde werde ich zwar immer etwas ungeduldig, aber nur für Minuten, dann nimmt mich wieder der Wald gefangen, und ich vergesse ganz, daß ich einen drückenden Stahlhelm trage und ein Gewehr über der Schulter habe. Doch ich bin kein Kind des Waldes, das spüre ich oft so sehr. Es ist eine fremde, berauschende und – mir scheint fast so – gefährliche Welt für einen Städter, der an einem großen Strom geboren ist und die Unruhe eines fließenden Wassers im Herzen trägt. (...) Lockend und süß ist diese leise, rufende Tiefe des Waldes mit ihrer dämmerigen Stille und ihren erdigen Gerüchen. (...) In diesen wenigen Stunden ist mir ganz klar geworden, warum und daß die Jäger und alle Leute, deren Element der Wald ist, Heiden sind; wenn man immer im Wald lebt, immer rauschhaft diese trunkene Versunkenheit der Natur genießt, dann muß doch alles Geistige versinken und verschwimmen. Ach, ich bin wirklich ein Kind des großen und immer fließenden Wassers; meine Sehnsucht ist nicht die lautlose, fast tierische Versunkenheit des Waldes, meine Sehnsucht ist das lebendige, blutige Leben. Ich sehe lieber die Wellen des Rheins, immer andere, immer neue; ich sehe sie hinausfließen ins Meer und sehe dann alle die vielen Länder, die von dem weiten Meer berührt werden. (...)

Köln, April/Mai 1941

(...) Eben bin ich eine Stunde durch Ehrenfeld gebummelt, auf der Suche nach Zigaretten; ach – ich wußte nicht, daß es in Köln so gottlos viel jammer- und verzweiflungsvolle Straßen und Viertel gibt; in meiner krankhaften Nikotinsucht bin ich lange herumgeirrt... Ich bin in einem entsetzlich billigen Café gewesen und habe gräßlichen Kaffee getrunken und billigsten Streuselkuchen gegessen, obwohl ich nicht den geringsten Appetit hatte; ich habe – immer nur der Zigaretten wegen – in ein paar Kneipen ganz entsetzlichen Fusel getrunken, obwohl ich so schon schwindlig war vor Müdigkeit (und diese ganze aufreibende und kostspielige Expedition hat mir nur drei Eckstein eingebracht, das ist das Schlimmste). Oh, diese unglaublich trostlosen Straßenzüge, über denen die hoffnungslose Abgestorbenheit der Bewohner liegt wie ein lähmendes Entsetzen; diese alten, schweren Fabrikmauern, die Schutthalden und Frühstücksstuben, die Brutstätten des Ekels, und zu allem Überfluß noch ein kleiner Rummelplatz mit seiner erbärmlichen Musik, auf dem ein paar Kinder als einzige Gäste auf Holzpferden sich rundfahren lassen; aber das Aller-, Allerentsetzlichste – sind doch die Gesichter der Zeitgenossen; ach, ich kann sie nicht hassen, ich kann sie nicht lieben; es ekelt mich nur ganz entsetzlich; nirgendwo siehst du auch nur einen Schimmer von Leben, Glanz oder Feuer. Alle diese uniformen, grauen, müden und so unsagbar armen und bemitleidenswerten Gesichter; ich kann es nicht mehr sehen ... und manchmal – das ist das Schlimmste! – siehst du dann im Vorübergehen deine eigene Fratze irgendwo im Spiegel, und es ist zum Erschrecken! Diese ausdruckslose, leblose, rötliche Visage, ich kann sie nicht mehr sehen. (...)

Köln, 10. August 1941

(...) Es regnet draußen, wunderbar fein und mild, und Sonntagnachmittag ist. Ach, oft meine ich, daß der Sonntagnachmittag seine eigene Substanz hat, eine ganz eigene Mischung von Trauer, Schwermut und Hingabe; eine ganz besondere Bereitschaft hat der Mensch in dieser Stunde, meine ich.

Ich entsinne mich eines Sonntagnachmittags voriges Jahr, an dem ich ganz wahnsinnig war vor Sehnsucht nach der bunten Schönheit des Lebens. Morgens – es war auf der Fahrt von Bromberg nach Frankreich – hatten wir stundenlang in der glühenden Hitze des Juli auf einem kleinen, baumlosen Bahnhof in Belgien gelegen – ich glaube, Waregem hieß das Nest –, durstig, verstaubt und dreckig, und nirgendwo war etwas zu trinken zu bekommen. Vorher waren schon so viele Transporte durchgekommen, die hatten alles weggetrunken. Also, wir lagen auf diesem öden, kleinen Bahnhof auf einem Nebengleis und warteten auf irgendeine Verstopfung, die behoben werden mußte; Du kennst es vielleicht, die Gleise von allerhand Unkraut überwuchert, Reste von verladenen Rüben, Trockenheit und Staub, mittags, Sommer. Endlich tauchte ein Karren mit Eis auf, und dann, nachdem alles wie irrsinnig auf diesen kleinen, weißen Karren zugerannt war, stellte sich heraus, daß niemand mehr kleines Geld hatte, und dann auch nur deutsches; es war zum Verzweifeln. Ich wendete mich schließlich mit einem grauenhaften Gemisch von schlechtem Französisch an eine vorübergehende Frau und bat sie, mir zehn Mark zu wechseln, einen Schein, den ich bittend in Richtung des Eiskarrens schwenkte. Sie lächelte nur und zuckte die Schultern, aber schließlich kam sie auf die einfache und sehr praktische Idee, mir eine Portion Eis zu schenken. Sie zeigte mir triumphierend einen belgischen Franken, und dann ging sie an den Wagen und kaufte mir eine ganze Portion schönes, gelbes Vanilleeis. Der ganze Bahnsteig war natürlich besetzt, und ich, in meiner absoluten Untüchtigkeit, stand natürlich in der dritten oder vierten Reihe, und niemals hätte ich bei dieser Hitze auch nur ein Atom von meinem Eis bekommen, wenn es hätte durch diese vier Reihen gereicht werden müssen, und so mußten wir beide ein ganzes Stück, nur durch den Zug getrennt, nebeneinander hergehen, bis wir schließlich ganz am Ende des Bahnhofs eine freie Stelle fanden, an der ich dann mein Eis überreicht bekam. Es war ganz wunderbar, nur Milch und Ei und Zucker, ganz friedensmäßig, nein, solches Eis habe ich bei uns nicht einmal im Frieden gegessen. Es war ganz wunderbar... Und es war ganz herrlich, so nah neben dieser schönen Frau zu stehen, nachdem ich so lange nur den Dunst und die ganze Hoffnungslosigkeit dieser schwitzenden, männlichen Gesellschaft um mich gespürt hatte in dem kleinen Abteil zu acht Mann mit Gepäck. Sie hatte ganz gelbes, warmes blondes Haar und ein paar dunkle, spanische Augen, sehr traurig und düster und doch lächelnd, und ich war unendlich glücklich in dieser halben Stunde, in der ich neben ihr stehen durfte. Wir sprachen zusammen – soweit es ging – über Deutschland, das sie sehr liebte, und über Flandern, dieses seltsame Land mit seiner nordischen Derbheit und seiner spanischen Leidenschaft und Trauer. (...)

Vielleicht habe ich doch mehr geträumt an diesen Tagen von dieser blonden Frau mit den spanischen Augen, als ich selbst wußte. Abends waren wir dann in Kortrijk, und obwohl ich von dieser Stadt gar nichts gesehen habe als den Bahnhof und eine Straße, die am Bahnhof entlangführte, ist es eine meiner schönsten Erinnerungen an diese lange Fahrt. Ich weiß nicht, ich war ganz erfüllt von einer unbändigen Sehnsucht nach Leben und der Liebe einer Frau, und ich war ganz berauscht von dem Anblick der hohen, grünen Bäume dort am Bahnhof und den bunten, phantastisch anmutenden Kleidern der Frauen. (...)

Westen, den 2. November 1941
Allerseelen!!!!

(...) Heute habe ich einen schönen und besonders interessanten Tag gehabt, obwohl ich drei- oder viermal klatschnaß geworden bin und gefroren habe wie ein Schneider. In aller Herrgottsfrühe sind wir heute morgen losgetrottelt mit Roß und Wagen, im tiefen Nebel, noch im Dunkeln über die große Brücke aus Holz, die über Seine und Eure führt, es war gespenstisch, so in ziemlicher Höhe auf dem wackligen Wagen über den Fluß zu gondeln, und dann in den Bauernhof hinein; erst in die gute Stube zum Bauern, der beim Frühstück saß mit seiner Familie; wunderbar, beim Ofen zu sitzen und eine Pfeife zu rauchen und mit dem Bauern über den Preis der Äpfel zu verhandeln! Dann gehen wir in einen großen, großen Schuppen, der voller Äpfel liegt, so vollgepfropft, daß man fast betrunken wird von dem süßlichen, schönen Geruch; dann packen wir uns vier Zentner in die Karre, den Zentner für vier Mark, und gondeln wieder los. Noch immer ist es neblig und kalt und wir frösteln, und der Bauer, dem ich meinen Beruf habe mitteilen müssen, ruft mir nach, lachend: *»Les meilleures études ça, la vie militaire!«* Ein prächtiger, dicker Mann mit offenen schönen Augen, voll Stolz und Freude und Frieden sein Gesicht, wirklich ein König, so daß ich mir ein wenig erbärmlich vorkomme, ein kleiner, verfrorener Soldat, der seinen billigen Tabak raucht. Unterwegs trinken wir in einer Kneipe ein Glas wärmenden, schönen Schnaps, und dann geht es wieder über den schmalen Landweg, der im Nebel schwimmt wie ein kleiner Holzsteg im Wasser; die Peitsche knallt, und der Sohn unterhält sich ein wenig murrend mit seinen Pferden; ach, ich denke immer daran, daß heute Allerseelen ist. (...)

Aber man läßt mir keine Ruhe; über Mittag mußte ich ein Fahrrad besorgen, eine schwierige Kunst, und dann nach dem Essen gleich losfahren, ein Stück Vieh besorgen für unsere Küche, das war eine Tour! Man hatte mir einen *berger* genannt, der sich irgendwo im Gelände mit seiner *cabane* und seiner kleinen Herde herumtreibt; der soll uns einen Hammel verkaufen; wir wissen gar nichts, außer daß er *Julien* heißt und ungefähr die Gegend, wo er sich mit seiner Herde herumtreibt. Strömender Regen, und wir zotteln über die Landstraße, über Feldwege, durch Wälder, die noch fast grün sind, trinken in fast jeder Kneipe einen, und endlich, endlich, nach langer Fragerei, wissen wir, wo seine *cabane* steht. Dann geht es über Felder und Äcker, Wiesen und Heide, und endlich nahen wir uns einem noch jungen, blonden Gesellen, der seine Pfeife raucht; sein unrasiertes Gesicht zuckt, als ich ihm mein Anliegen vortrage; dann läßt er sich erst eine Zigarette geben, und dann ruft er seinen Hunden ein paar ganz kleine leise Worte zu, und die rasen wie besessen um die Herde, bis sie ganz zusammengepfercht vor uns steht, alle die bleichen Köpfe der Schafe auf uns gerichtet, müde und ein wenig blöde – traurig; wir suchen uns einen fetten Hammel aus – ein Metzger war bei uns –, und dann geht das tolle Handeln mit dem blonden Burschen los, der unheimlich viel Zeit hat und Nerven, Nerven wie Drahtseile, aber wir hetzen, hetzen, hetzen ihn doch von 1500 auf 900 Francs, wirklich, eine Stunde haben wir daran gearbeitet; er fiel um wie ein morscher Baum, als wir ihm ein ganzes Bündel 100-Franc-Scheine vor die Nase hielten. (...)

Antwerpen, 1. Dezember 1941

(...) das ist der Krieg: eine überfüllte, schmuddelige Schänke, Feldwebel und Soldaten und eine grausam sentimentale Mischung aus Radio, Qualm und Singerei, Hafenleute und mitten, mitten drin ein großes Billard, ach, so schön grün das Tuch, und ein ganz kleiner Junge spielt mit den Bällen, ganz klein, drei oder vier Jahre alt, und er reckt sich über den Rand und wirft die roten und die weißen Bälle aneinander, einen blonden, hellen Schopf hat er und ein rosiges Gesicht, so voller Unschuld ... Und ich, ich hocke mitten dazwischen, Gott sei Dank allein an einem Tisch bei einem Glas Mokka, und alle schauen mich abwechselnd einmal verstohlen an, weil ich so düster dreinblicke; und da sitze ich, und ab und zu, wenn er Zeit hat, steht der Kellner bei mir und verhandelt mit mir, und ich sitze auf heißen, ach, glühenden Kohlen, denn ich bin von unserem Zug abgehauen so zwischen einer Vigilie und der andern. (...)

Und mitten in der Nacht, so gegen zwei Uhr, mache ich mit meinem Gewehr einen kleinen Spaziergang vom Zuge weg, durch den auch tagsüber so wunderbar stillen und hohen großen Südbahnhof, durch den leeren Wartesaal, durch die Sperre, und stelle mich eine Viertelstunde vor dem Bahnhof auf den leeren Platz; der Mond scheint ganz hell und klar; fast unwirklich, dieses Licht (ich kann wirklich und wahrhaftig in meiner kleinen Taschenbibel lesen). Ganz nah ist der Hafen mit seinen unsichtbaren Kneipen, und manchmal hört man, wie irgendwo eine Tür sich öffnet und ein Schwall von Grölen und Kreischen in die Nacht fällt, es ist so, als wenn man eine Luke öffnet und das Feuer schlägt einem entgegen; es ist so schön, so zu stehen in dieser klaren und hellen und doch sehr stillen Nacht, warm eingehüllt, und die großen, unbeweglichen silbernen Häuserzeilen zu überschauen und die märchenhaft schöne Allee mit ihren nächtlichen Schatten, so phantastisch schön. (...)

30. Dezember 1941

(...) Wir haben einen warmen Wagen, zwei Mann, jeder eine ganz weiche Polsterbank für sich, auf der man herrlich schlafen kann. Gleich in Nippes, als wir den Zug übernahmen, habe ich mich hingelegt und bin eingeschlafen. (...) Und geschlafen, geschlafen habe ich bis heute morgen halb elf, als wir in Maastricht waren; nun ist es ein Uhr, und wir halten in Lüttich, schon in Belgien. (...)

Nun sind wir an Namur vorbei und fahren durch das schöne Tal der Maas; die dunklen Wälder auf den Höhen sind verhangen von Nebel, obwohl es doch nachmittags vier Uhr ist, bald, in zwei Stunden schon, ist es wieder dunkel. (...) Wie oft auf dieser Fahrt überkommt mich das Gefühl völliger Verlorenheit und Verlassenheit, und ich möchte tief hinabsinken in einen Abgrund von Trauer und Verzweiflung, aber ich denke daran, was ich Dir versprochen habe. (...)

So oft wir halten, umringen Kinder unseren Waggon und betteln um Brot, auch Frauen, armselig gekleidet, mager, mit bitteren Gesichtern, stehn am Wege und deuten auf ihre Taschen. Wenn unser ganzer Zug aus Brotwagen bestünde, könnten wir nicht allen Hungrigen etwas geben; selbst wenn wir mitten auf der Strecke an einer ganz abgelegenen Stelle halten, auf einmal sind sie da und heben bettelnd die Hände; eben, als wir mitten in der Stadt Namur hielten, zwischen Mauern und Hinterhöfen, sprang ein Junge über die Mauer, an unserem Wagen hoch und reichte uns einen Zettel, darauf stand: *Brot,* in einer zierlichen französischen Frauenschrift; das flehende, bleiche Gesicht des taubstummen Kindes hing an mir wie an einer allerletzten Hoffnung, und ich frage mich, welcher Mensch zwischen Himmel und Erde wohl dem Kind diese letzte Hoffnung zerstört hätte! (...)

Die Nebel werden immer dichter, und die Krähen kreisen mit ihren drohenden Schreien über den Wiesen und Wäldern an der Maas; unser Zug hält noch immer, solange kann ich auch noch schreiben, denn während der Fahrt werden wir so sehr hin- und hergerappelt, daß man nicht einmal lesen könnte; bald, bald ist es wieder dunkel, dann fahren wir in unserem warmen Wagen schlafend ins Dunkel nach Frankreich hinein; so war es auch vor eineinhalb Jahren im Juni; als wir wach wurden, fuhren wir durch die weiten, wunderbaren Kornfelder Nordfrankreichs. (...)

Zum letzten Mal hält der Zug, ehe es dunkel wird. Eine kleine wallonische Stadt, ein öder Bahnhof, Hügel mit wunderbaren dunklen Wäldern, und hier in einem herrlichen verwilderten Park eine Villa, ganz einsam, die Läden hängen herunter. (...)

31. Dezember 1941

(...) Es ist halb elf Uhr morgens, und wir haben eben gefrühstückt; seit zehn Stunden sind wir jetzt in Frankreich; diese Nacht, so gegen halb zwölf wurden wir wach, und dann ging ich nebenan in das Abteil des Zugführers, um ihn zu fragen, wo wir seien; doch als ich schon sein Profil in der Dunkelheit sah, scharf, mit einem französischen Sergeantenschnurrbart, wußte ich genug; ich fragte ihn doch noch einmal, und dann sagte er mit einem ganz seltsam feierlichen Pathos: *Oui, Monsieur, France déjà.* Nun liegen wir in einem Güterbahnhof fest, mitten in dem großen Wald, in dem auch Compiègne liegt; ich habe mich zum erstenmal gewaschen und rasiert mit wunderbarem, eiskaltem Brunnenwasser und fühle mich froh und glücklich. (...)

In Nebel gehüllt viele kleine Häuser, klein und winzig wie Puppenhäuser; wir sind im Lande der Kinderlosigkeit und des Individualismus; wir nähern uns Versailles, kaum hundert Meter können wir sehen, und das Allerschlimmste ist, heute ist Sylvester, und wir haben keinen Tropfen zu trinken, nichts zu kaufen, keinen Wein, keinen Alkohol, und bald, bald ist es schon wieder dunkel. (...)

Versailles... Zwei unendlich lange, herrliche Alleen, die schräg von der Bahn ablaufen, ein Park, wunderschön, Wald, und ein großer, quadratischer Teich, und dahinter, kaum fünfzig Meter weiter liegt das Schloß, und wir können es nur ahnen, denn alles, alles verdeckt der Nebel. (...)

Wir feiern Sylvester in einer französischen Kneipe. Ich biete alle meine französischen Kenntnisse auf, um der Wirtin – einem sehr liebenswürdigen Negerbastard – eine Flasche Cognac abzuschwätzen, denn wir haben noch eine lange Fahrt im ungeheizten Zug vor uns; immer wieder sage ich: *Sylvestre aujourd'hui*, aber sie lächelt nur verständnislos, bis ich endlich, endlich kapiert habe, und dann sage ich lachend: *Saint-Sylvestre*, und sie rückt – ebenfalls lachend – mit einer Pulle heraus, die ganz sündhaft teuer ist; ich stecke sie in meine Rocktasche, und dann trinken wir weiter; ach, wir sind Barbaren, Kinder sind wir, wir naschen an diesen französischen Likören und Weinen viel zuviel, wie Kinder an Weihnachten, und werden nur krank davon, Barbaren sind wir, Kinder...

In Etappen haben wir Sylvester gefeiert, mir war so unsagbar elend von dem vielen Durcheinander, und dann sind wir noch zwanzig Stunden im kalten Zug gefahren, und jetzt sind wir endlich, endlich am Ziel, in Le Mans. (...)

1. Januar 1942

(...) Kannst Du Dir das vorstellen, einen Sonntagnachmittag in einer französischen Stadt, gegen Mittag. Nachdem wir zum erstenmal seit drei Tagen etwas Warmes gegessen hatten, wandern wir langsam und ziellos durch die Stadt; alle Straßen sind leer, und die alten Gassen sind so tot, die Häuser sind alt und klein, mit großen, tiefgehenden Fenstern und schweren, blauen Läden – wir kommen zur Kathedrale, die ganz hoch liegt und so fremd anmutet mit ihren maurischen Zügen, aber sie ist prächtig und vielgliedrig, feierlich und streng ist sie, die Kathedrale von Le Mans, von diesem seltsamen, stillen Pathos erfüllt, das so sprechend schmerzlich ist und das man in manchem französischen Auge findet... Andere kleine Kirchen sind überladen mit jenem gräßlichen Kitsch, den man nur in den Ländern findet, die den Weltkrieg »gewonnen« haben; der vielleicht die degenerierte Endstation jenes feierlichen Pathos ist; und die Straßen sind so leer, nur die Hähne krähen, alles sonst ist still, ich denke an Madame Bovary, das ist die Atmosphäre, in der sie geboren ist; ich glaube, sie ist ein typischeres französisches Schicksal, als wir denken. Und plötzlich, inmitten dieses seltsamen stillen Bürgerviertels, tritt uns ein prächtiges Paar entgegen: ein großer hagerer Mann mit einem scharfen, schönen Gesicht, bekleidet mit einem großen dicken, grauen Schafsfell, das bis zu den Füßen reicht, und seine Frau, klein und zart, mit schönen, edlen Zügen, auch mit einem solchen Pelz umhängt, und sie tragen auf ihren Schultern Fischnetze und Angelruten, und die ganze kühle, herbe Atmosphäre ihres Handwerks ist so wohltuend in dieser schwermütigen Schwüle des französischen Nachmittags.

Irgendwo auf einem kleinen Platz zwischen stillen Straßen steht das Denkmal eines französischen Generals, elegant, mit schneidigen Stiefeln und einem stolzen Käppi steht er da, mit gezogenem Degen stößt er in den grauen, nebligen Himmel hinein; es ist, als ob ich Clairons hörte und einen wirbelnden französischen Marsch; am Fuße des Denkmals steht ein alter Veteran, der uns sonderbarerweise grüßt, wir grüßen wieder, und er hält uns an; ein altes Gesicht, scharf, mit dem Zigarettenstummel zwischen den Zähnen, weiße Haare hängen unter der Mütze hervor, und seine Augen sind so unendlich traurig, daß ich weinen möchte; und er sagt mit einer zitternden Stimme: *Vous avez la victoire dans vos genoux et vos yeux, la France est morte*... Es ist ganz still, der Markt und die Stadt wie ausgestorben; vielleicht lebt dieser alte Mann nur davon, daß er täglich hier am Standbild seines Generals steht... Überall fragen wir vergeblich nach Zigaretten, nichts zu machen, das ist traurig, und alle Geschäfte sind zu; so brauche ich Gott sei Dank nicht ständig mein Notizbuch zu zücken und zu fragen. (...)

2. Januar 1942

Paris, Paris, Paris...

(...) Viel Strapazen haben wir auf uns genommen, um nur einen Nachmittag in Paris zu sein, um sechs Uhr sind wir aufgestanden und sechs Stunden mit dem Bummelzug bis hierher gefahren, und nun, um ein Uhr, haben wir uns glücklich aus dem Bahnhof herausgeschmuggelt und betreten die Stadt...

Tiefer Nebel hängt über allem, man sieht kaum hundert Meter weit; mit Mühe und Not bringen wir unser Gepäck in einem Hotel unter, aber Quartier bekommen wir hier in der Nähe des Bahnhofs nicht; und mein Kamerad ist zu feige, um irgendwo in einem anderen Hotel zu übernachten; so müssen wir also heute abend noch weg...

Am Abend

Schön ist alles, fremd und groß und traurig und feierlich, ich kann nicht viel schreiben, ich bin so müde, so unsagbar müde und wirklich im tiefsten deutschen Sinne so »elend«. (...)

Ich kann einfach nicht mehr, es war so anstrengend, und wir haben kaum geschlafen und nichts gegessen, wir sind eben Barbaren ohne *raison*, und meine Füße sind eine einzige lebende Qual; eben, als letztes, waren wir in Notre-Dame, ach, sie ist der schönste aller gotischen französischen Dome, die ich bisher gesehen, und in der Nähe war ein großes, dunkelgraues, schönes Gebäude, dunkelgrau wie alle Kirchen hier in Paris, und darauf stand in großen goldenen Lettern »Hôtel de Dieu«. Unendlich gern hätte ich mich mit meinen zerquälten Füßen und meinem erschöpften Herzen in dieses Gasthaus Gottes begeben. (...)

Wie unendlich schön ist Paris, aber es ist fast grausam, es so zu überfliegen in ein paar Stunden; diese Boulevards sind wie die Gedichte Verlaines; und die Seine ist so wunderschön, ein zarter grüner Fluß zwischen diesen grauen Gebäuden und umflossen von weißlichem Nebel und feine schwarze Bäume an ihrem Ufer; und die Menschen: wieviel teuflische und wieviel göttliche Gesichter in einer Stunde; zuchtvolle Bettlergesichter und die widerlichen Fratzen des reichen Gesindels; ich glaube wirklich, Paris ist der Höhepunkt alles Menschlichen und der tiefe Abgrund alles Menschlichen; und das alles erlebt in vier Stunden! Und ich bin kein K.d.F.-Fahrer, nein, nein, ich habe das Herz eines Künstlers, wenn es auch tief verschüttet ist. (...)

Mein Kamerad ist leider zu ängstlich und vorsichtig (und vor allem ein Streber, er möchte so schrecklich gern Gefreiter werden!), und das verdirbt mir fast den ganzen Spaß, denn er ist mein Transportführer und hat sämtliche Papiere in der Hand, ich muß ihm einfach folgen, denn ich bin ja Soldat. (...) Nun sitzen wir auf dem Bahnhof und können nicht mehr hinaus, und hätten noch drei oder vier Stunden ruhig und friedlich irgendwo in einem Pariser Café sitzen können; ach, es war wunderschön, trotz allem, nur so grausam kurz, aber soviel habe ich gespürt von Paris, daß mein nächstes Reiseziel mit Dir nach dem Kriege nur Paris sein wird. (...) Ich bin vollständig verwirrt von der wahnsinnigen Fülle dieser vier Stunden draußen, und die ganze, ganze Zeit, während ich in diesem Trubel umherging, erfüllte mich nur ein Gedanke: Dieser Pöbel, mit dem du dauernd in Berührung bist, dessen Atem du atmest, dessen Augen dich betrachten, das ist der Pöbel, der die tollste Revolution aller Zeiten entfacht hat! (...)

3. Januar 1942

Nun sind wir in Brüssel, eine wilde Fahrerei in vier Tagen: Köln – Maastricht– Namur – Versailles – Chartres – Le Mans – Paris – Brüssel – Maastricht– Köln. Nun sind wir Gott sei Dank wenigstens auf der letzten Etappe. (...) Wenig Schlaf, viel Strapazen und manchmal zuviel Alkohol, und so unendlich viel gesehen. (...)

Sonntag, den 17. Mai 1942
(Le Treport)

(...) Unsere Wirtsleute sind nicht sehr reich; der Mann ist Schuster und hockt den ganzen Tag in seiner Werkstatt und beschäftigt sich viel mit seiner kleinen dreijährigen

Enkelin, einer werdenden Germania, hellblond und rotwangig, sehr stabil; die Mutter der Kleinen, Tochter des Hauses (ihr Mann ist Gefangener), kommt abends müde und gereizt von der Arbeit, und dann setzt es regelmäßig Hiebe für die verwöhnte Kleine, bis dann der prächtige Großvater begütigend eingreift und sie auf seinen Schoß nimmt und mit ihr ißt; aber Kinderseelen sind doch wirklich nicht national, das kann man feststellen; es ist wirklich verblüffend: Da das Kind noch sehr undeutlich spricht, hat man gar nicht den Eindruck, daß es Französisch spricht. Die Leute sind sehr nett; morgens, bevor wir zum Dienst gehen, müssen wir jeder unbedingt eine Schale Kaffee nehmen, sonst ist die Alte tödlich beleidigt; sonst schimpft sie schon mal, wenn wir mit allzu dreckigen Stiefeln durch die Küche laufen, besonders aber, wenn wir zu früh Licht anmachen und es zu lange brennen lassen; sie brät uns Kartoffeln, kocht Eier und putzt morgens unsere Bude; und heute hat sogar die Tochter unsere ganze Wäsche gewaschen. Das bedeutet für uns, daß wir den Sonntagnachmittag wirklich frei haben, gleich nach dem Singen, das bis drei Uhr dauert. (...)

Die Wirtschaften sind hier sehr dreckig und familiär, man sitzt regelrecht in der Küche der Familie, der Ofen in der Mitte, und dann läuft der ganze Familienbetrieb weiter; die Kinder werden abgefüttert und verhauen, Kuchen wird gebacken, es wird gegessen und irrsinnig geknüsselt; Besuch wird empfangen und geschwätzt, geschwätzt, daß man ganz konfus wird; die Kinder klauen an der Butterdose herum und nüggeln im Rücken der Mutter an den wildesten Schnäpsen; junge Männer aber zwischen 19 und 45 sieht man fast keine; ein paar laufen wohl rum, aber zwei davon – ich habe sie gefragt – sind schwer verwundet, und der andere ist als Vater von vier Kindern gar nicht im Krieg gewesen; das ist hier eine wirklich große Seltenheit: vier Kinder. Ach, ich glaube, in diesem ganzen kleinen Dorf sind allein über sechzig Männer gefangen. (...)

Westen, den 9. August 1942

(...) Heute morgen eine große Überraschung, als ich um zwölf Uhr mittags schlaftrunken aus meinem Bunker stieg: das Meer herrlich in der Flut; hohe Wellen mit vielen weißen Kronen und eine prächtige Sonne; aber das Allertollste: Eine Frau badete in unserer kleinen Sirenenbucht; eine Frau mit Haaren, länger als Streichholzschachteln, mit einem dunklen Badeanzug, und aus der Ferne konnte man sehen, daß sie lächelte; es war sicher eine der Kebsen von den Fliegern, die unten an der Bucht eine Wache haben; sicher ein schlechtes Mädchen, ganz gewiß, aber Du glaubst nicht, was das bedeutet hier zwischen Stacheldraht und Minenfeldern, wo man nun seit Wochen nur, nur Uniformen sieht, eine Frau im Meer zu sehen; es mag alles falsch an ihr gewesen sein, das Rot ihrer Lippen, das Weiß ihrer Haut, und ihr Herz war sicher so falsch und dunkel wie die Nacht, aber sie lächelte, lächelte wirklich am Strand aus dem Spiel der Wellen und der Sonne, und ihre Haare, länger als Streichholzschachteln, waren sicher auch echt. (...) Das war wirklich eine Überraschung am Sonntagmittag; Du glaubst nicht, wie sehr mich das erheitert hat; nun sehen wir seit fünf Wochen buchstäblich nur Männer, nur Uniformen; und alle haben wir jetzt – laut Kompaniebefehl – die Haare so kurz wie Bürsten geschnitten. Gott, denk Dir nur, es brauchte nur eine kleine Dirne aus Calais zu kommen oder aus Boulogne und sich hier im Meer zu tummeln, und man freut sich schon; ich habe ihr nicht lange zugeschaut und bin auch nicht mit dem Fernglas hingegangen und habe sie mir angeschaut – alle Landser schlugen sich wie wild um das Fernglas –, nein, ich wollte mir die Illusion nicht zerstören; Du darfst nur nicht denken, daß ich nicht wüßte, was da los ist unten bei den Fliegern; aber das Bild war entzückend, das Bild, Bild, Bild... Bilder und Musik, Bilder und Musik. (...)

Westen, den 26. August 1942

Heute habe ich acht Stunden draußen auf Fliegerposten gestanden, und gleich, nach zwei Stunden, muß ich wieder für fünf Stunden in die Nacht hinaus. Ich stand die letzten vier Stunden da oben auf dem »Ikarus-Hügel«, ganz allein an diesem herrlichen Sommerabend; wirklich selten schön, wie Seide war die Luft, warm und voll phantastischer, sommerlicher Gerüche. Es ist so schade, daß es nun schon dunkel ist, sonst würde ich draußen schreiben; hier in der Bude ist es so erbärmlich dunkel und dreckig, und Fliegen, Fliegen tummeln sich in ganzen Heerscharen herum; niemand findet sich bereit, aus sich einmal die Bude auszufegen; ich habe es nun fast jeden Tag getan, aber heute habe ich keine Zeit; es ist überhaupt toll, wie wenig man sich auf die Kameraden im allgemeinen verlassen kann. Aber ich wollte Dir doch nicht davon schreiben. (...)

Über den herrlichen Wiesen auf dem Hügel hängt der Mond in einem wolkigen Himmel, von Dunst umgeben, und die Luft ist wie Seide, wirklich bezaubernd, das Meer ist bedeckt mit tiefen, dichten Schwaden, so daß man kaum einige Kilometer weit sehen kann – ein gefährliches Wetter für uns! Unglaublich schön waren die letzten Stunden oben auf Posten; ganz allein auf dem Hügel oben, von einer völlig ungewohnten Stille umgeben, mitten in den sommerlich duftenden Wiesen, und vor mir die See, die See; rechts die zehn Kilometer breite Bucht, der breite Strand, bei Ebbe von unzähligen Pfützen und Kanälen durchzogen, die Menschen, die auf dem Strand herumkrabbeln, winzig wie Ameisen; es ist köstlich, sich so jeden einzelnen mit dem Fernglas heranzuholen, seinen Gang zu studieren und sein Gesicht zu betrachten, wenn er näher kommt und nicht weiß, daß man ihm mitten ins Gesicht sieht; und die Sonne, die Sonne, die über England unterging, die Sonne durchs Fernglas zu betrachten, ein ganz seltenes und tolles Vergnügen; der ganze Raum, den das Glas erfaßt, ist erfüllt von Rot, von rotem, mildem Schein; und über dem Meer – die volle, glühende, phantastische Brücke des letzten Scheins. (...)

Und heute nachmittag, in meinen dienstfreien Stunden, war ich baden, ganz allein; es war zu Beginn der Ebbe, und der Sog ist dann sehr heftig (so sehr, daß das Baden eigentlich verboten ist, aber ich mußte ja wieder auf Posten); in unserer kleinen, kaum vierhundert Meter breiten, genau halbmondförmigen Bucht war ich ganz allein; ich ließ mich gleich platsch (!) hineinfallen, so sehr ekelte ich mich selbst vor der Dreck- und Schweißschicht, die mich maßlos quälte; und dann einfach hinausgeschwommen; wirklich, ein phantastisches Vergnügen; mich erfaßt es immer wie ein Rausch, den ich auch physisch spüre, wenn ich etwas weiter draußen bin und nur Wasser sehe; eine wilde, panische Freude, ein einfach kosmischer Taumel bei dieser unmittelbaren Berührung mit dem Element. (...)

Westen, den 30. August 1942
2 Uhr morgens

(...) Nun bin ich schon mehr als vierundzwanzig Stunden auf den Beinen; davon habe ich fast zehn Stunden Posten gestanden, und während des Tages bin ich viel hin und her gelaufen in der Hitze. (...)

Heute war ein hoher Festtag für mich, ich bin überaus glücklich, obwohl ich nun schon Tage fast ohne Schlaf und unsagbar müde bin; glücklich bin ich, weil ich eine Messe gehört und kommuniziert habe; ach, niemals im Leben hätte ich gedacht, daß mir eine Messe so kostbar werden könnte; (...) Du kennst vielleicht die Geschichte von Chesterton, in der er den Anlaß zu seiner endgültigen Konversion schildert; sie ist betitelt: ›Was mich eigentlich hätte abhalten sollen!‹ Wie es da geschildert wird vom Weltkrieg – müde kommen die Soldaten aus ihren Stellungen zum Gottesdienst –, so war es bei uns auch heute nachmittag. Bei schlimmer Hitze – während die andern badeten im Meer! – tappten wir eine Stunde durch den heißen Dünensand bis zu einer kleinen Dorfkirche, wo vielleicht im Frieden einmal in der Woche eine Messe gelesen wird; nicht sehr weit vom Meer in einem Weiler liegt die kleine Kapelle auf einem Hügel; wir waren über eine Stunde zu früh da, und während die andern im

Schatten einiger Bäume eine Siesta hielten, setzte ich mich auf den kleinen Friedhof und wartete, denn ich wollte den Pfarrer möglichst noch vorher abfangen, um zu beichten. Es war eine wunderbare stille Stunde, die ich da gewartet habe; (...) ich kurbelte mir, auf einem Grabstein sitzend, eine Zigarette, und betrachtete dann die wenigen großen Familiengräber der umliegenden wunderbaren großen Gehöfte, die zum Teil noch bewohnt sind; da sehe ich den Grabstein eines *Maréchal de 15ième Artillerie, 30 ans, tombé 1916;* ich stelle mir einen schlanken stillen Mann vor mit einem Napoleonsgesicht, hier am Meer geboren und aufgewachsen in der Stille der Dünen, der auf den großen Weiden gespielt hat und erfüllt war von der Größe des Elements, das alle Tage seiner Kindheit und Jugend bestimmt hat... Neunzigjährige Bauern sind da begraben und Kinder, die einen Monat alt waren, und Frauen von fünfundzwanzig und dreißig Jahren und alte Fräulein von achtzig und fünfundachtzig Jahren; es sind nur wenige Grabsteine, und die Inschriften sind alle sehr knapp, aber wenn man sie liest, steigt vor einem ein ganzer Roman von lebensvollen Gestalten auf, die gelebt und geweint, geliebt, geküßt und kommuniziert haben; ich war so sehr vertieft, daß ich das Kommen des Pfarrers übersehen habe und dann ein wenig traurig mich in die überfüllte Kapelle schlich. (...)

Westen, den 9. September 1942

(...) Heute morgen sind wir fast vier Stunden im Gelände herumgekrochen, durch Stoppelfelder, halbverblühte Büsche, durch ausgetrocknete Bachläufe, die mit den tollsten, wildesten Blumen und Sträuchern fast zugewachsen waren, alle tollen, wilden und süßen Gerüche des Herbstes haben mich sehr beglückt... Und eine Sehnsucht nach Freiheit, ach, Freiheit... Oft kommen mir die zerlumpten französischen Arbeiter, die auf ihren uralten dreckigen Fahrrädern an uns vorbeigondeln und uns mit gleichgültigen Blicken betrachten, sie kommen mir wie junge Götter vor, sie können abends ihre Frauen küssen und Wein trinken, wenn sie auch auf eine für einen Mann maßlos schmachvolle Weise politisch vollkommen unfrei sind, so sind sie doch umgeben von der Größe der Armut und des Schmerzes, die den Bettler jedem Adeligen gleichstellt. (...)

Es ist heute ein ganz sonderbares Wetter, so still, ganz selten still, sonst weht immer ein Wind, immer eine Brise hier am Meeresstrand; aber heute ist es so still und dunstig, ganz voll Nebel, wirklich, man merkt, daß es Herbst wird, feierlich ist es, richtig schön. (...)

Westen, den 1. Oktober 1942

(...) Wir sind durch das sonderbar reizvolle sumpfige Departement Somme gefahren, durch Dörfer, die fast nur aus prallen Obstbäumen zu bestehen schienen, und stehen nun in Amiens auf dem Bahnhof. Dein Herz hätte gelacht. (...) Lange Strecken nur durch sumpfige Wiesen und Wälder, das Ziel ist immer noch nicht ganz klar, wahrscheinlich doch Rouen, trotz der Umwege. (...)

Amiens (...) schöne Erinnerungen tauchen auf für mich aus den letzten Wochen meiner Lazarettzeit 1940, wo ich als Genesender eine selten schöne, friedliche Zeit verbringen durfte; einen wunderbaren goldenen Herbst nach dem Feldzug, als noch alles schrecklich wüst war und »vom Krieg« noch dampfte; eine Erinnerung daran ist das dunkelrote Weinrankenblatt; in meiner Trakl-Ausgabe kannst Du es finden. (...)

Rouen, den 2. Oktober 1942

(...) Wir haben die ganze Nacht auf dem Bahnhof gelegen, eng zusammengepfercht wie die Karnickel, und nun sind wir ausgeladen und mit unserem vollen Gepäck nach einem sehr kurzen, aber sehr anstrengenden Marsch in eine Zwischenunterkunft gekommen; in ein Lager verfrachtet, das einst, 1940, für deutsche Kriegsgefangene angelegt worden ist von den Franzosen; ein Gefangenenlager, eine vollkommen irrsinnige Angelegenheit, fast tausend Baracken auf einem verhältnismäßig kleinen

Raum, helle, öde Wellblechdinger; das Ganze sieht aus wie eine perverse amerikanische Angelegenheit; wenn man nicht die Nummer seiner Baracke weiß, ist man verloren. Trotzdem bin ich voll Hoffnung. (...)

Heute morgen, als wir durch die Straßen gingen, da kamen die Französinnen noch ungewaschen aus ihren kleinen Häusern oder guckten zu ihren Fenstern raus, die ganze Wollust des Schlafes hing noch über ihren Gesichtern, die ganze Freude, ein Haus zu haben und darin zu sein. Das Gefühl der Heimatlosigkeit packte mich ganz wild, wie ich so dahinziehen mußte in den schrecklich schweren Stiefeln mit meinem schweren Gepäck. (...)

Vier Tage werden wir wahrscheinlich hier liegenbleiben, morgen hoffe ich Ruhe zu einem langen Brief zu finden.

Vor mir liegt die schöne Stadt Rouen, und gleich werde ich sie genießen, ganz allein. (...)

Rouen, den 4. Oktober 1942

(...) Es ist nun Sonntagnachmittag, schon spät, ganz, ganz leicht beginnt schon der Dämmer; es ist mir doch noch gelungen, in die Kathedrale einzudringen heute nachmittag. Ich war sehr glücklich, daß ich einmal allein war; bisher hatte ich immer noch jemanden bei mir; ich bin lange durch die sonntägliche Stadt gebummelt, die voll bunten, bunten Lebens ist; es sind nur grausam viele Uniformen hier, das ist das Bedrückende; nun sitze ich im Soldatenheim im Schreibzimmer, ein großer, wunderbar stiller Raum, ehemals sicher der Wohnraum der französischen Patrizierfamilie; sehr still ist es hier, ziemlich hoch, und man sieht hinunter auf das bunte Gewoge einer großen Straße, deren Lärm etwas harmonisiert und gedämpft bis hierher dringt; man könnte sich wohl denken, daß hier an einem Sonntagnachmittag vor Jahren eine junge Französin am Flügel gesessen hat. (...)

In der Kathedrale, oben in der Rundung des Chors, ist ein Grabstein, darauf liegt ein junger Edler; ein unheimlich großer edler Kopf mit einem schmalen kleinen Leib, ein gutes, edles Gesicht mit einer Riesenkrone, ein

»Heinrichsgesicht« und ein Königsgesicht; *Henricus Junior,* Sohn des *Ricardi-Corleonis* steht darunter; diesen meinen Namensvetter, der vielleicht heilig ist, habe ich gebeten, ein wenig für den Soldaten Heinrich Böll zu tun; er ist vielleicht selbst ein Soldat gewesen, ein hoher Offizier, der oft mit seinem Pferd über das Märzfeld geritten ist, vielleicht auch hat er nicht viel getaugt zu diesem Beruf, so wie ich! Auf jeden Fall hatte er doch sicher etwas vom Löwenherzen seines Vaters, und er wird an mich denken, wenn er vor dem Thron Gottes steht. (...)

Ich möchte mich gern irgendwo in ein kleines Café setzen und ein wenig ruhen und träumen, aber bisher fand ich keins, wo sich die Soldaten nicht zu Tode drängten, aber ich will noch einmal mein Glück versuchen und noch irgendwo einen köstlichen »Bordeaux blanc« trinken. (...)

Westen, den 14. Oktober 1942

(...) Es ist unsagbar schön hier; der kleine Fluß, an dessen Ufern ein Höhenzug fast wie das Siebengebirge, reizende kleine Dörfer, auch das, worin wir liegen, mit verträumten Gassen, die von Schicksal manchmal zu explodieren scheinen; so eine Dorfgasse, besonders hier in Frankreich, wo man nach außen immer nur kahle Mauern sieht, viele Mauern, um jedes winzige Stückchen eine hohe Mauer; und auch die Häuserfronten sind ziemlich kahl, während nach innen alles viel prächtiger und wohnlicher ist; tatsächlich sind die Wohnungen oft eine phantastische Überraschung; so eine Dorfstraße ist immer bedrückend voll von schicksalhafter Atmosphäre, dunkle, von der Erde bestimmte Schicksale blühen und bluten, haben geblüht und sind verblutet; und die phantastischen Bäume, nun im Herbstglanz erschreckend schön und prächtig, ich denke mir immer, daß ich vielleicht in unserem späteren Leben einmal im milden Licht des Abenddämmers unter einem solchen Baum stehen werde. (...)

Westen, den 15. Oktober 1942

(...) Heute war einmal ein wunderschöner Tag, der mir sehr, sehr schnell vergangen ist; herrliches Wetter war es, morgens regnete es, ganz dünn, aber phantastisch, dieser dünne, feine Regen; nachmittags war der herrlichste Sonnenschein, ein selten schöner Herbsttag, fast heiß war die Sonne, und alles war herrlich klar und schön mild; das kleine Flüßchen hier zieht sich durch ein ziemlich breites Tal, das links und rechts von hübschen kleinen Hügelwellen umrandet ist, auf dem schöne, deutsch anmutende Laubwälder stehen, vielleicht kannst Du Dir das vorstellen trotz meiner schlechten Beschreibung; den ganzen Nachmittag bin ich in diesem hübschen Tal hin- und hergefahren mit dem Rad, ich sollte Eier, Mehl und Butter besorgen für die Kompanie zu einem Kuchen für Sonntag. Es war das herrliche Gefühl des Schulschwänzens, das mich erfüllte, als ich den öden Unterricht über Gewehre und das darauf folgende Exerzieren quittieren konnte, um ganz allein abzuhauen. (...)

Lange habe ich bei einer alten Bäuerin gesessen, die ganz allein auf dem Hof war, während alle, Sohn und Schwiegertochter und Enkel, auf dem Feld waren; sie erzählte mir von ihrem Mann, der in deutscher Gefangenschaft war und später als Besatzungssoldat im Rheinland, der ihr viel erzählt hat von der deutschen Art, Weihnachten zu feiern, die ihr mächtig imponiert hat; sie fragte mich, ob ich Kinder hätte, und bewunderte meinen Trauring, wirklich, sie bewunderte ihn, das machte mich sehr froh; ich mußte eine Tasse Milch trinken – dann schmeichelte sie mir und bewunderte mein Französisch, aber darauf kann ich wirklich nicht eitel werden, soviel Selbsterkenntnis habe ich doch behalten, daß ich weiß, es ist Schmeichelei; lange, lange war ich unterwegs, so viele Bauernhöfe habe ich abgekloppt, aber die Ausbeute des ganzen langen Nachmittags waren nur drei Eier und drei Pfund Mehl, doch wenn man die Erfahrungen anderer hört, ist das noch sehr viel. Ich kann Dir gar nicht aufzählen, wieviel junge und alte Bauern und Bäuerinnen ich angetroffen habe, über jeden von denen könnte man einen Roman schreiben; von ihrem Gesicht allein; diese

Bauerngesichter inmitten ihrer Höfe, schön und hart und oft mit einem erschreckend panischen Zug; nirgendwo gibt es eine so offene und irgendwie schöne Sinnlichkeit in den Gesichtern der Bauern und ihrer Frauen wie in Frankreich, es ist ein seltsamer Schmelz und viel Charme darin, tief versteckt oft, aber man spürt es im Gespräch, wenn das Gesicht sich belebt; wirklich, es ist toll, besonders bei den älteren Frauen mit weißen Haaren, sie sind wie alte Göttinnen, nicht so vollkommen unmenschlich, wie man denken sollte, ihre Augen sind manchmal so jung und glänzend, daß man sie beneiden könnte um ihre Elastizität. Manchmal findet man auch Frauen, deren Männer in Gefangenschaft sind und die mit ihren Kindern bei den Eltern wohnen; sie sind oft unendlich traurig, liebenswürdig, aber müde, oft auch eisig kalt, vielfach auch lassen sie einen nicht los, weil sie froh sind über einen Fremdling, der mit ihnen sprechen kann; allzu Charmante und Liebenswürdige bringen es fertig, dich um eine Zigarette zu bitten, ach, man kann tausenderlei Menschen sehen an einem kurzen Nachmittag. (...)

Westen, den 6. November 1942

(...) Heute habe ich eine weite Reise mit dem Fahrrad gemacht, fast sechzig Kilometer in strömendem Regen und Wind; aber ich war sehr glücklich, so allein über die Landstraße zu strampeln in völliger Freiheit. Ich mußte allerlei einkaufen für die Kompanie, viel Papier, viel Werkzeug und Schlösser; und es regnete, regnete, und die letzten zehn Kilometer mußte ich gegen den Wind strampeln; ich schwitzte, obwohl der eiskalte Regen mich vollkommen durchnäßte; trotzdem schwitzte ich; ach, von einem einsamen Dorf zum anderen, immer hindurch, bis ich endlich das kleine Städtchen vor mir liegen sah. Die ganzen zwölf Kilometer lang lag ich im Zweikampf mit einem kleinen Bauernjungen, der auch verzweifelt gegen den Wind ankämpfte; erst überholte ich ihn, und dann, als ich anfing zu verzweifeln, kam er mir weit zuvor; aber irgendwie wurde mein Ehrgeiz doch gereizt und ich »zog« ordentlich an; so ging es zwischen uns hin und her, wir sprachen kein Wort zusammen, aber jedesmal, wenn wir aneinander vorbeifuhren, lächelten wir uns zu, als ob einer dem anderen dankbar sei für seine Konkurrenz, die uns in Wirklichkeit beide überhaupt auf der Straße hielt; ich hätte ganz bestimmt sonst an jeder zweiten Kneipe haltgemacht. Als ich in dem zerschossenen kleinen Städtchen ankam, war der kleine Junge aus meinen Augen verschwunden, ich hätte ihm gern irgendwo eine Kleinigkeit gekauft. (...)

Westen, den 6. Dezember 1942

(...) Wir liegen in einer großen flachen Flußmündung, fast wie an einem See, der Ebbe und Flut unterworfen ist; vorn, links und rechts sieht man die Spitzen, die beiden Kaps, und dazwischen die weite Unermeßlichkeit des Meeres, die man tatsächlich spürt, wenn man dahin blickt; im Sommer ist es gewiß märchenhaft schön hier, doch ich habe so das Gefühl, als ob wir auf unserer langen, langen Wanderung auch hier nicht allzu lange liegenblieben! Nun bin ich schon seit dem 30. September, seitdem ich meinen Flammenwerferbunker verließ, fast ununterbrochen auf der Wanderung; viele kleine Städtchen und Dörfer habe ich gesehen, Rouen, mehrmals Rouen, auch letzthin, als wir den großen, mühseligen Marsch hierher begannen, berührten wir gegen Mitternacht Rouen; es war eine selten kalte, schöne Nacht; wir waren den ganzen Abend und die ganze Nacht an der Seine entlang marschiert – und dann kam Rouen. Wir waren so müde, so wahnsinnig müde von dem irrsinnig schweren Gepäck, die Pferde vor den französischen Bauernwagen, die wir für unser Gerät requiriert hatten, waren wirklich am Ende ihrer Kräfte; so zogen wir ganz nahe an der schönsten Kathedrale vorbei, an den Trümmern rings um die Kathedrale; es war wirklich, als wenn der Krieg, der doch hier schon zwei Jahre schweigt, noch einmal aufgelebt wäre; und dann hinter Rouen kam ein irrsinnig langer und steiler Berg; sicher zwei oder drei Kilometer lang ging es ganz steil bergauf; wir mußten die Wagen schieben, immer dreißig bis vierzig Meter weit zogen die Pferde, und wir schoben, dann wurden Keile unter die Räder gelegt und eine kleine Pause gemacht; niemals hätte ich gedacht, daß dieser Berg ein Ende haben werde. Oben dann eine große Pause, und gewartet, bis alles wieder dran war; zu allem Elend fing es dann noch an, ganz wüst zu regnen; ich hatte meine Decke losgemacht und über eins der Pferde gelegt vor dem Wagen, den ich auf der ganzen Fahrt begleiten mußte; wunderbar war es, so ganz nah an dem warmen Leib des Tieres, von derselben Dekke geschützt, eine Zigarette zu rauchen. Der Schweißgeruch war schon scharf und stark, aber so wunderbar warm war das, und der Rücken ohne Tornister so leicht und frei wie eine Feder. Fast eine Stunde sind wir da gestanden; ich dachte an die Märsche 1940, als wir hinter dem Krieg herzogen, ganz friedlich, und manchmal noch rauchende Trümmer sahen, und die Menge toter Pferde. (...)

Den ganzen Nachmittag habe ich hier am Fenster gesessen; die Franzosen spazieren alle vorbei mit ihren hübschen und eleganten Frauen, die Kinder lachen – und ich sitze hier in meinem grauen Rock und darf nicht teilnehmen am Leben; draußen ist ein Wetter wie Seide; heller Sonnenschein, warm und mild – im Dezember! – und die Bucht liegt prächtig da; drüben sieht man die bunten kleinen Städtchen. (...)

Westen, den 11. Dezember 1942

(...) Die Bucht ist in dieser Jahreszeit meist ohne Wasser, man sieht große Felder von langen grasartigen Sträuchern, Tang und die Netze der Fischer, die nicht ausfahren können und notdürftig ein paar Netze an Pfählen aufhängen; fast wie ein großer, halb ausgetrockneter Sumpf sieht dann die Bucht aus; drüben auf der anderen Seite liegt das reizende kleine Städtchen, von dem man die bunten Türme und Dächer sieht; links und rechts sieht man noch schwach die beiden äußersten Spitzen und dazwischen das Meer, das offene Meer – und weit, weit draußen irgendwo schwimmt England. Vom Fenster unseres Schlafzimmers aus kann man die lange, weite wunderbare Allee überschauen, die am Kai entlangführt, und die Fischerboote schaukeln gar nicht so sehr weit von unserem Fenster an den Ketten; es ist schön hier, wirklich schön. (...)

Täglich hören wir gegen Abend das unheilvolle Brummen der englischen Flieger und später ihre Rückkehr; sie tun uns hier nicht viel, aber es ist immer die Frage, was sie wohl zu Hause wieder angerichtet haben. (...)

Amiens, den 26. Januar 1943

(...) Nun bin ich tatsächlich in dem Lazarett gewesen, wo ich 1940 so lange gelegen habe; es ist sehr still dort in dem großen wunderbaren Park eines ehemaligen Irrenhauses, zu Fuß fand ich den einstündigen Weg aus der Stadt hinaus nach dem »Asyle d'Aury« noch gut; der Arzt war dann auch sehr menschlich und nett; er hat mich gründlich untersucht und mich dann zu einer gründlichen stationären Beobachtung wiederbestellt am Ende der Woche; so werde ich also einige Tage ins Lazarett ziehen, bis dahin bin ich innendienstfähig, brauche also die wüste Exerziererei nicht mitzumachen. Die Stadt ist wirklich bedrückend, die ganze Innenstadt ist völlig dem Erdboden gleichgemacht, und die Geschäftsleute haben sich inmitten der Trümmer Holzbuden aufgebaut, oder einfach – wie auf einem Friedhof – eine Tafel aufgestellt: »Hier war das Geschäft X, es befindet sich jetzt da und da.« Unglaublich viele Soldaten laufen hier herum. (...)

Ich habe das Soldatenheim besucht, um dort vielleicht zu essen, bin aber buchstäblich draus entflohen, die Atmosphäre ist zu bedrückend ... Dann war ich in der Kathedrale, zweimal, lange, lange. Ich kann schlecht beten in solch großartigen Häusern Gottes, auch nicht in den sonst sehr innigen kleinen Seitenkapellen; sie sind zu offen zu dem großen überwältigenden Raum hin, der mir wirklich vom Atem Gottes erfüllt scheint; ich möchte Dir ganz ausführlich darüber schreiben, aber ich bin zu unruhig. (...)

Als ich zum dritten Mal in die Kathedrale ging, hörte ich schon von fern Orgelklänge, es war wirklich phantastisch, jemand spielte Bach – denk Dir nur, auf einer phantastischen Orgel in einer Riesenkirche Bach... Ich war der einzige Zuhörer, über eine Stunde lehnte ich an einem Pfeiler, bis ich vor Kälte anfing zu schaudern, unheimlich kalt sind diese großen steinernen Räume.

Die Stadt hat mich maßlos bedrückt, und ich habe fast Angst davor, wenn ich nun mehrere Tage hier im Lazarett liegen soll; doch das Lazarett liegt ja weit draußen in Aury; große Straßenkomplexe ganz armer dunkler Arbeitersiedlungen gibt es hier, und alles, alles ist irgendwie zerfressen vom Krieg. (...)

Amiens, den 28. Januar 1943

(...) Ich muß Dir eine kleine Geschichte erzählen, die ganz sonderbar ist. Ich gehe manchmal mit dem Kameraden, der mit mir auf der Kommandantur war, in eine nette kleine Kneipe, deren Besitzer ein junges Paar ist; die Frau ist blond, sauber und frisch, fast wie eine Nordländerin, aber diese Sorte Französinnen sind in den Augen noch französischer als die Dunklen, haben ein ganz sonderbares, unbeschreibliches Schillern. Der Mann ist ein dunkler, schmaler Kerl, ewig die Zigarette im Schnabel; offenbar ist es seine Beschäftigung, in der Kneipe zu sitzen und ab und zu einmal mit gelegentlichen Gästen einen Plausch zu halten; der Kamerad regte sich schon immer über das Nichtstun dieses Mannes auf, und vorige Tage, abends, als wir einmal zufällig mit der Frau allein waren, beging er die Geschmacklosigkeit, sie zu fragen, ob sie es denn ertrage, so alle Arbeit zu tun, während der Mann doch offenbar nichts täte. Die Frau war gar nicht so entrüstet und empört, wie ich befürchtet hatte, sie lachte sogar ein wenig, und dann sagte sie: *Mais, Monsieur, il m'aime donc!* Das war natürlich vollkommen unverständlich für den Berliner Rechtsanwaltsbürovorsteher!!!

(...) Der Tag in Amiens war auch ein so strahlender, berauschender, sonniger Frühlingstag, aber ich war zu traurig und zu bedrückt von dieser Stadt, um Dir viel davon zu schreiben; dieses »neue Leben aus Ruinen« hat mich maßlos bedrückt; mancherorts ist es auch rührend und erfreulich, aber im ganzen ist diese scheinbar ewige Kirmes mit ihren Buden entsetzlich; meine einzige Freude war es, mir in den Juwelierläden schöne Colliers und Ringe zeigen zu lassen und dann nachher mit naiver Miene deutsches Geld auf den Tisch zu zählen – aber der Trick gelang leider nicht!

Und die Kathedrale (...) Wie schön war das, dieses Orgelkonzert in der Kathedrale von Amiens, ganz für mich allein scheinbar, ach, nicht von einem großen Künstler, aber erschütternd, unmittelbar und gewaltig. (...)

Paris, den 2. Februar 1943

(...) Gleich nach der Ankunft sind wir untergetaucht in den Tunnel der U-Bahn; also ich sage »wir«, und dazu muß ich etwas sagen: »Wir« sind zu drei Mann – der Führer ist ein Uffz. der Flak – Zivilberuf: Student der Mathematik– starke Ähnlichkeit mit Fips, ganz toll – ein netter, naiver Bursche, der zweite ist ein schwarzer Panzermann, ein unheimlich naiver, etwas unangenehmer Sachse, und der dritte bin ich – mich kennst Du ja... Also, wir sind untergetaucht in der U-Bahn und kaum aus ihren Schlünden emporgetaucht, außer um eben schnell die Besorgungen zu erledigen, deretwegen wir ja eigentlich hier sind; ich selbst hatte ja nur den Auftrag, in einem wunderbaren Antiquariat gegenüber der prachtvollen *Madeleine* Noten zu kaufen, und diesen gar nicht unangenehmen Auftrag hatte ich schon eine halbe Stunde nach unserer Ankunft erledigt; doch – da ist des Pudels Kern – laut Marschbefehl durften wir uns nicht außerhalb Sichtweite voneinander entfernen, und mein braver Unteroffizier nahm das wörtlich und ließ mich nicht los. So pilgerten wir zunächst in eine Vorstadt, standen stundenlang in einer großen, öden Halle und warteten, warteten – ach, es wurde dunkel dabei, und als wir endlich in dieser öden Halle von einem bayrischen Uffz. abgefertigt wurden – es handelte sich um Verbandsmittel für das Lazarett – und dann wieder untergetaucht sind in die Schluchten der U-Bahn, ist es schon finster; ich schlug einen Studienbummel vor, wurde aber überstimmt und mußte ins »Soldatenheim« – dort zwischen unangenehmen Blitzmädels und Feldwebeln der Luftwaffezu Abend gegessen ... Dann ins deutsche Soldatenkino!! (...)

Übrigens ein ganz phantastisch guter Film, der mich sicher schon mit vielem ausgesöhnt hätte, bevor ich dann doch noch Paris sah!

›Dr. Crippen an Bord‹ hieß der Film, der mir ausgezeichnet gefiel; wirklich voll Leidenschaft und Dämonie, irgendwie gewinnend (Du mußt ihn Dir ansehen, wenn Du kannst ...). Dann wieder runter in die Metro, und da geschah das Wunder! Denk Dir diesen Untergrund-Bahntunnel, etwa um halb elf, vollgestopft mit Landsern, Blitzmädels und Feldwebeln der Luftwaffe – kein Zivilist –, und dazwischen taucht dann ein Bettler auf, ein Bettler – ein königlicher Bettler! Groß, schlank, ein hageres, ernstes Gesicht, langer weißer Bart und langes weißes Haupthaar und eine unbeschreibliche Eleganz in den Bewegungen – abgetretene Schuhe, keine Strümpfe, eine völlig zerrissene Hose, ein König, wirklich ein König! Die Menge teilt sich vor ihm, und er – er sucht auf dem Boden nach Zigarettenstummeln! Und manchmal bückt er sich mit einer Miene, als habe er ein Todesurteil zu unterschreiben! Ein König, ein König, ein Bettler.

Und die Landser und die Blitzmädels lachen, lachen laut! Denk Dir nur, sie lachen laut ... Und er sitzt mitten dazwischen auf einer Bank und sortiert seine Beute! Ruhig, gelassen, voll einer Würde, wie sie diese Welt nicht kennt. (...)

Nichts habe ich von Paris gesehen, gar nichts, und doch habe ich Paris genossen wie einen Schluck Wein, bevor ich in mein Hotel zog, um zu pennen.

Nun sitze ich auf einem netten kleinen Zimmer ganz allein – endlich – und freue mich auf morgen. Morgen sind wir noch bis fünf Uhr hier, und wenn wir auch noch manches offiziell zu erledigen haben, es wird doch noch Zeit sein, manches zu sehen. Aber ich habe ja Paris gesehen, und ich will nicht unverschämt sein. (...)

Lazarett, den 4. Februar 1943

(...) Ich vergaß ganz, Dir zu erzählen, wie wir unsere letzten Stunden in Paris verbracht haben, wir waren nämlich auf dem Rummelplatz; mir stand der Sinn nicht danach, aber ich mußte mich ja fügen, und außerdem war es auch ganz nett; zu meiner Schande muß ich gestehen, daß ich meine letzte Mark durch viermaliges Fahren auf der Achterbahn verjubelt habe; vielleicht kennst Du diese Einrichtungen, ein ganz phantastisch schaudervolles Vergnügen! Diese Fahrt in Abgründe... Sonst war es auch sehr amüsant. Diese kindlichen Vergnügen! Eine Bude war da, da konnte man für fünf Francs mit fünf schweren Steinen alte Teller kaputtschmeißen! Die Frau pries an: »Herr Soldat – hier alles kaputt – prima!« Und sie machte ein Wutgeheul vor und schmiß zur Reklame selbst einen Teller in Scherben. Das Lachkabinett war leider geschlossen; dieses Vergnügen hätte ich mir auch noch gegönnt...

Es war sehr leer da, traurig war es, wirklich eine faszinierende Trauer. Alte, magere, geschminkte Mädchen, meistens in Buden, wo man werfen konnte, weißt Du, mit Stoffbällen nach Blechbüchsen, mit Holzringen nach Champagnerflaschen.

Wirklich, es gibt nichts Kindlicheres als diese Vergnügen; und dann das Publikum, ein Gemisch aus Soldaten und Pariser Halbwüchsigen, also alles Kinder! Es gab Pralinen zu kaufen, das Kilo für achtzig Pfennige, und eine süße Limonade rosenroter Färbung, die schöner war als der Himmel!

»Dreht euch, dreht euch sowieso!« hätte man am liebsten gerufen! Eigentlich gibt es wohl nichts Traurigeres als so einen Rummelplatz am hellen Nachmittag mit seinen geschminkten Anpreiserinnen, leer in dem hellen Licht des Tages, brutal geblendet. (...)

Tolle Pariser Kinder, reizend, frech und dreckig, die um Zigaretten für ihre Väter betteln. (...)

Westen, den 4. Oktober 1943

(...) Heute morgen stand ich schon sehr früh auf Fliegerposten, in der Dämmerung bis zum Anfang des Dienstes um zehn Uhr. Das waren wirklich zwei schöne Stunden, obwohl es recht kalt war und stürmisch. Ich habe in Ruhe meine Pfeife rauchen können, denn alle Unteroffiziere schliefen noch, und es war hell genug, so daß man das Anzünden des Streichholzes nicht sehen konnte, das man bei Nacht wirklich weit, weit bemerkt; und dann habe ich mich mit dem Fernglas »amüsiert«. Glaubst Du, daß es ein Vergnügen ist, mit dem Glas weit aufs Meer hinauszuschauen, obwohl man dort »nur Wasser« sieht? Man spürt ein wunderbares Gefühl der Ferne, eine unsagbare Wonne. Dann besuche ich mit dem Glas die vielen kleinen Städte und Örtchen, in denen allen ich schon gelegen habe, soweit sie in meinem Blickfeld liegen. Zuerst war ich in T., dem schönen Städtchen, das ich trotz der zwanzig Kilometer Entfernung mit dem Glas gut sehen konnte. Ein tiefer, dunkler Einschnitt zwischen den blanken, steilen Kreidefelsen. Auch landeinwärts konnte ich einige Dörfer besuchen, und dann beobachtete ich mit großer Freude das wirklich sehr emsige und mühselige Treiben der Strandfischer, die inzwischen am Wasser entlang ihre Netze breiten und vor der zurückweichenden Flut Löcher in den Sand graben, wohl um Muscheln und Krabben zu fangen. Mit nackten Füßen liefen manche in der kalten Flut an diesem Morgen, wo ich in Mantel und Pullover auf meinem Posten noch fror. Sehr malerische Gestalten, die Strandfischer, hager und zerlumpt, mit bunten Fetzen auf dem Leibe. Später, als sie die Böschung hinauf zurückkamen, grüßten sie mich alle kurz, anscheinend kennen sie alle Posten; viele arme Frauen sah ich auch und zerlumpte Kinder, die wenige Schritte vor meinem MG an der Linie der Flut entlang Holz aufsammelten; ach, wenn ich bedenke, wie wir in diesem holzarmen Land mit dem Holz gewirtschaftet haben. (...)

Weißt Du, auf meinem Posten dort unten am Meer habe ich jetzt alle Tage, morgens und auch abends ein nettes Paar beobachtet, von dem ich Dir noch erzählen wollte; ein junges, sehr schlichtes Paar; sie, eine hübsche, kräftige Frau mit einem bunten Kopftuch, und er ein schlanker und sehr starker junger Mann; die beiden kamen jeden Morgen mit einer Anzahl Körben bewaffnet zum Strand, und dann spielte sich ein stummes und doch inniges Arbeiten ab. Die Frau stand den ganzen Morgen gebückt an der Böschung des Strandes und las besonders glatte und dicke, dunkelblaue Kiesel, die von der Flut gewaschen waren, in die Körbe, und dann trug der Mann die Körbe, die sicher schweren Körbe mit einer erstaunlichen Leichtigkeit und Eleganz die Böschung hinauf und schüttete sie oben auf der Promenade zu hohen Bergen auf, und von dort holte sie dann ein sehr ehrwürdiger Großvater mit einem Pferdewagen ab. Diese Arbeit ging wirklich den ganzen Tag ununterbrochen weiter mit sehr kleinen Pausen, wo die beiden sich auf die Schwelle eines der leeren Häuser setzten und etwas aßen, von morgens bis abends, bis die Flut wieder anrollte und die Arbeit beendete. Ich habe erst geglaubt, daß die beiden mit diesem intensiven, stillen Arbeitseifer Polen wären, besonders da die Frau mit ihrer graziösen Kraft mich sehr stark an die Polenmädchen erinnerte, und er, der Mann, von einem sehr auffälligen Rotblond war, wie man es in Polen oft findet. Aber ich hatte dann Gelegenheit, anläßlich eines kleinen Gesprächs mit den beiden festzustellen, daß es ganz originale Franzosen waren und daß sie die schönen blauen Steine für eine Marmorfabrik auflasen, wo die Steine dann zermahlen und zu Kunstmarmor verarbeitet werden. Dieses Paar, das so anscheinend stumm stundenlang, ohne ein Wort miteinander zu reden, arbeitete, hat mir wirklich Freude gemacht, und es hat mich auch um Frankreich gefreut, daß es doch noch solche Möglichkeiten hat. Es hat mich wirklich getröstet, dieses nette Paar, das so liebevoll und erfreulich miteinander arbeitete, eine wirklich innige Gemeinschaft offenbarend. (...)

Besuch auf einer Insel
(1952)

1

Der eiserne Vorhang ist aus Luft. Ich sage es für alle diejenigen, die – gleich einem meiner Mitreisenden – in den Interzonenzug steigen, mit der Vorstellung, es gäbe zwischen Helmstedt und Marienborn eine Art wirklichen Gatters, eine metallene Schleuse, die man als zukünftiges Objekt der Verschrottung ins Auge fassen könnte. Also: der eiserne Vorhang ist aus Luft. Aber die Luftveränderung ist spürbar.

2

Vor Helmstedt gehen höfliche, grünuniformierte Männer durch den Zug, Grenzschutzbeamte, die unsere Pässe aufs Knie legen, sie stempeln. So bekommt man noch einmal deutlich gezeigt, daß man sich wirklich einer Grenze nähert. An allen Grenzen regiert der Stempel. Dann hält der Zug, der Speisewagen wird abgehängt, leichte Nervosität macht sich bemerkbar: typische Grenznervosität. Jeder, der sich einer Grenze nähert, hat ein schlechtes Gewissen. Wir sind alle latente Schmuggler. Und unsere Gedanken...

3

Die Leute im Abteil sind still geworden, draußen dämmert es, wir fahren durch verschneiten Wald, dann kommen Äcker, wieder Wald, und mitten in diesem Wald sagt eine Frau plötzlich: »Wir sind drüben.« Ich gehe auf den Gang hinaus, lasse das Fenster herunter und sehe in den verschneiten Wald: Luft: Der eiserne Vorhang ist wirklich aus Luft. Wir haben ihn lautlos passiert: Er scheint eine Fiktion zu sein. Bäume, Gräser, Gebüsch, nichts hier unterscheidet sich von den Bäumen, den Gräsern, dem Gebüsch, an dem wir eben vorbeigefahren sind.

Und plötzlich Häuser, auch sie unterscheiden sich nicht von den Helmstedter Häusern – aber durch eine Lücke hindurch sehe ich ein hölzernes Tor, Eingang zu einem Grundstück, und über diesem hölzernen Tor ein Schild, ganz rot mit einem weißen Hammer und einer weißen Sichel darin, und hinter dem Tor Russen. Es sind die ersten Russen, die ich seit Sommer '44 sehe – fast acht Jahre lang habe ich keine mehr gesehen. Ich habe überhaupt noch keine Russen im Frieden gesehen. Ich weiß nicht, ob ich erschrecke, weil es Russen sind, oder weil meine letzte Begegnung mit ihnen unter Umständen stattfand, die nicht geeignet sind, Freude zu erwecken. Damals war Krieg, und der Krieg ist schrecklich. Aber diese Russen hier spielen Fußball, sie sehen sauber aus, etwas ungeschickt spielen sie sich den Ball zu.

Inzwischen sind wir weitergefahren, ich habe ein paar rot-weiße Spruchbänder gesehen, die irgendeine der zahlreichen Kombinationsmöglichkeiten der Wörter Frieden, Freiheit, Einheit zeigen – und jetzt halten wir genau vor einer Lokomotive, die bemalt ist. Ich mag bemalte Lokomotiven nicht, auch, wenn die Worte, mit denen sie bemalt sind, Frieden, Freiheit, Einheit lauten.

4

Zum Beweis, daß man wirklich eine Grenze überschritten hat, wird man hier wieder gestempelt. Es geht etwas komplizierter zu als drüben. Vielleicht macht sich an dieser Kleinigkeit schon die Tatsache bemerkbar, daß alle sozialistischen Staaten zur Bürokratie neigen. Die Volkspolizisten sind höflich, aber ihre Höflichkeit ist anders als die ihrer grünen Kollegen drüben. Auch sind sie jünger, viel jünger – manche sehen geradezu rotznasig aus – etwas keß, fast ein wenig schlampig, das überrascht mich. Ihre Höflichkeit ist nicht so glatt wie die ihrer Kollegen drüben, und ich spüre zum ersten Male etwas, das sich nicht äußerlich bestimmen läßt. Einer von ihnen steht am Eingang der Baracke, liest mit seiner vorwurfsvollen

Höflichkeit die Namen von den Ausweisen ab, die alle erst hinten verschwanden und nun teilweise zurückkommen. Seine Höflichkeit ist wirklich vorwurfsvoll, sie scheint zu sagen: Wir sind gar nicht so, wir sind wirklich nicht so, bestimmt nicht. Es ist die Höflichkeit eines Kindes, das fremden Vorurteilen die eigenen entgegensetzt, aber offenbar ernsthaft angehalten ist, wirklich höflich zu sein.

5

Draußen ist es kalt. Die Lautsprecher arbeiten in voller Stärke. Noch einmal schleust uns ein Polizist, bevor wir die Stufen hinunter in den Zug zurückdürfen. Eine kleine Gruppe sammelt sich um ihn. Es ist dunkel geworden, aber Lampen brennen, und in den Lautsprechern ist nun nach abbrechender, sehr fröhlicher Musik ein kurzer Dialog:

Adenauer: »Ja, wenn ich an 1945 denke.«

Eisenhower: »Oh, 1945, das waren noch Zeiten – denn der Krieg ist doch die beste Geschäft.«

Sofort einsetzende sehr heitere Musik. Ich kann nicht anders, ich muß lächeln, und ich lächele einem Mann meines Alters zu, der neben mir steht. Aber mein Lächeln ist offenbar fehl am Platze; er sieht mich feindselig an, zieht die Augenbraue hoch und wendet sich ab. Zum ersten Male bin ich wirklich erschreckt.

Ich mag Eisenhower nicht, nicht einmal Adenauer – aber soll ich nicht lächeln über diesen kindlichen und knappen Dialog, soll ich nicht jemand zulächeln?

Offenbar soll ich es nicht – und ich begreife, daß meine westdeutsche Naivität hier nicht mehr gilt; begreife auch, daß ich diesem Mann neben mir nicht böse sein darf. Sehr nachdenklich ging ich im Dunkeln über den vereisten Bahnsteig zum Zug zurück. Zwei Mädchen in dunkelbraunen Overalls hatten angefangen, Sand zu streuen. Es war Glatteis auf dem Bahnsteig.

6

Während der Fahrt schlief ich wirklich etwas. Nur einmal weckte mich ein Bahnbeamter, der meine Karte sehen wollte und mich fragte, ob es warm genug sei. Es war warm genug. Auf seinem Gesicht diese ängstliche Höflichkeit, die wir Deutsche so gern Ausländern gegenüber zeigen – wenn wir uns nicht aufgrund irgendeines Vorurteils zum Gegenteil entschließen. Aber – um Gottes willen – bin ich wirklich ein Ausländer für ihn? Genügt dieser Trenchcoat, ein paar gute Schuhe und der Geruch von Virginiazigaretten, genügt das für ihn, zu mir höflicher zu sein, als er es möglicherweise zu den anderen ist, die nicht von drüben kommen?

Wenn ich in den Jahren '45 bis '48 den Kölner Hauptbahnhof betrat, nahm ich immer eine Bahnsteigkarte und ging hinauf an die internationalen Züge und sah in sie hinein: die Kleider dieser Fremdlinge, der Geruch guter Seife, ihre wohlgenährten Gesichter – und die lebensgefährliche Nonchalance, mit der sie halbe Zigaretten unter ihren stabilen Schuhsohlen zertraten: das alles wollte ich sehen – diese sagenhaft sauberen Fremdlinge kamen mir vor wie Millionäre. Hin und wieder stieg dann einer aus, trat an den Rand des Bahnsteigs und sah sich dieses klassische Trümmerfeld an zwischen dem Bahnkörper und dem Rhein – und vergewisserte sich mit einem Blick nach rückwärts, daß der Dom noch stand. Nun, der Dom stand noch.

Soll ich diesem Bahnbeamten, der mich so merkwürdig mustert, wie ich die Fremdlinge damals gemustert haben mag, soll ich ihm sagen, daß ich mit meiner Frau und drei Kindern auf zwei Zimmern hause, in einem Hause, wo die Wände in den Fluren noch nicht verputzt sind, die Fenster und Türen undicht, in einer zugigen Bude, die der Bundesrepublik gehört. Daß mein Mantel noch nicht bezahlt ist – daß ich – aber er wird es nicht begreifen, so wie ich damals nur sehr wenig von diesen sagenhaft sauberen Fremdlingen begriff.

7

Irgendwo zwischen Berlin und Potsdam ist der Zug, während ich schlief, wieder durch die Luft gefahren, die den eisernen Vorhang darstellt. Im Bahnhof Zoo fällt mir, obwohl ich müde bin, die Schwarzmarktatmosphäre auf. Ich horche nicht auf das Geflüster, sehe nur flüchtig ein paar Dirnen – so lebhaft es im Bahnhof war, so still ist es draußen. Die Straßenbahn ist fast leer. Abends gegen halb neun am jetzigen Westberliner Hauptbahnhof.

8

Ich war sehr erstaunt, als mich eine eingesessene Berlinerin fragte:

»Sind Sie sehr böse auf Berlin?«

»Wer?«

»Sie – da drüben.«

»Böse«, sage ich, »nein, ich glaube, das ist nicht das richtige Wort. Eher beunruhigt.«

»Wie über eine gefallene Tochter?«

»Nein, auch gefallen ist nicht das richtige Wort.«

Ich suche das Wort; »vielleicht unschuldig ins Unglück geraten«.

»Vielleicht vergewaltigt«, sagte sie, »und Sie hoffen, daß der Vergewaltiger die Tochter nun endlich heiratet?«

»Nein, auch vergewaltigt ist nicht das richtige Wort, und von Heiraten kann keine Rede sein, wirklich nicht. Alle Vergleiche stimmen nicht.«

»Nein, gewiß, kein Vergleich stimmt. Aber beunruhigt sind Sie da drüben?«

»Ja, ich glaube ja.«

9

Berlin hat 350 000 Arbeitslose – das würde – auf Köln umgerechnet – für Köln etwa 90 000 Arbeitslose bedeuten – aber Köln hat nur 15 000 Arbeitslose. Das ist eine einfache Rechnung, vielleicht ist sie zu einfach, aber sie macht mich stutzig.

Die kleine Briefmarke, die wir täglich unseren üblichen Briefmarken hinzufügen, dieses schmale blaue Stück Papier, das wir schon gewohnheitsmäßig vorrätig haben, trägt die Aufschrift »Notopfer Berlin« – aber ich frage mich hier in Berlin, ob ich mich jemals gefragt habe, ob Berlin sich wirklich in Not befindet?

10

Auch in Berlin ist der eiserne Vorhang aus Luft. Man steigt in die S- oder U-Bahn, wenn man Glück hat, liest man im Vorbeifahren: Sie verlassen den amerikanischen, den britischen, den französischen Sektor – aber auch, wenn man das Schild nicht liest, die Luftveränderung ist spürbar. Gesprochen wird sowieso nicht viel in den Berliner Bahnen, aber plötzlich herrscht Stille, Zeitungen verschwinden, und ein Blick nach draußen zeigt eine merkwürdige Düsternis, die mich an russische Städte erinnert, keine absichtliche, eine immanente Düsternis.

Die großen HO-Läden sind alle überfüllt. Es liegt der Schimmer einer Einfachheit darüber, die schön sein könnte, wenn sie nicht uniform wäre. Ein erfreulicher Gegensatz zum kultivierten Snobismus mancher westdeutschen Läden – aber dieser erste bestechende Eindruck der Einfachheit wird von der Uniformierung und Mechanisierung erdrückt.

Überfüllt sind die Läden, und ich habe inzwischen unterscheiden gelernt – es sind viele Westberliner dazwischen. Ich beobachte einen Mann, der Brot kauft: ein Grahambrot, ein Graubrot, zwei einpfündige Weißbrote: Er bezahlt etwas über fünf Mark Ost, das bedeutet nach dem Wechselkurs des Tages knapp eine Mark. Das Brot verschwindet im Rucksack des Mannes, ebenso fünf Pfund Zucker, tiefgekühltes Gemüse und Obst – zusammen sieben Mark = 1,60 West. Für 2,60 DM West hat der Mann eingekauft, und sein

Rucksack ist schwer. Ich selbst kaufe fünf Päckchen Zigarettenpapier – macht vierzig Pfennige für mein westliches Portemonnaie.

11

Dichtgedrängt stehen die Leute in der U-Bahn, als wir zurückfahren: Aktentaschen, Rucksäcke, Koffer werden diskret unter die Bänke geschoben; das kommt mir merkwürdig vor, und ich lasse mir erzählen, daß die Westberliner Polizei die Bahnen kontrolliert. HO-Ware wird konfisziert, Arbeitslose, die solche Ware mit sich führen, werden gemeldet, bekommen die Unterstützung entzogen. Das ist Notwehr, sagt man mir – Notwehr der Arbeitslosen oder des Westberliner Magistrats –, der doch jedem, soviel er mag und hat, wechselt: West gegen Ost, Ost gegen West; der am Gewinn der Wechselstuben beteiligt ist, den Geldumtausch also legal betreibt – vielleicht rechne ich alles zu einfach; ich denke an das berühmte Milchmädchen, und ich identifiziere mich gern mit ihm: Ich mag Milchmädchen sehr, und manchmal sind sie recht klug, und oft haben sie recht.

Irgend etwas stimmt hier nicht, es stimmt viel nicht.

12

Habe ich nicht immer von der großen Schnauze der Berliner reden hören, selbst schon davon geredet, aber fast alle, mit denen ich spreche, sind merkwürdig matt, fast still – und jemand sagt mir: »Berlin ist keine Stadt mehr, es fällt wieder in einzelne Dörfer auseinander.« Er zählt sie auf: Wilmersdorf, Reinickendorf, Schmargendorf und so weiter... aber ich begreife ihn erst, als ich das Brandenburger Tor sehe.

Früher zeigte man uns Bilder, die die Geschichte erklären sollten: Napoleon an der Beresina, Blüchers Übergang über den Rhein – oder einen Matrosen, der mit der Fahne in der Hand auf einer Planke schwamm... Illustrierte Fakten und Helden – aber das ist wirklich Geschichte, hier und heute erlebt, im Februar 1952 – und es fröstelt mich, als ich es sehe an diesem grauen Wintertag: groß, fast schwarz, das Brandenburger Tor vor diesem grauen Himmel und oben drauf eine riesige rote Fahne ohne jegliches Symbol: ein rechteckiger flatternder Lappen, ein wenig ausgefranst, was ihn noch wilder erscheinen läßt: die erregende Fahne der Revolution ... Zu beiden Seiten dieser breiten Straße große, kandelaberartige Ständer, die ich erst für Laternen halte, dann aber erkenne, es sind Lautsprecher, dieselben Lautsprecher, die auf dem Marienborner Bahnsteig standen. Leer ist die Straße – auch die kleinen Bäumchen sehen verlassen aus.

13

Im Erdgeschoß eines Neubaus lockt ein Plakat zu einer Kunstausstellung. Der Raum ist sehr gepflegt, mit Teppichen belegt. Wir sind die einzigen Besucher. An den Wänden Zeichnungen und Holzschnitte. Themen und Darstellungsweise von einer solch erdrückenden Naivität, daß ich etwas wie Rührung und Langeweile zugleich empfinde – aber das Gefühl einer gewissen Rührung wird sofort ausgelöscht, als ich diesen offiziösen Optimismus erkenne, der einfach widerwärtig, mit dem alles überstrichen ist. Gesamtthema: Erlösung durch die Arbeit – sollte das die Erlösung des Arbeiters sein? Eins der Bilder ist besonders reizvoll: FDJler sprengen kapitalistische Versammlung im Westen: sympathische Jünglinge stoßen einen unsympathischen Fettwanst von der Rednertribüne.

Eine Treppe höher kunstgewerbliche Arbeiten: Hierhin hat sich anscheinend der gute Geschmack geflüchtet: schöne Töpferarbeiten, Batiken – und als wir hinausgehen, hängt da ein Porträt von Käthe Kollwitz, die man als eine Art Patronin anzusehen scheint – aber was wäre hier mit ihr zu vergleichen? War sie eine Kommunistin? Eine Künstlerin war sie – die Arbeit verherrlichte sie nicht – die dort drinnen ausgestellt haben, scheinen beides nicht zu sein: Künstler sind sie jedenfalls nicht.

14

In einem großen HO am Alexanderplatz stößt mir folgendes zu: Ich entdecke einen großen Karton mit Stofftieren und krame darin herum: Pferde, Esel, Elefanten, alles spottbillig – für mich: siebzig Pfennig bis zwei Mark Ost – und für genau dieselben Tiere habe ich drüben drei Mark West bezahlt. Das ist ärgerlich, genauso ärgerlich wie die Sache mit den Tellern, die hier achtzig Pfennige Ost kosten und für die ich drüben bei uns 1,10 West bezahlt habe. Das läßt mich manches ahnen, manches von dem illegalen Interzonenhandel, der ein so gutes Geschäft sein soll.

Aber an diesem Karton mit den Stofftieren stellt sich eine ältere Frau zu mir: Ich komme mit ihr ins Gespräch und erzähle, daß ich für meine Kinder einige von diesen Tieren kaufen will. Die Frau macht mich darauf aufmerksam, daß die Tiere alle so traurig seien, sie ließen alle den Kopf hängen – tatsächlich, die Halslinie schneidet mit der Rückenlinie ab, und die Köpfe hängen alle stracks nach unten, und sie sehen traurig aus. Doch der Akzent, mit dem die Frau mir das erzählt, hat mich überrascht, und ich grabe triumphierend ein Tier aus dem Karton, das den Kopf hoch erhoben hat.

»Sehen Sie«, sage ich, »das Tier hat den Kopf hoch.«

»Das ist auch ein Kamel«, sagt die Frau, »alle Kamele haben hier den Kopf hoch.« Ich platze plötzlich laut aus: wirklich ein guter Witz. Aber ich lache *zu* laut. Ich merke es zu spät. Rings um mich herum wird es eisig, Leute sammeln sich, plötzlich ist es ganz still, und ich spüre, daß ich blaß werde. Die Verkäuferin lächelt mir ermutigend zu, auch einige andere lächeln – aber die meisten sind eisig. Was habe ich getan? Ich habe laut und frei gelacht – das ist offenbar nicht angebracht, und offen gesagt: Ich fühle mich nicht berechtigt, hier zu lachen – es war ein dummes Lachen. Ich lege vorsichtig die Tiere in den Karton zurück, drücke mich an den Leuten vorbei und suche die Treppe. Mir ist gar nicht mehr wohl.

15

Aber in diesem Lokal brauche ich nicht zu fürchten, daß ich auffalle. Ich sitze nicht weit von dem großen Bild des lächelnden Stalin entfernt, der goldgerahmt neben dem lächelnden, goldgerahmten Pieck hängt. Dieses Lokal hat eine andere Atmosphäre als das riesige Warenhaus, in dem mein Lachen nicht angebracht war.

Hier darf ich lachen. Hier sitzen lauter wohlgenährte, gepflegte Leute, von denen mein Begleiter mir sagt, daß sie Funktionäre sind. Hier wird gut gegessen. Wir bestellen die teuerste Platte zu 8,60, trinken Cognac dazu. Das Fleisch liegt auf einer massiven Silberschüssel, auf der »Kempinski« steht, der schwere Löffel ist aus dem »Palace Hotel«, und Gabel und Messer, bedeutend leichter, verchromt, tragen die lakonische Aufschrift HO. Nur die silberne Saucière, sie ist von »Borchardt«. So lese ich eine Revolution, die stattgefunden hat, von den Bestecken ab.

Das Essen ist ausgezeichnet, und die Musik des Streichtrios entspricht in keiner Weise jenen billigen optimistischen Weisen, die der Marienborner Lautsprecher eine Stunde lang von sich gab. Nein, das ist leicht schwermütige Musik, gutbürgerlich. Offenbar verkehren hier Leute, zu deren Lebensstandard eine gewisse Schwermut zu gehören scheint, die ihnen auch zugebilligt wird. Aber am Nebentisch sitzen zwei magere junge Männer, die Fleisch bestellt haben und nun deutlich Zweifel äußern am Gewicht ihrer Fleischportion. Jetzt erst sehe ich, daß hinter jedem Gericht in Gramm das Gewicht der Fleischportion angegeben ist. Diese beiden jungen Männer sind hartnäkkig, und ich liebe sie wegen ihrer Hartnäckigkeit. Sie drohen dem Kellner an, die Portion wiegen zu lassen, es wird geflüstert, ein Kompromiß scheint zustande zu kommen: Jedenfalls die Mienen der jungen Männer glätten sich. Die beiden jungen Männer sehen schlecht aus: Offenbar leisten sie sich diesen Luxus einer teuren und ausgiebigen Mahlzeit nur selten – aber offenbar passen sie nicht in dieses Milieu. Hier scheinen nur Leute zu verkehren, die keinen Hunger, sondern nur Appetit haben. Hier sieht man westdeutsche Moden, Eleganz, die mit eingetauschter Ostmark bezahlt ist. Und die Kapelle spielt ihre süßliche Schwermut ab. Verdauungsmusik für eine hartleibige Bourgeoisie, eine kulturelle Pseudo-Prominenz, die mir eine Spur widerwärtiger erscheint als die entsprechende Schicht drüben bei uns.

16

Auf den Seen zwischen Berlin und Magdeburg laufen Kinder Schlittschuh: Die meisten bewegen sich nur am Rande der Eisflächen, viele fahren auch mit Schlitten – aber einige kreisen einsam mitten in den großen, schönen Flächen – und wo keine Seen sind, sehe ich lange Reihen von eislaufenden Kindern auf den zugefrorenen Drainagekanälen. Die einzelnen russischen Soldaten, die da und dort auf einem Bahnsteig herumstehen, kommen mir sehr verlassen vor.

Aber auf einem kleinen Bahnhof sehe ich an diesem Samstagnachmittag junge Leute Steine klopfen und Schutt fahren. Ihre Munterkeit kommt mir unecht vor – unecht gegen die schwermütige Einsamkeit der Eisläufer, die langsam und ruhig ihre Kreise ziehen inmitten dieser wunderbar glatten Flächen, die von bräunlichem Schilf umrahmt sind. Unecht sind sie, diese etwas zu munteren Aufräumer, die mich an den offiziösen Optimismus der Kunstausstellung erinnern.

17

Wieder ist es dunkel, als wir Marienborn verlassen, und bevor der Zug in diesen Wald fährt, sehe ich in einem der letzten Häuser Männer in einem kahlen, hellerleuchteten Zimmer sitzen. Sie sitzen dort stumm und ernst und blikken in die andere Ecke des Zimmers, die ich erst sehen kann, als der Zug weitergefahren ist: Dort steht jemand vor einer roten Fahne und einem Stalinbild – und redet. Ich sehe nur seine fuchtelnden Arme, seine Mundbewegungen, zu hören ist nichts – und das gibt dieser stummen Versammlung etwas Gespenstisches.

Die Frau mir gegenüber in Begleitung eines sehr

schlecht aussehenden Kindes beginnt mir mit leiser Stimme zu erzählen, daß sie von Leipzig kommt, nach Karlsruhe fährt, wo ihr Töchterchen an der Speiseröhre operiert werden soll. Ein Leipziger Kassenarzt hat sie nach Karlsruhe überwiesen. Als ich sie frage, wie sie an Westgeld kommt, erzählt sie mir, daß man ihr drüben sechshundert Mark Ost gegen sechshundert Mark West getauscht hat. Sie erzählt mir leise mit einer angenehmen Stimme weiter, während das Kind an sie gelehnt schläft. Ich ziehe meine Tabaksdose heraus und reiße das erste Päckchen Zigarettenpapier auf. Da steht es auf der Innenseite des Deckels:

Sei auch Du ein aktiver Friedenskämpfer!

Die Aufforderung als solche ist nicht schlecht, wenn mir auch dieser Jargon recht unsympathisch ist – und ich lächele wieder, lächele wieder naiv und westdeutsch, so wie man über Parolen lächeln kann, deren Bannkreis man entzogen ist.

Annäherung an Irland
Briefe (1954–1956)

Killarney, den 7. Oktober 1954

(...) Es ist so schön hier, daß ich sehr traurig bin, Euch nicht hier zu haben; Seen, Berge, Wolken und jene unbeschreiblichen, stets wechselnden Lichter, die ich noch nie gesehen habe. Ich bin sehr froh, nach Irland gefahren zu sein. Heute mittag war ich zwei Stunden in Limerick: einer – wie mir schien – dunklen und großartigen Stadt. Ich war morgens um zehn dort, ging um halb elf in irgendeine Kirche und fand die Kirche – die Straßen waren leer – so voll, wie sie bei uns nur Weihnachten sind. Wirklich, es ist sehr erstaunlich, überraschend und beruhigend zu sehen, wie sehr die Iren wirklich fromm sind. In der großen Kirche in Limerick war eine Heilige Messe wegen einer Novene. Immer, wenn man hier in die Kirche geht, sieht man Leute, die den Kreuzweg beten.

Herr Fleischmann ist hier, um für die Wochenschau ›Die Weltmeisterschaft im Pflügen‹ zu filmen, die hier ausgetragen wird. Ein merkwürdiges Publikum bevölkert jetzt diesen *fashionablen* Ort: Farmer aus Texas, Kanada, Indien, England, deutsche Bauern, Südafrikaner und die Vertreter aller großen Landwirtschaftsmaschinen der Welt.

Morgen wird eine große Militärparade sein, und dann geht das »Pflügen« los. Es ist schon ein wenig komisch, diese Meisterschaft, aber ich bin auf diese Weise quer durch Irland gefahren und habe sehr viel gesehen, fast zuviel. Zuletzt Killarney selbst, das wirklich überwältigend schön ist. Wir sitzen hier in einem sehr vornehmen Hotel, haben eben Dinner gehabt – das Essen ist gar nicht so schlecht, wie es gemacht wird –, und ich bin todmüde, weil wir schon um halb sieben von Dublin weggefahren sind und sehr viel gesehen haben.

Bis neun waren alle Straßen und Dörfer still, erst ab neun fingen die Kamine an zu rauchen. Die Iren sind wirklich Spätaufsteher. Neulich wurden hier in der Zeitung ein paar Busschaffner als Helden gepriesen, weil sie schon um halb sieben arbeiten müssen. Wenn man morgens jemand früh auf der Straße sieht, geht er nicht zur Arbeit, sondern in die Kirche.

Ich denke, daß wir, wenn wir im nächsten Jahr Geld haben, hier wirklich mit den Kindern einmal hinfahren sollten.

Dublin, den 14. Oktober 1954

(...) Es ist doch wunderbar, daß wir immer miteinander telefonieren können. So hörte ich Dich gerade, auch die Kinder, und es tut mir so leid, daß sie wegen der Zwerge enttäuscht sind. Ich schickte heute drei Stoffzwerge ab (echte irische Leprechauns). Außerdem schickte ich einen Stoff an Dich. Nach Auskunft der hiesigen deutschen Gesandtschaft ist ein Geschenkpaket mit Stoff bis zu vierzehn Pfund zollfrei. Laß Dich also nicht von den Zöllnern schwach machen, Herr Fleischmann schenkte uns diesen Stoff.

Es muß morgens so gegen neun oder acht von Köln ein Zug nach Ostende gehen, der Anschluß zu dem Schiff um 14.30 Uhr hat. Dann bist Du gegen sechs bis sieben in Dover, und ich werde Dich am Viktoriabahnhof abholen und vorher schon ein Hotelzimmer besorgen. Wir gehen dann am nächsten Tag zu Dalys.

Ich traf Mary heute nachmittag, sie hat mir Trinity College gezeigt, mich rundgeführt, und wir haben später bei einem ihrer Freunde, der im College wohnt, Tee getrunken. Es war sehr nett. Ich soll Dich von Mary herzlich grüßen. Sie hat hier – wie mir scheint – sehr viele Bekannte, macht sich ein munteres Leben, und auch Robin, mit dem ich am Samstagabend noch eine Stunde spazierenging, meint, sie lernte wohl nicht allzuviel, *but I think, she has a happy time here.* Der Abend mit Robin und Mary war sehr nett, wir haben zusammen in einem sehr netten Hotel gegessen und getrunken, und ich traf Dalys dann zufällig am Sonntagnachmittag in Bray, einem Badeort hier südlich Dublin, wo ich den Sonntag spazierengehend an der See verbrachte.

Ich kenne mich jetzt sehr gut in Dublin aus, komme schnell dorthin, wo ich hin will, denn dauernd flitzen die hohen grünen Busse herum. Ich bin in diesen Tagen oft ins Kino gegangen, weil es mir die beste Methode, um Englisch zu lernen, erscheint. Man lernt so viele alltägliche Floskeln. Gestern war ich im Zoo. Ich weiß noch nicht sicher, ob ich samstags nach Sligo fahren soll: Es ist sicher sehr einsam dort, und ich fürchte mich – weil ich gerne mit Euch zusammensein möchte – vor dieser Einsamkeit. Hier in der Stadt kenne ich jetzt Leute, ich kann mich ins Café setzen, ins Kino gehen oder nur durch die Straßen bummeln – aber in Sligo wird es sehr still sein.

Dublin ist wirklich eine reizvolle Stadt, und ich mag es jetzt, wo ich eine ganze Woche hintereinander hier war, sehr. Ich bin oft in den Slums gewesen; es sind meist sehr schöne *georgian* Häuser, die aber vollkommen verdreckt und halb verfallen sind, mit Fenstern, die wirklich wie mit schwarzem Dreck verkleistert erscheinen. Angebettelt worden bin ich eigentlich sehr selten, doch sind die Bettler hier ganz anders als etwa in Italien: Dort scheint immerhin die Sonne, hier aber ist es oft düster, regnerisch und kalt ...

Schrecklich ist, daß die großen, schönen, alten Kirchen (St. Patrick und Christ Church) protestantisch sind, sauber und groß und vollkommen leer, während die katholischen Kirchen neu und kitschig, nie ganz sauber und meistens voll sind. Es ist sehr erstaunlich, wie viele Menschen hier zu jeder Tageszeit beten. Einige Schritte von der Grafton Street (die wie in Köln die Hohe Straße ist, also mit dauernd flutendem Verkehr) liegt die Teresa Church. Dort war ich heute mittag gegen zwei, und die große Kirche war wirklich voller Menschen, die den Rosenkranz oder den Kreuzweg beteten. Verkäuferinnen, Laufjungen, Studenten und Geschäftsleute gehen in den Kirchen dauernd ein und aus. (...)

Keel, den 4. Juni 1955

Lieber Vater, liebe Tilde,
wir hatten eine sehr gute Reise und kamen gestern abend pünktlich um acht Uhr hier an nach dreitägiger Reise; das

einzige, was schiefging: Meine Schreibmaschine ist defekt (ein Gepäckträger ließ sie fallen). Die beiden Seefahrten waren wunderbar, die Kinder waren begeistert und sind ohne Beschwerden durchgekommen. Ein bißchen aufreibend war nur der letzte Teil, die Busfahrt von Westport nach hier: fast drei Stunden. Die Landschaft ist wunderbar, das Haus ist sehr schön, geräumig und bequem, wir haben acht schöne Schlafmöglichkeiten – und unser Kaminfeuer brennt herrlich: Die Kinder sitzen mit Christel davor, und Annemarie schläft. Gleich will ich versuchen, die Maschine zu reparieren, denn ich muß arbeiten, und der nächste Mechaniker wohnt drei Busstunden weit weg.

Wir sind alle sehr glücklich hier: Die Kinder haben einen blendenden Appetit und finden alles herrlich, vor allem die Esel, die See und das Kaminfeuer: René hat sich schon richtig erholt; die Kinder springen munter herum. Es ist friedlich und schön und alles viel billiger. Annemarie hat heute ihren ersten Einkauf gemacht. Es regnet schon den ganzen Tag, aber wir machen uns nichts draus, weil unser Wohnzimmer gemütlich und warm ist. Kummer macht mir nur die Schreibmaschine.

Eben haben wir einen ganzen Berg Torf bekommen: So kann uns nichts mehr passieren, und die Wirtsleute zeigten sich ganz begeistert darüber, daß wir katholisch sind.

Wir waren erstaunt, wie gut die Kinder die Reise überstanden haben; allerdings haben wir zwei Nächte gut geschlafen: eine in London, eine auf dem Schiff; der Streik dauerte noch an, aber wir haben nichts davon gemerkt: Der Zug von London nach Liverpool war sogar halb leer, und wir hatten viel Platz. Die Fahrgäste schienen auch zu streiken. Wir haben im Zug vorgelesen und Domino gespielt. René findet alles »köstlich« und »sehr wunderbar«. In den nächsten Tagen werden wir dem Haifischfang zusehen.

Ich schreibe bald mehr. Dies nur zum Zeichen, daß es uns gutgeht. Grüßt alle (Alfred, Alois und Keun) sehr herzlich, besonders auch Eichs. (Auch unser ganzes Gepäck haben wir beisammen.)

Viele herzliche Grüße von uns allen

Hein und Raimund

Keel, Achill Island, den 6. Juni 1955

Lieber Vater, liebe Tilde,
wir haben einen ganzen Tag auf abenteuerliche Weise an der Maschine herumgearbeitet und sie – wie Ihr seht – tadellos wieder repariert. Dieses Unheil wäre also behoben, vorläufig. Gestern (Sonntag) hatten wir herrliches Wetter, auch heute ist es schön, nur ein bißchen windig, und wir sind lange am Strand gewesen: Vorläufig sind wir die einzigen Fremden im Dorf (das übrigens größer ist, als wir dachten, doch wohl zweihundert Einwohner hat): Läden gibt es hier genug, und jede Woche kommt ein großes Kaufhaus-Auto, und alles ist wirklich billig: ein Riesenbrot kostet 65 Pfennig, Butter 2,20, Tee ein halbes Pfund 1,80 und so weiter. Nur war unser Haus noch nicht ganz eingerichtet: Es fehlt noch der elektrische Anschluß für den Herd (Licht haben wir), und so haben wir die ersten Tage die großen Mahlzeiten bei Gallaghers eingenommen, die sehr, sehr nett sind (acht Kinder und ein Hotel!). Die Leute hier im Dorf sind alle sehr nett, wir konnten das erproben, weil wir Pech mit dem Geld hatten: In Dublin blieb uns zwischen Schiff und Zug zu wenig Zeit, es zu wechseln, außerdem werden die Banken erst um zehn geöffnet und unser Zug fuhr schon um 8.30 – so erreichten wir nach einigem Palaver, den Annemarie mit dem Bahnhofsvorsteher hielt, daß wir auf Pump von Dublin nach Westport fahren konnten: sechs Stunden, und waren optimistisch genug, zu glauben, in Westport bekämen wir Geld gewechselt: Dort mußten wir uns wieder durch einigen Palaver vom Bahnhofsvorsteher loseisen, der inzwischen von unserer Existenz telefonisch unterrichtet worden war; dann scheuchte ich die Bankbeamten (es war drei Uhr nachmittags) aus der Siesta auf, erfuhr aber nur, daß sie mein Geld nicht wechseln konnten, sondern es nach Dublin schicken müßten – und wenn ich Glück hätte, bekäme ich es am Mittwoch (also übermorgen) gewechselt zurück. Mir blieb nichts anderes übrig, als mein ganzes Geld in Westport zu lassen und mit den letzten Schillingen nach Keel zu fahren: Hier mußte wieder alles auseinan-

derpalavert werden, dann rief ich Fleischmann in Dublin (auf Pump) an und bat ihn, mir telegrafisch Geld zu schicken: Die Anweisung kam auch mittags gegen zwei, aber die Post hatte kein Geld, und so bekamen wir die zehn Pfund, die Fleischmann mir geschickt hatte, erst heute: o liebliches Irland.

Die Fahrtkosten habe ich immer noch nicht bezahlt. Die Fahrt kostet übrigens rund 18 DM einfach (Tilla muß, wenn sie in Dublin die Karten löst, sagen: Return, das heißt Rückfahrt und ist billiger), jedenfalls müßt Ihr für die beiden Rückfahrkarten doch noch fast siebzig Mark einkalkulieren: Die Fahrt von Westport mit dem Omnibus kostet dann noch einmal drei bis vier Mark – sie ist sehr schön, aber ziemlich lange, und wir waren erstaunt, wie munter die Kinder nach dreitägiger Reise noch waren: Wir hatten zweimal gut geschlafen, in London und auf dem Schiff.

Tilde soll auf keinen Fall deutsches Geld mitbringen, sondern vorsichtshalber alles in London im Viktoriabahnhof wechseln. Vielleicht könnte sie noch einmal bei Hermine wegen des Darlehens anfragen: Wahrscheinlich brauche ich noch Geld für die Rückfahrt; sonst kommen wir gut hin: Vorläufig wursteln wir pro Tag mit einem Pfund, also mit zwölf Mark uns alle gut durch: Auch Fleisch ist billig hier. Wegen der Einladung für Marie habe ich in Dublin schon mit Mary gesprochen, die uns dort am Schiff abholte. Macht Euch keine Gedanken, wenn die Post etwas langsam funktioniert: So schnell geht das alles hier nicht: Auch die Predigt gestern in der Kirche war langsam und schlecht. Die Kinder sind vollkommen glücklich und sehr wohl: Sie spielen am Strand, mit Muscheln, Sand und Eseln, heute (Montag) haben wir mit der Schule angefangen. Wenn es geht, schickt uns in einer Büchse (als Warenprobe) etwas gemahlenen Kaffee und als Drucksache ein Paket Zeitungen.

Herzliche Grüße an alle, auch an Eichs.

30. Juni 1955

Liebe Tilde,

(...) Es tut mir leid, daß Du soviel Ärger hast; ich hoffe, Du wirst ihn hier vergessen. Hier geht alles »pomadig« zu – wie Vater sagen würde – sehr pomadig: Der Arzt, der Annemarie sehr gut behandelt, hängt im Sommer sein Schild von der Tür ab: ein reizender Schlömpes.

Wegen Marie folgendes: Sie soll sich die 50 DM als Taschengeld für die Reise und den Aufenthalt hier wegtun. Ich zahle ihr die gesamte Reise. Dafür müßt Ihr etwa pro Person 220 DM rechnen (reine Fahrtkosten), dazu noch etwa 50 DM, um es unterwegs ein wenig komfortabel zu gestalten; ich zahle für Euch beide das Hotel in London und die Schlafplätze auf dem Schiff.

Für die Reise folgendes: Du brauchst überhaupt keine Angst zu haben.

Plan: 7.22 ab Köln
13.46 an Ostende
14.30 ab Ostende
18.00 an Dover
19.10 ab Dover
20.50 an London – Viktoriabahnhof

Am nächsten Tag:

ab London Euston Bahnhof 16.30 oder 18.30
an Liverpool oder Holyhead (siehe folgende Beschreibung):

Von Köln bis Ostende kann es keinerlei Schwierigkeiten geben, höchstens die eine, daß der Zug sich so verspätet, daß das Anschlußschiff weg ist und Ihr auf das nächste warten müßt (was bedeuten würde, daß mein »Plan« nicht mehr gilt). In Ostende engagiert Ihr einen der zahlreichen Gepäckträger, der Euch eine Nummer gibt (Pappe oder Blechmarke). Den Gepäckträger findet Ihr dann beim Zoll wieder, laßt Euer Gepäck begutachten, dann nimmt der Träger das Gepäck wieder und trägt es aufs Schiff. Beauftragt ihn, für Euch Liegestühle zu belegen, und zwar auf der windgeschützten Seite, das ist die Seite des Schiffes, die dem Land zugekehrt ist: als Lohn für den Träger ist etwa sechzig bis achtzig Pfennig pro Gepäckstück »gerecht« (damit wird gerechnet, mehr wird natürlich genommen). Sollte es Euch auf dem Schiff schlecht werden (was ich nicht annehme), dann nehmt ein Nautisanzäpfchen (die müßt Ihr Euch in Köln verschreiben lassen) und geht nach unten in den Raum, der »Ladies Saloon« heißt. Dort legt Ihr Euch friedlich nieder; falls Ihr schlaft, werdet Ihr früh genug von der Nurse geweckt, der Ihr dann ein Trinkgeld geben müßt; das Hinlegen als solches kostet nichts.

In *Dover* geht alles automatisch: die Gepäckträger stürzen mit dem Ruf »Porter, Porter« aufs Schiff, sobald es festgemacht hat. Ihr engagiert einen, von dem Ihr wieder eine Nummer bekommt, dann trottet Ihr zur Paßkontrolle (die ziemlich langwierig ist), von dort zur Zollkontrolle, wo Ihr den Porter wiederfindet; nach der Kontrolle laßt Ihr dem Porter wieder das Gepäck und seht ihn dann am Zug wieder, wo er wahrscheinlich dann Plätze belegt hat.

In *London* wieder Porter (was unter Umständen schwieriger ist). Falls Ihr einen bekommt (was das Wahrscheinlichere ist), sagt Ihr nur: »Wilton Hotel«. (Das Hotel ist eine Minute vom Bahnhof entfernt: Adresse: Wilton Hotel, London SW 1, opposite Victoria Station – dort müßt Ihr möglichst vierzehn Tage vorher per Karte ein Zimmer für den Tag bestellen. Text: Please book a room for the night from 1–2 August 1955, Böll.) Sollte das Hotel aus irgendeinem Grund besetzt sein oder nicht funktionieren, dann überlaßt Euch getrost der Führung des Porters; am Wilton Hotel vorbei, dann die erste Straße links (eine Minute weiter) sind mehrere Hotels nebeneinander. Das Hotel wird wahrscheinlich für Euch beide so 1½ bis 2½ Pfund kosten. (Abends bei der Ankunft – das vergaß ich – gleich zum Exchange-Schalter im Bahnhof stürzen, dort sämtliches deutsches Geld wechseln. 12 Mark = 1 Pfund.)

Im Hotel werdet Ihr ruhig und friedlich schlafen, dann morgens erwachen. Zum Frühstück geht Ihr mit fertig gepacktem Gepäck hinunter, dort bekommt Ihr eine verwirrend umfangreiche Frühstückskarte vorgelegt. (Das Frühstück – sowie so viele Bäder, wie Ihr nehmen zu wollen gewillt seid, sind im Preis inbegriffen.) Bevor Ihr zum Frühstück runtergeht, ein Trinkgeld fürs Zimmermädchen auf den Tisch des Schlafzimmers legen (zwei Schillinge – nach oben keine Grenze). Zum Frühstück: Nehmt auf jeden Fall Tee – der Kaffee ist nicht sehr attraktiv. Dann könnt Ihr zwei Eier mit Speck – oder Eier mit Würstchen – Grapefruit- oder Orangensaft, Haferbrei mit Milch – Toast, Butter, Marmelade haben.

Bacon and eggs = Eier mit Schinken.

Sausage and eggs = Würstchen mit Eiern.

Nach gehabtem Frühstück könnt Ihr – wenn Ihr wollt – erst spazierengehen, zur Westminster Abbey, Parlament – Westminster-Kathedrale – oder zum Buckingham-Palast – und solange das Gepäck im Hotel stehenlassen – oder zuerst zum Euston-Bahnhof fahren, dort Plätze belegen, vor allem auch Schlafplätze – das Gepäck aufgeben (Schalter-Aufschrift: Luggage – ausgesprochen: Lagitsch) und dann in die Stadt zurück. Am besten nehmt Ihr in jedem Fall ein Taxi, dann seht Ihr einiges von der Stadt. Am besten wäre auch, zuerst zum Euston-Bahnhof (der Hotelportier holt Euch ein Taxi), dort alles regeln und dann in die Stadt.

Ich würde es für besser halten, wenn Ihr die Route über Holyhead nehmt, denn für den Fall, daß keine Schlafplätze frei sind (was im August möglich ist), dann habt Ihr von Holyhead aus nur vier Stunden Schiffahrt, von Liverpool aus aber zehn. Von Euston nach Holyhead fahren zwei Züge, einer gegen halb fünf, der andere gegen halb sieben oder halb sechs. Nehmt den früheren, weil Ihr mehr Chancen habt, auf dem Schiff einen Schlafplatz zu bekommen. Ihr müßt, wenn Ihr in Euston ankommt, in den Haupteingang hinein, dann geradeaus in eine große Halle, rechts innerhalb dieser Halle ist wieder eine Halle, die rechts eine Theke hat, über der irgendein Schild »Irish Mail«. Dort fragt Ihr nach »Seats for the train to Holyhead and berths for the ship Holyhead–Dun Laoghaire« (gesprochen: Danliery). Der Porter wird Euch das auch zeigen können, er wird auch Euer Gepäck an den Aufbewahrungsschalter bringen. Wenn Ihr das geregelt habt, könnt Ihr getrost bis halb vier in der Stadt bleiben und von dort wieder ein Taxi nach Euston nehmen, wo Ihr

Euer Gepäck holt und zum Zug geht. Am besten laßt Ihr Euch von dem Taxi zum Trafalgar Square bringen oder zum Picadilly Circus; vielleicht habt Ihr auch Lust, ins British Museum zu gehen, oder einfach herumzubummeln. An einem der Kioske in London-Viktoria kauft Ihr Euch am besten einen Plan von London (a map of London), eine möglichst simple mit groben, aber deutlichen Kennzeichen, so wie es die von Köln gibt, mit dem Dom mittendrin und anderen markanten Punkten.

Sobald Ihr in Holyhead auf dem Schiff seid, läuft fast alles wieder automatisch, die Fahrt von London nach Holyhead dauert sechs Stunden, und Ihr kommt schon gegen zehn auf das Schiff, das erst gegen Mitternacht oder gegen zwei Uhr losfährt. Falls Ihr Bettplätze habt, belegt Ihr die (wieder Porter, wieder Zollabfertigung und so weiter, aber das Schiff liegt gleich am Bahnhof – was in Liverpool nicht der Fall ist). Ihr könnt dann auf dem Schiff Tee kaufen, Butterbrote und so weiter... und sorgt unbedingt dafür, daß Ihr eine Stunde, bevor das Schiff Dun Laoghaire (Danliery) erreicht, wach seid und an Deck geht. Es ist herrlich, wenn Ihr die Küste seht, den Hafen, die Einfahrt erlebt.

In Dun Laoghaire (Danliery) – wieder Porter, Zollabfertigung, Zug. Das Schiff wird so gegen halb sieben oder halb acht in D. sein, der Zug dann gegen acht oder viertel nach acht in Dublin (Station Westland Row); dort müßt Ihr raus und nach dem Zug nach Westport fragen. Der Zug fährt etwa zwanzig vor neun ab und hat einen Teil, der nach Galway fährt, einen anderen, der nach Westport fährt; die beiden Teile werden nach etwa dreistündiger Fahrt in Athlone getrennt, wo auch der Speisewagen abgehängt wird. Falls Ihr also Hunger habt, gleich hinter Dublin rein in den Speisewagen und Breakfast genommen...

In *Dublin,* Westland Row Station, müßt Ihr wahrscheinlich noch Fahrkarten nach Westport und zurück lösen (»Tickets« steht über dem Schalter), und Ihr müßt sagen: »Two« oder »Twice Westport return«. (»Return« heißt Rückfahrt.) In Westport werdet Ihr gegen halb drei oder drei sein, dort holen wir Euch dann ab. Vielleicht, wenn Annemarie bis dahin allein bleiben kann – komme ich auch bis Dublin, oder es ergibt sich eine Gelegenheit, mit Fleischmann per Auto zu fahren.

Ich hoffe, Ihr könnt draus schlau werden, wenn nicht, schreibt mir, ich mach es dann kürzer und präziser.

In Dublin nehmt Ihr am besten auch – wenn diese nicht gerade streiken – einen Porter von einem in den anderen Zug. In London: Wenn Ihr Mittagessen wollt, könnt Ihr in eins der zahlreichen Dinger am Viktoria- oder Euston-Bahnhof gehen: »Lunch please.« Trinkgeld wird nie eingerechnet, wird auch – üblicherweise – nicht der Kellnerin in die Hand gegeben, sondern, wenn man geht, unter den Teller gelegt. Sprecht munter Englisch, wenn es auch falsch sein sollte. Ihr braucht Euch im übrigen nur an die Namen Holyhead – Dublin – Euston und so weiter zu halten, jeder Taxichauffeur in London wird Euch dann richtig hinbringen. Am besten geht Ihr in Köln zu Cooks Reisebüro am Opernhaus wegen der Karten, dort wird man Euch die Züge noch einmal genau aufschreiben. Damals wußten sie in Köln von dem Nachmittagszug Euston–Holyhead nichts. Der Abendzug ist aufreibend, nehmt möglichst den früheren.

Auch Marie soll unbedingt Englisch sprechen.

Ich schreibe noch genaueres wegen des Geldes, das Ihr eventuell für mich mitbringen könnt oder müßt, falls welches da ist. Reserviert zunächst von dem Bargeld, das kommt – der schwedische Scheck und das Krankenkassengeld und so weiter – soviel, daß Maries Reise garantiert ist.

Wir hatten gestern einen herrlichen Tag, waren schwimmen, und Annemarie konnte ein paar Stunden im Liegestuhl im Garten sein; es geht von Tag zu Tag besser mit ihr, heute konnte sie schon ohne Stock ein wenig im Haus herumgehen. Ich will sehen, daß ich – wenn es ihr besser geht – einmal für einen Tag ein Auto nehme und mit ihr ein wenig durch die Gegend fahre.

Heute haben wir einen langen Ausflug gemacht in eine Bucht, wo die Haifische gefangen werden: Man läßt sie in die Netze schwimmen, fährt dann mit dem Boot hin und killt sie, dann werden sie von einem kleinen Dampfer abgeschleppt. Diese kleine Bucht ist paradiesisch schön, ringsum steile Felsen, in der Mitte ein kleiner Sandstrand, und der Weg geht hoch oben am Felsen vorbei – und es fällt steil vierhundert bis fünfhundert Meter ab. Es war wirklich wunderbar – und wir konnten weit hinaus auf die See sehen: Da kommt bis Amerika nichts mehr. Am Strand lagen viele Haifischknochen herum: Zähne, Wirbelknochen, auch ganze tote Haie (sie sind manchmal bis zu fünfzehn Meter lang), und es war für uns alle sehr faszinierend. Der Chairman (Vorsteher) einer Fischergruppe ist ein Deutscher, der hierhin geheiratet hat. Die Männer arbeiten in einer Art Kooperative, teilen die Arbeit, die Unkosten und den Ertrag – und kommen in der Saison auf einen Lohn von fünfundzwanzig Pfund in der Woche, das sind dreihundert Mark. Ein Haifisch hat eine Leber, die zwei Tonnen wiegt – und eine einzige Tonne ergibt fünf Fässer Öl: Es ist wirklich unvorstellbar! Leider ist die Saison Ende dieser Woche vorbei, aber die Knochen können wir Tilla und Marie noch zeigen.

Die Zeit vergeht uns sehr schnell hier; wir sind jetzt schon einen Monat fort und haben es kaum gemerkt. Auch Christel ist sehr glücklich hier, obwohl sie jetzt, wo Annemarie darniederliegt, sehr viel Arbeit hat. Sie macht es sehr gut, alles klappt vorzüglich, und auch die Kinder helfen sehr nett: Sie decken den Tisch, tragen ab und so weiter, gehen einkaufen. Die Jungen sind wirklich sehr nett und vernünftig und sehr wohl: Vinc und René sehen blendend aus, Rai ist ein wenig schlanker geworden, aber er sieht prächtig aus. Er hat heute einen Brief an Vater geschrieben.

Wenn Ihr ihnen eine kleine Freude machen wollt, schickt ihnen mal so ein (Scheiß)Micky-Maus-Heft. Ich kaufte hier ein amerikanisches, das ganz gräßlich ist.

Wir haben jetzt auch viele Freunde hier, oft Besuch – aber nicht aufreibend –, und ich trinke hin und wieder einen drüben in der Dorfkneipe. Gestern ist uns die Luftmatratze von der Ebbe hinausgetragen worden und am Ende der Bai verschwunden, aber – merkwürdig genug – nach zwei Stunden kam sie wieder angeschaukelt in der Drift.

Ich muß Schluß machen. Tilde soll sich den Brief als Reiseanweisung wegtun. Wenn er zu kompliziert ist, schreibe ich einen neuen.

Sehr herzliche Grüße Hein

Keel, den 7. Juni 1956

Lieber Vater,
die erste Woche ist gut verlaufen, es ist noch kühl hier, sehr windig, ständig das Geräusch des Sturmes ums Haus, und manchmal prasselt stundenlang der Regen. Die Kinder sind sehr froh, kalbern den ganzen Tag herum, doch sind sie eifrig und wirklich fleißig in der Schule, die Annemarie strikt abhält. Wir haben alle eine leichte Erkältung absolviert, denn der Temperaturunterschied zu Köln, sogar zu London, ist doch erheblich; es ist eine ganz andere Welt. Raimunds Zustand hat sich schon innerhalb der ersten Woche so sehr gebessert, daß wir sehr glücklich darüber sind, es ist wirklich erstaunlich, wie schnell und wie sehr ihm der Wechsel gutzutun scheint. Der Haifischfang ist in vollem Gang: Wir sahen gestern bei schönem Wetter den ganzen Nachmittag lang im Hafen zu, wie die riesigen Tiere, die fast wie Elefanten aussehen, aufgeschlitzt und ausgeweidet wurden; sie werden mit einem Kran aus dem Wasser gehoben und dann mit riesigen Messern, die wie Schwerter aussehen, aufgeschnitten und aufgeklappt. Es war für die Kinder – auch für uns – großartig, doch auch erschreckend.

Zum Glück haben wir einen großen Torfvorrat und können in drei Zimmern Feuer unterhalten, so daß während des Regens und des Sturmes die Parteien auseinandergehalten werden können. Auf diese Weise konnte ich bisher glänzend arbeiten und einige Programmpunkte schon erledigen. Aus Amerika erhielt ich gute Nachricht über ein Fernsehspiel, das nach einer meiner Geschichten inszeniert werden soll.

Für Tilde wird interessant sein, daß wir jetzt auch im Eßzimmer immer ein großes Feuer haben, auch dort essen, eine Einrichtung, die sich als sehr wohltuend erwiesen hat. Es kostet für zwanzig Mark Torf im Monat mehr, macht es mir aber möglich, ungestört zu arbeiten, solange das Wetter noch so »westlich« ist. Sonst ist alles unverändert schön, und die Leute sind nett. Hin und wieder brennt uns eine Sicherung durch, und wir müssen dann Teewasser auf dem Torffeuer kochen und auch unsere Eier darauf braten: Es geht schneller als mit Strom.

Im ganzen ist es noch kühl, viel kühler wahrscheinlich als bei Euch, und an Baden ist noch nicht zu denken, das ist vor allem für Rai bitter. Auch Christel ist glücklich hier, die Leselämpchen wurden heute installiert und erwiesen sich als brauchbar. (...)

Wir grüßen Euch alle herzlich und bitten, auch Kellers von uns zu grüßen.

Hein, Annemarie und Kinder

Keel, den 5. September 1956

Lieber Vater,
vielen herzlichen Dank für Deinen langen Brief an uns und die Kinder. Heute in drei Wochen fahren wir schon von hier ab und werden dann am 29. (Samstag) in Köln sein. Das Wetter ist in den letzten Tagen warm und windstill, und es scheint fast so, als ob wir noch etwas Sommer bekämen. Der August war sehr stürmisch, Tag und Nacht hatten wir den scharfen Wind. Die Kinder sehen blendend aus, und ich bin sicher, daß es ihnen und uns gutgetan hat. Rai ist viel schlanker geworden und die beiden Kleinen sehr groß. Wir haben schon angefangen, die Brücken hier langsam abzubauen: Rechnungen zu bezahlen und so weiter – damit der Abschied reibungsloser vor sich geht als im letzten Jahr...

Es ist jetzt sehr still und friedlich hier, der Strand ist ganz leer, die Hotels entvölkert, die Läden nicht mehr gepackt. Alles geht reibungslos, auch die Versorgung. Wir machen jetzt in drei Räumen Feuer, jeden Tag, damit sich die Massen etwas verteilen können. Franz ist sehr friedlich und ruhig, ein angenehmer Hausgenosse; er geht oft mit den Kindern allein aus. Ich hoffe, es wird auch ihm guttun.

Tilde soll sich mit dem Auto vorsehen. Ich will zwar auch im Winter Autofahren lernen – habe es mir jedenfalls fest vorgenommen: Es ist doch wahnsinnig umständlich, wenn wir uns – wie wir auf unserer Rundreise taten – zu sechsen mit dem Zug durch die Gegend bewegen.

Wir werden noch drei ruhige Wochen haben, in Frieden arbeiten und Ende September in Köln sein. Wir freuen uns sehr, Euch wiederzusehen.

Viele herzliche Grüße, besonders von Annemarie und den Kindern, auch von Franz und Christel

Euer Hein

Skelett einer menschlichen Siedlung (1955)

Plötzlich, als wir die Höhe des Berges erreicht hatten, sahen wir das Skelett des verlassenen Dorfes am nächsten Hang liegen. Niemand hatte uns davon erzählt, niemand uns gewarnt; es gibt so viele verlassene Dörfer in Irland. Die Kirche, den kürzesten Weg zum Strand hatte man uns gezeigt und den Laden, in dem es Tee, Brot, Butter und Zigaretten gibt, auch die Zeitungsagentur, die Post und den kleinen Hafen, in dem die harpunierten Haie bei Ebbe im Schlamm liegen wie gekenterte Boote, mit dem dunklen Rücken nach oben, wenn nicht zufällig die letzte Flutwelle ihren weißen Bauch, aus dem die Leber herausgeschnitten worden war, nach oben kehrte – das schien der Erwähnung wert, aber nicht das verlassene Dorf: graue, gleichförmige Steingiebel, die wir zunächst ohne perspektivische Tiefe sahen, wie dilettantisch aufgestellte Kulissen für einen Gespensterfilm: Mit stockendem Atem versuchten wir sie zu zählen, gaben es bei vierzig auf, und hundert waren es sicher. Die nächste Kurve des Weges brachte uns in andere Distanz, und nun sahen wir sie von der Seite: Rohbauten, die auf den Zimmermann zu warten schienen: graue Steinmauern, dunkle Fensterhöhlen, kein Stück Holz, kein Fetzen Stoff, nichts Farbiges, wie ein Körper ohne Haare, ohne Augen, ohne Fleisch und Blut: das Skelett eines Dorfes, grausam deutlich in seiner Struktur: dort die Hauptstraße; an der Biegung, wo der kleine runde Platz ist, muß eine Kneipe gewesen sein. Eine Nebengasse, noch eine. Alles, was nicht Stein war, weggenagt von Regen, Sonne und Wind – und von der Zeit, die geduldig über alles hinträufelt: vierundzwanzig große Tropfen Zeit pro Tag: die Säure, die so unmerklich alles zerfrißt wie Resignation...

Würde jemand das zu malen versuchen, dieses Gebein einer menschlichen Siedlung, in der vor hundert Jahren fünfhundert Menschen gewohnt haben mögen; lauter graue Drei- und Vierecke am grünlichgrauen Berghang; würde er noch das Mädchen mit dem roten Pullover hinzunehmen, das gerade mit einer Kiepe voll Torf durch die Hauptstraße geht; einen Tupfer Rot für ihren Pullover und einen dunklen Brauns für den Torf, einen helleren Brauns für das Gesicht des Mädchens; und noch die weißen Schafe hinzu, die wie Läuse zwischen den Ruinen hocken; man würde ihn für einen ganz außerordentlich verrückten Maler halten: So abstrakt ist also die Wirklichkeit. Alles, was nicht Stein war, weggefressen von Wind, Sonne, Regen und Zeit, schön ausgebreitet am düsteren Hang wie zur Anatomiestunde das Skelett eines Dorfes: dort – »sieh doch, genau wie ein Rückgrat« – die Hauptstraße, ein wenig verkrümmt wie das Rückgrat eines schwer Arbeitenden; kein Knöchelchen fehlt; Arme sind da und die Beine: die Nebenstraßen und, ein wenig zur Seite gerollt, das Haupt, die Kirche, ein etwas größeres graues Dreieck. Linkes Bein: die Straße, die ostwärts den Hang hinauf, rechtes: die andere, die ins Tal führte; diese ein wenig verkürzt. Das Skelett eines leicht humpelnden Wesens. So könnte, wenn er in dreihundert Jahren als Skelett freigelegt würde, der Mann aussehen, den seine vier mageren Kühe an uns vorbei auf die Weide treiben, ihm die Illusion lassend, daß er sie treibe; sein rechtes Bein ist durch einen Unfall verkürzt, krumm ist sein Rücken von der Mühsal des Torfstechens, und auch sein müdes Haupt wird ein wenig zur Seite rollen, wenn man ihn in die Erde senkt. Er hat uns schon überholt, schon sein *nice day* gemurmelt, bevor wir Atem genug gefunden hatten, ihm zu antworten oder ihn nach diesem Dorf zu fragen.

So sah keine zerbombte Stadt, kein mit Artillerie beschossenes Dorf aus; Bomben und Granaten sind ja nur verlängerte Tomahawks, Schlachtenbeile, Schlachtenhämmer, mit denen man zerbricht, zerhackt, hier aber ist keine Spur von Gewalt zu sehen: Zeit und Elemente haben alles in unendlicher Geduld weggefressen, was nicht Stein war, und aus der Erde wachsen Polster, auf denen diese Gebeine wie Reliquien ruhen: Moos und Gras.

Niemand würde hier eine Mauer umzustürzen versuchen oder einem verlassenen Haus Holz (das hier sehr kostbar ist) entnehmen (bei uns nennt man das *ausschlachten*, hier schlachtet niemand aus); und nicht einmal die Kinder, die abends das Vieh von der Weide oberhalb des verlassenen Dorfes heimtreiben, nicht einmal die Kinder versuchen Mauern oder Hauseingänge einzustürzen; unsere Kinder, als wir plötzlich mitten im Dorf waren, versuchten es gleich: dem Erdboden gleichmachen. Hier machte niemand etwas dem Erdboden gleich, und man läßt die weicheren Teile verlassener Wohnstätten dem Wind, dem Regen, der Sonne und der Zeit zur Nahrung, und nach sechzig, siebzig oder hundert Jahren bleiben dann wieder Rohbauten übrig, auf die niemals wieder ein Zimmermann seinen Kranz zum Richtfest stecken wird: So sieht also eine menschliche Siedlung aus, die man nach dem Tode in Frieden gelassen hat.

Immer noch beklommen, gingen wir zwischen den kahlen Giebeln über die Hauptstraße, drangen in Nebengassen ein, und langsam wich die Beklommenheit: Gras wuchs auf den Straßen, Moos hatte sich über Mauern und Kartoffeläcker gezogen, kroch an den Häusern hoch; und die Steine der Giebel, von Mörtel freigewaschen, waren weder Bruch- noch Ziegelsteine, sondern Geröllbrocken, so wie der Berg sie in seinen Bächen zu Tal gerollt hatte, Felsplatten die Stürze über Türen und Fenstern, breit wie Schulterknochen die beiden Steinplatten, die aus der Wand herausragten, dort, wo der Kamin gewesen war: An ihnen hatte einmal die Kette für den eisernen Kochtopf gehangen: Blasse Kartoffeln wurden in bräunlichem Wasser gar.

Wir gingen von Haus zu Haus wie Hausierer, und immer wieder fiel, wenn der kurze Schatten an der Schwelle über uns hinweggestürzt war, immer wieder fiel das blaue Viereck des Himmels über uns; größer war's bei den Häusern, in denen einmal Wohlhabendere gewohnt hatten, kleiner bei den Armen: Nur die Größe des blauen Himmelvierecks unterschied sie hier noch einmal voneinander. In manchen Stuben wuchs schon das Moos, manche Schwellen waren schon von bräunlichem Wasser verdeckt; in den Stirnwänden waren hier und da noch die Pflöcke fürs Vieh zu sehen; Schenkelknochen von Ochsen, an denen die Kette befestigt gewesen war.

»Hier stand der Herd« – »Dort das Bett« – »Hier über dem Kamin hing das Kruzifix« – »Da ein Wandschrank«:

zwei aufrechte und in diese eingekeilt zwei waagerechte Steinplatten, und in diesem Wandschrank entdeckte eines der Kinder den Eisenkeil, der, als wir ihn herauszogen, wie Zunder in der Hand zerbröckelte: Es blieb ein härterer Kernstab von der Dicke eines Nagels übrig, den ich – auf Weisung der Kinder – als Andenken in die Manteltasche steckte.

Wir verbrachten fünf Stunden in diesem Dorf, und die Zeit verging schnell, weil nichts geschah: Nur ein paar Vögel scheuchten wir hoch, ein Schaf floh vor uns durch eine leere Fensterhöhle den Hang hinauf; in verknöcherten Fuchsienhecken hingen blutige Blüten, an verblühten Ginsterbüschen hing ein Gelb wie von schmutzigen Groschen, blanker Quarz wuchs wie Gebein aus dem Moos heraus; kein Schmutz auf den Straßen, kein Unrat in den Bächen und kein Laut zu hören. Vielleicht warteten wir nur auf das Mädchen mit dem roten Pullover und der Kiepe voll braunen Torfs, aber das Mädchen kam nicht wieder.

Als ich auf dem Heimweg in die Tasche griff, um nach dem Eisenkeil zu sehen, hatte ich nur braunen, rötlich durchmischten Staub in der Hand: Er hatte dieselbe Farbe wie das Moor rechts und links von unserm Weg, und ich warf ihn dazu.

Niemand wußte genau zu berichten, wann und warum das Dorf verlassen worden war: Es gibt so viele verlassene Häuser in Irland, auf einem beliebigen zweistündigen Spaziergang kann man sie aufzählen: Das wurde vor zehn, dieses vor zwanzig, das vor fünfzig oder achtzig Jahren verlassen, und es gibt Häuser, an denen die Nägel, mit denen man die Bretter vor Fenster und Türen genagelt hat, noch nicht durchgerostet sind, Regen und Wind noch nicht eindringen können.

Die alte Frau, die im Hause neben uns wohnte, wußte uns nicht zu sagen, wann das Dorf verlassen worden war: Als sie ein kleines Mädchen war, um 1880, war es schon verlassen. Von ihren sechs Kindern sind nur zwei in Irland geblieben: Zwei wohnen und arbeiten in Manchester, zwei in den Vereinigten Staaten, eine Tochter ist hier im Dorf verheiratet (sechs Kinder hat diese Tochter, von denen wohl wieder zwei nach England, zwei nach den

USA gehen werden), und der älteste Sohn ist bei ihr geblieben: Von weitem, wenn er mit dem Vieh von der Weide kommt, sieht er wie ein Sechzehnjähriger aus, wenn er dann um die Hausecke herum in die Dorfstraße einbiegt, meint man, er müsse wohl um die Mitte der Dreißig sein, und wenn er dann am Haus vorbeikommt und scheu ins Fenster hineingrinst, dann sieht man, daß er fünfzig ist.

»Er will nicht heiraten«, sagte seine Mutter, »ist es nicht eine Schande?«

Ja, es ist eine Schande. Er ist so fleißig und sauber, rot hat er das Tor angemalt, rot auch die steinernen Knöpfe auf der Mauer und ganz blau die Fensterrahmen unter dem grünen Moosdach, Witz wohnte in seinen Augen, und zärtlich klopfte er seinem Esel auf den Rücken.

Abends, als wir die Milch holen, fragen wir ihn nach dem verlassenen Dorf. Aber er weiß nichts davon zu erzählen, nichts; er hat es noch nie betreten: Sie haben keine Weiden dort, und ihre Torfgruben liegen auch in einer anderen Richtung, südlich, nicht weit entfernt von dem Denkmal des irischen Patrioten, der im Jahre 1799 gehenkt wurde. – »Haben Sie es schon gesehen?« Ja, wir haben es gesehen – und Tony geht wieder davon, als Fünfzigjähriger, verwandelt sich an der Ecke in einen Dreißigjährigen, wird oben am Hang, wo er im Vorbeigehen den Esel krault, zum Sechzehnjährigen, und als er oben für einen Augenblick an der Fuchsienhecke stehenbleibt, für diesen Augenblick, bevor er hinter der Hecke verschwindet, sieht er aus wie der Junge, der er einmal gewesen ist.

Wo liegt Paris?
(1956)

Der Fremde, der Gast, der Tourist oder Besucher, der mit der Rückfahrkarte in der Tasche, mit dem Fremdenführer in der Hand, durch eine fremde Stadt spaziert, kommt leicht in die Gefahr, die Stadt mit ihren Vergnügungsvierteln zu verwechseln, aber Nachtlokale und Vergnügungsstätten, ihr Publikum und ihr Personal, gleichen sich überall auf der Welt auf eine verteufelte Weise. Mögen auch die gebotenen Attraktionen je nach Klima, Landessitte und Temperament sich ein wenig voneinander unterscheiden, so weiß man doch überall, was man dem Fremden schuldig ist, und wenn die Saison kommt, werden die entsprechenden Vorbereitungen getroffen, Rollen neuer Eintrittskarten kommen an, viel Farbe wird verbraucht, die Transparente geflickt, und die große Kirmes beginnt. Die junge Französin, die für einige Monate in der Bar an der Place Pigalle arbeiten wird, kauft sich ein neues Abendkleid, rekapituliert ein wenig ihre deutschen, englischen, dänischen Sprachkenntnisse, sitzt dann gegen vier Uhr nachmittags gähnend und strickend in der Vorortbahn, schielt in die Abendzeitung, die ihr Nachbar liest, und in der Garderobe des Nachtlokals, in dem sie arbeitet, zieht sie ihr Abendkleid über und tritt seufzend ihren Dienst an. Ihr Seufzer unterscheidet sich nicht von dem der Schaffnerin, die ihre Ledertasche umhängt, nicht von dem der Arbeiterin, die am Fabriktor ihre Karte lochen läßt. Morgens um sechs sitzt dann die junge Französin wieder im Vorortzug, strickend und gähnend und schielt in die Morgenzeitung, die ihr Nachbar liest. Sie wird bis zwei Uhr schlafen, dann ein wenig im Garten arbeiten, Salat pflücken, Unkraut jäten, Blumen begießen und gegen vier wieder strickend und gähnend im Vorortzug sitzen, während der Fremde gerade erwacht und vor Sentimentalität Kopfschmerzen hat, weil er nicht die Ironie aufbringt, die allein Vergnügungsviertel einigermaßen erträglich macht. Paris ist besonders in Gefahr, mit seinen

Vergnügungsvierteln verwechselt zu werden; das Wort »Paris« schon löst bestimmte Vorurteile aus.

Wie tief diese Vorurteile wirken, beweist das Erlebnis einer jungen Pariserin, die nach London fuhr, um dort mit englischen Redakteuren und Verlegern zu verhandeln; strickend – nirgendwo in der Welt gibt es soviel strickende Frauen wie in Paris – saß die junge Dame abends am englischen Kaminfeuer, legte ab und zu die Stricknadeln aus der Hand, um am Whisky zu nippen; aber die englischen Gastfreunde kamen auf ein Thema zu sprechen, das in London geradezu verpönt und in Frankreich recht ungewöhnlich ist: Sie sprachen über Damenunterwäsche und waren empört, als die junge Französin dieses Thema shocking fand und mit der Miene einer gekränkten Engländerin den Raum verließ.

Paris liegt nicht allein auf dem Montmartre und an der Place Pigalle, es liegt zwischen Emile Zola und Marcel Proust, es liegt an der Seine und zwischen Sartre und Claudel, es liegt zwischen Renoir und Picasso, zwischen Abbé Pierre und irgendeinem Millionär, dessen Frühstück soviel Geld kostet, wie Abbé Pierre brauchen würde, um zwei Familien einen Monat lang vor dem Hunger zu bewahren. Paris ist wie ein Mosaik, von dem niemand weiß, wer es zusammengestellt und zu dem Bild gemacht hat, das Paris heißt.

Diese Stadt liegt zwischen zwei Kinderwagen; das bedeutet nicht, daß der eine Kinderwagen, neben dem eine gepflegte junge Dame im Park steht, der Anfang eines Lebens sein muß, das an dem anderen Kinderwagen endet, hinter dem eine ältere Frau auf dem Bordstein sitzt und auf Abfälle aus den Markthallen wartet; das Leben fängt nicht immer an wie ein Bild von Renoir und endet dann wie ein Roman von Zola; es kann anfangen wie Zola und enden wie Renoir, kann anfangen und enden wie Proust. Selten schreibt das Leben jene »wahren Geschichten«, die nur schlecht erfunden sind. Die Stationen sind so verschieden voneinander wie die Mosaiksteine, die das Bild Paris bilden, und die Reihenfolge, in der diese Stationen zu absolvieren sind, ist ungewiß. Das Bild Paris bewegt und verändert sich, es können Steine herausgenommen, andere eingesetzt werden; alljährlich strömen Tausende in die Stadt, die fest entschlossen sind, diesem Bild einen neuen Stein hinzuzufügen: Ehrgeizige und Gläubige, Heilige und Genies, wie wir sie schon aus den Romanen Balzacs kennen. Wenigen nur gelingt ihr Vorhaben, die meisten scheitern, denn Paris ist weich wie Sand und härter als der Granit, aus dem Aberdeen erbaut ist.

Mehr als hundert Welten liegen zwischen diesen beiden Kinderwagen, Welten, in die der Fremde nur eindringt, wenn er sich entschließt, die Linien, die der Fremdenführer vorschreibt, zu überschreiten: die Welt der Verlage, wo die Holztreppen noch unverändert sind, die der junge Balzac hinaufeilte, um in den moderig riechenden Kontoren um Vorschuß zu kämpfen. Die Welt der Kirchen: das Grab des heiligen Vincent von Paul in der Rue de Sèvres und wenige Schritte davon entfernt das der Heiligen Katharina Labouré in der Rue du Bac, wo die Schmetterlingshauben der Vincentinerinnen vorherrschen, schneeweiße Flügel über den schwarzen und schokoladenbraunen Gesichtern junger Nonnen. Reitende junge Damen, morgens im Bois de Boulogne, und Bettler, die morgens unter den Brückenbögen herauskommen und rasch von der Straße ein paar Stummel zusammensuchen, aus denen sich eine Zigarette drehen läßt. Frivolität, die sich aus Lasterhöhlen in die Straßen ergießt – neben der sanften Liturgie früher Messen. Ganze Viertel, in denen es nie laut wird, sich nie Leben regt, wo Menschen wohnen, die dauernd auf Reisen zu sein scheinen – und andere, in denen das Leben nur für zwei kurze Stunden um Mitternacht herum ein wenig abflaut. Die Welt der Farbigen, Neger und Berber, junge Ehepaare aus Vietnam, wie Zwölfjährige wirkend, tragen sie in leichten Bambusgestellen Kinder zwischen sich spazieren, die wie große Blumen aussehen; grell gekleidete Negerinnen, die in den schattigen Seitenkapellen großer Kirchen auf den Knien liegen. Wilder, bizarrer Kitsch aus den neunziger Jahren und kühne chromsilberne Autos, die wie fahrende Espressomaschinen aussehen.

Wo liegt diese Stadt? Sie liegt zwischen diesen beiden Kinderwagen, liegt zwischen Zola und Proust, zwischen Sartre und Claudel und an der Seine. Sie riecht nach

Hoffnung und trinkt Verzweiflung, sie blüht ständig und welkt dauernd dahin; manche Straßen sind wie jene Wohnzimmer, die nie benutzt werden, andere wie Küchen, in denen dauernd geplaudert, gebügelt, Kaffee gekocht und Wein getrunken wird.

Es gibt *auch* die Vergnügungsviertel, sie sind wie jene Hütchen, die man Karneval aufsetzt, wenn man von Ball zu Ball geht, nicht um sich zu amüsieren, sondern um Zigaretten oder Konfettibomben zu verkaufen ...

Reise durch Polen
(1957)

Der junge Mann, der in Frankfurt an der Oder an der Rückseite des Zuges entlang patrouillierte, rief historische Assoziationen in mir wach: Fast zwanzig Jahre der Erinnerung mußte ich zurückblättern, um die zu finden, denen er so auffallend glich: den Arbeitsdienstführern aus dem Jahre 1938/39: diese so trügerische kernseifige Sauberkeit (der Dreck wuchs damals in Schimmelkolonien unter dem Holzfußboden der Baracke), die korrekte Frische, die aufreibend präzise Aussprache, als er mich aufforderte, das Fenster zu schließen. Für mein »Warum« – diesen gängigen Groschen demokratischer Gewohnheit – gab es in seinem Herzen und in seiner Seele keinen Schlitz. »Bitte, schließen Sie das Fenster!« Auch die zweite Frage: »Was gibt es denn hier so Schlimmes zu sehen?« fand keinen Eingang. Er blickte – symbolisch, wie ich annehme – auf seine Pistole, dann mich an: Unsere Augen rutschten aneinander aus, und das Wissen, ob der Blick auf die Pistole wirklich nur symbolisch gemeint sei, war mir keinen potentiellen Kopfschuß wert; so schloß ich das Fenster, zumal auch die Zöllner meine Aufmerksamkeit erforderten. Ich hatte nichts Schlimmeres gesehen: Schneeflocken, leere Bahnsteige – in der DDR sind alle Interzonenzüge auch von hinten bewacht –, Schienen und ein Posten, der die strenge Linie beobachtet; jeder neugierige Kopf wird ins Niemandsland hinausgestreckt.

Meinem Kollegen wurden eben zweihundertfünfzig Ostmark konfisziert, die zu besitzen er in puritanischer Ehrlichkeit bekannt hatte; da er auch noch die Wechselquittung eines Westberliner Kontors vorzeigte, war er rechtlich des Devisenvergehens überführt, und der junge Zöllner zückte verwirrt einen Block, dessen oberstes Blatt aussah, als sei seit einem Jahr auf diesem Block nichts mehr notiert worden. Die Frage »Was machen Sie nun mit dem Geld?« wurde prompt und höflich beantwortet: »Das wird unserer Wirtschaft wieder zugeführt!« Das Jungengesicht, das sich bei der Antwort vom Block hob, war blank und ernst, wie das eines Zwölfjährigen, der einen Pfadfinderschwur leistet.

Auch ein Novize, der die Ordensregel aufsagt, könnte so aussehen – und die moralische Rüstung, die hier sichtbar wurde, war fast deprimierender als die militärische, die von dem Kollegen an der Rückseite des Zuges repräsentiert wurde. Ideen sind schrecklicher als Pistolen! Welch eine Welt hinter diesem Satz. Eine Welt von Ehrlichkeit, Jungenhaftigkeit, in die eine Jugend ihren Idealismus investiert; eine gewaltige Hypothek auf einem so schwachen Haus. Wer wird die Zinsen zahlen, wer die Hypothek einlösen? Ein Vakuum wird es geben, Inflationen vielfältiger Art, wieder eine »enttäuschte Jugend«, krampfhaft verschlossene Ventile, durch die nur der Eiswind des Zynismus dringen wird.

Wie beängstigend ist doch eine gläubige Jugend. Die Staaten sollten Mißtrauen säen an Stelle von Vertrauen. Fast nichts ist so widerwärtig wie die um Vertrauen werbenden Stimmen der Staatsmänner, denen man doch so deutlich anhört, daß sie nur um Gnade flehen. »Mißtraut uns« sollte man über die Regierungsgebäude schreiben; vielleicht würde sich dann irgendwo echtes Vertrauen zeigen.

Auch an diesen blanken Zöllneraugen rutschen die unseren ab: Höflichkeit, mit einer deutlichen Dosis Wohlwollen gemischt – Wohlwollen des jungen Zöllners uns gegenüber natürlich! Da blieb nur das »Hands-up« westlicher Trauer, westlicher Skepsis, ein Kopfschütteln, Nachdenken, während der Zug langsam über die Oderbrücke fuhr. An den Scheinwerfern, die die Brücke flankierten, schmolz der Schnee und tropfte wie aus weinenden Augen ab.

Nie habe ich die Leute verstanden, die sich ihrer schlechten Wohnungen, ihrer schäbigen Kleidung wegen entschuldigen zu müssen glaubten: Diese Krankheit war in den Jahren 1945 bis 1951 chronisch, hat sich dann in die Prosperität hinein erhalten: Was sich damals auf unsere unaufgeräumten Wohnschlafküchen bezog, bezieht sich heute auf die noch fehlende Hausbar, auf die Tönung der Tapete, die noch nicht »so ganz richtig« ist. Die Scham hat nur ihre Gegenstände gewechselt: Es gibt tatsächlich Leute, die sich entschuldigen, wenn sie jemand zur Mitfahrt einladen und dann bekennen müssen, daß ihr Auto ein Volkswagen ist. Andere bitten um Vergebung für ihre Promenadenmischung, weil »noch kein rassereiner Pudel« da ist. Man hat so seine Vorstellungen, verhängnisvolle Vorstellungen, die sich an einem imaginären Standard entzünden, der wechselt wie die Mode und seine Fähnchen vorsteckt, wie ein Generalstabsoffizier, der ein Land erobert, das keinen Widerstand leistet; der Rückzug wird fürchterlich sein, weil man die eroberten Positionen mit einer so tödlichen Selbstverständlichkeit in Besitz nimmt.

Wenn man sich aus dem Vorhandenen keinen Lebensstil bilden kann, holt man ihn sich aus Filmen; wenn man aus der Not keine Tugend zu machen versteht, dann wird die Tugend einmal zur Not werden.

Merkwürdig, diese Scham bei den Warschauern wiederzufinden, die sich ihres Hauptbahnhofs wegen entschuldigen. Er ist ein Provisorium, ein ehemaliger Güterbahnhof, aber warum sich deswegen entschuldigen? Hitler wollte Warschau zu einem »Wahrzeichen der Vernichtung« machen, eine Riesenstadt, die Hauptstadt der stolzen Polen sollte ausgelöscht werden; alles, was nach dem Kämpfen noch stehen geblieben war, wurde systematisch weggesprengt, die Bevölkerung aus den Ruinen vertrieben. So wurde das neue Warschau zu einem Denkmal des polnischen Stolzes: Häuser aus dem neunzehnten Jahrhundert wurden so minutiös renoviert wie solche aus dem sechzehnten: die Straße Nowy Swiat (Neue Welt), die Krakauer Vorstadt, alter Markt, neuer Markt.

»Bedenken Sie immer«, flüsterte uns der Führer zu, »daß von all diesen Häusern, die Sie hier sehen, nicht ein einziges mehr stand, daß alle Denkmäler zu Schrott zerschlagen oder per Zufall noch heil auf deutschen Schuttplätzen gefunden wurden.«

»Auch dieses Haus war weg?«

»Auch das.«

»Und diese Kirche?«

»Kein Stein stand mehr von ihr.«

Straßen, Häuser, Wohnviertel. »Mehr als eine Million Menschen wohnen hier, wo 1945 nicht einer wohnte.«

Am liebsten wohl hätte man uns den Kulturpalast schamhaft verschwiegen, aber dieses Denkmal architektonischer Elephantiasis ist nun einfach nicht zu übersehen: Es sieht so unwirklich aus, weil es keine Proportion zur Stadt hat; es ist mit Einsamkeit umgeben, weil kein Architekt sich diesen Proportionen stellen kann: Selbst ein zehnstöckiges Gebäude würde aussehen, als läge es vor diesem babylonischen Gebilde auf den Knien (und wann hätten Städtebauer je Demut gekannt?).

Immerhin war hier Platz für die dreihunderttausend Warschauer, die Gomulkas Rede hören konnten, die statt des herkömmlichen, harten Sprechchores »Bierut-Stalin-Rokossowski« einen anderen anstimmten: »Lang soll er leben.« Auf diesem Platz ist der polnische Frühling Geschichte geworden.

»Wissen Sie«, sagte der Führer, »ich zeige Ihnen nun zuerst das Häßliche«, und wir fuhren die Marszalkowska hinunter, stiegen aus und blieben auf dem Platz der Verfassung stehen. »An diesen beiden Laternen hier auf dem Platz der Verfassung haben einige polnische Satiriker viel Geld verdient.« Wir blickten die langen Häuserfronten entlang, gingen mit den Augen zurück, wieder hinauf, hinunter; große graue Wohnblocks; an einigen Balkonen hingen Tannenbäume, Hasen, Luftballons.

»Sagen Sie ganz ehrlich, daß Sie es scheußlich finden, bitte, sagen Sie es.«

Der Eifer, mit dem mir hier Verdammung abgefordert wurde, stimmte mich nachdenklich und milde diesen grauen Riesenklötzen gegenüber; Menschen wohnten hier; auf einem Balkon stand eine junge Frau im himmelblauen Morgenrock und rauchte eine Zigarette, auf einem anderen ein kleiner Junge, der Seifenblasen in die klare Winterluft hinunterließ, und der Bilderstürmerdrang unseres Führers vertiefte meine Nachdenklichkeit: Ihm schien es selbstverständlich, daß ich einfach vor ästhetischem Entsetzen stöhnen müßte, aber ich stöhnte nicht. »Es tut mir leid«, sagte ich, »ich kann es so scheußlich nicht finden; es hat eine gewisse Größe...«

»Eine graue, düstere, bombastische, scheußliche Größe«, sagte mein Begleiter enttäuscht, fast ein wenig böse.

»Wenn Sie«, sagte ich, »was ich hoffe, einmal zu einem Gegenbesuch kommen, werde ich mit Ihnen einmal per Auto von Dortmund bis Köln fahren, quer durch das Ruhrgebiet. Möchten Sie denn, daß diese Häuser nicht mehr hier stünden?«

»Um Gottes willen«, sagte er erschrocken.

Nun mischte sich zum erstenmal die reizende ältere Dame ein, die bisher geschwiegen, nur zu den Verdammungen ihres jungen Landsmannes milde den Kopf geschüttelt hatte.

»Ob diese Häuser stehen bleiben«, sagte sie, »das hängt von euch ab.«

»Von uns?« sagte ich, nun meinerseits erschrocken, und zeigte auf meinen Begleiter und mich, »was meinen Sie damit?«

»Krieg meine ich. Werden Sie Krieg machen wegen der Oder-Neiße-Grenze?«

Diese Frage, das wußten wir beide, die alte Dame und ich, war so wenig real wie meine Antwort, daß »wir« natürlich keinen Krieg machen würden. Sagen nicht immer wieder selbst die wildesten Heimat-Gefühl-Demagogen: »selbstverständlich nicht um den Preis eines Krieges«. Wie anders wollen sie wohl je die Gebiete wiederbekommen? Die Parolen sind so sehr Schwindel wie der Offenbarungseid, den man leistet, mit erhobener rechter Hand, während die linke nach den zweitausend baren Mark tastet, die man immer als Reserve in der Hosentasche mit sich trägt.

Allen Politikern sei das ständige und intensive Studium der gegenwärtigen politischen Karte Europas empfohlen. Man vergißt diese Selbstverständlichkeit so leicht, und es ist gut, den Finger hin und wieder auf die Karte zu legen, die Karte von 1939, die von 1918 daneben zu halten: Fast hundert Kilometer westlich von Lemberg, mehr als hundert westlich von Wilna verläuft die Grenze des polnischen Staates. Der Blick auf die Karte fördert das Verständnis für jenen Witz über die Zeitungsannonce, die gelautet haben soll: »Gomulka gegen eine bessere geographische Lage zu tauschen gesucht.« Umgeben von Brüderchen Rußland ist Polen, von der strammen ČSSR, der noch strammeren DDR, die beide in strammen Leitartikeln ihr politisches DDT rings um die polnische Grenze herum ausstreuen, bemüht, den Aussatz der Freiheit in Quarantäne zu haben. Atlanten in die Büros der Abgeordneten, jedem an Stelle einer kostspieligen Christmas-Karte eine solide Europakarte geschenkt: ein Porträt der gefleckten Hyäne.

»Anstatt Ihnen ein Versprechen zu geben, dessen Einlösung nicht in meiner Macht steht, will ich Ihnen eine Geschichte erzählen«, sagte ich zu der alten Dame, während wir zu Fuß die Marszalkowska hinuntergingen. »Ich hatte einen Schulkameraden, dessen Vater im Jahre 1918 oder 1919 aus Bromberg vertrieben worden war. Als ich diesen Schulkameraden im Jahre 1940 auf der Straße traf, fragte ich ihn, ob seine Familie jetzt wieder nach Bromberg zurückziehen werde. Er blickte mich empört an und sagte: ›Jetzt seid ihr einmal an der Reihe.‹«

»Bromberg ist nicht Breslau«, sagte die alte Dame lächelnd, »wie Metz nicht Saarbrücken ist.«

»Sie wissen viel über geographische Differenzierungen«, sagte ich höflich.

»Ja«, sagte die Dame, »wenn man in Lemberg geboren ist. Aber ich hoffe, daß die Häuser in Lemberg und Warschau stehen bleiben, mögen sie noch so häßlich sein; man kann darin wohnen, und wenn man in einem Hause drin ist, sieht man ja die Fassade nicht. Man sieht seine Frau, seinen Mann, seine Kinder, Möbel und Bilder an der Wand.«

Wir gingen jetzt zum schönen Warschau, auf die Weichselbrücken zu, über die Nowy Swiat, durch die Krakauer Vorstadt, zum alten Markt, zum neuen: Hier hätte ich viel mehr auszusetzen gehabt: Hier hat man jedes I-Pünktchen aus dem sechzehnten Jahrhundert, jeden Schnörkel aus dem neunzehnten wiedererweckt: Hotels, in denen Großmutter schäkerte, Cafés, in denen Vater Mutter kennenlernte; doch darf man nicht vergessen, daß Warschau die stolze Antwort auf die blutige Geschichte der Jahre 1939 bis 1944 ist.

Es ist eigentlich verwunderlich, daß es hier in Polen nicht von westeuropäischen Priestern wimmelt, die kommen müßten, um zu sehen, was in Westeuropa nur noch in Irland und in den von Iren bevölkerten Städten Englands zu sehen ist: Arbeiter in den Kirchen. In Westeuropa muß man sie bei kirchlichen Tagungen und Kongressen doch immer mit einiger Verlegenheit und Anstrengung zusammenkratzen, um das ständische Gefüge darzustellen: Da bummeln die Arbeitergruppen immer am Schluß der Prozessionen hilflos herum, sich mühsam zusammenhaltend, weil sich hinter ihnen die Menge schon wieder schließt. In den Kirchen zählt man sie schon gar nicht mehr, weil das Ergebnis zu bitter sein würde. In Polen könnte man sie getrost zählen. Aber westeuropäische Priester sah ich keine: nur weiß ich, daß man einzelnen, die sich für dieses polnische Wunder interessierten, gleich alle möglichen düsteren Unterstellungen gemacht, milde Bannflüche über sie ausgesprochen hat: westliches DDT ausgespritzt, damit die Krankheit sich nicht ausbreite. Die Bischöfe sollten Pilgerfahrten nach Warschau inszenieren: Hier gibt es noch ein katholisches Volk.

Um die ökonomische Situation der unprivilegierten polnischen Familie zu begreifen, muß man sich vorstellen, man hätte die Westdeutschen nach der Währungsreform auf einem Existenzminimum von 50 bis 250 DM gehalten, auf einem Durchschnitt von 150; das ist genau die berüchtigte Formel: zuwenig zum Leben, zuviel zum Sterben: immer auf des Messers Schneide. In der Gleichung, die der polnische Familienvater zusammen mit seiner Frau zu lösen hat, ist das X nur mit äußerster Anstrengung zu bestimmen, das X heißt: leben, irgendwie, und das Irgendwie hat dabei nicht die Bedeutung einer blassen literarischen Vokabel. Das Irgendwie ist das Messer, dessen Schneide meist stumpf ist, oder dieses Irgendwie ist das Weberschiffchen, das zwischen Preisen und Einkommen hin- und herflitzt und den Stoff webt, der heißt: leben. Wir wissen noch, wieviel Genialität, menschliche Überlegungskraft, Einfälle (kriminelle gelegentlich) dazu gehören, um »irgendwie« zu leben, wo man theoretisch zu leben aufgehört hat. Aufschlußreich ist eine Anekdote vom Besuch des Ministerpräsidenten in einer Fabrik. Er fragte die Arbeiter nach ihren Wünschen, einer trat vor und sagte: »Herr Ministerpräsident, sorgen Sie doch dafür, daß wir die achtzig Zloty monatlich mehr bekommen, die uns am Existenzminimum fehlen.« Erstaunt bat der Ministerpräsident um die Rechnung, in der die achtzig Zloty fehlen, und der Arbeiter rechnete: »Ich nehme an«, sagte er, »daß ich zum Frühstück zwei trockene Brötchen esse – wir sind ja bescheiden –, keinen Kaffee dazu, keine Milch, nein, Wasser tut es schon. Auch das zweite Frühstück, Herr Ministerpräsident – wir sind ja bescheiden –, nur zwei trockene Brötchen, dann ein bescheidenes Mittagessen und abends wieder zwei trockene Brötchen. Die Rechnung, Herr Ministerpräsident, sieht dann so aus:

2 trockene Brötchen	1 Zl.
2 trockene Brötchen	1 Zl.
1 bescheidenes Essen	6 Zl.
2 trockene Brötchen	1 Zl.
	9 Zl.

Neun Zloty mal vier Personen mal dreißig Tage, das macht tausendachtzig Zloty im Monat. Tausend verdienen wir, geben Sie uns achtzig Zloty mehr im Monat, und wir kommen auf die Rechnung.«

Dabei hat der Gute die Miete vergessen, von Kleidern nicht gesprochen, keine Zigarette einkalkuliert, Kinobesuch, Strom, Straßenbahn nicht erwähnt. Gewiß wird der findige Nationalökonom Löcher genug in der Rechnung des Arbeiters finden: Löcher dort, wo sie das kluge Milchmädchen gelassen hat, damit die klugen Nationalökonomen nicht ohne Arbeit bleiben – aber auch der kluge Arbeiter hat Löcher genug gelassen, die er der Nachdenklichkeit des Nationalökonomen empfiehlt: Nicht einmal die Zündhölzer hat er erwähnt, keinen Gewerkschaftsbeitrag, keine Zeitung. Ein Paar Schuhe kostet soviel wie das Durchschnittsmonatseinkommen eines Polen, ein Hemd ein Viertel, die Miete aber gewöhnlich nur soviel wie eine Krawatte mittlerer Qualität: ein Kilo Fleisch wiederum weniger als eine Krawatte, eine Schachtel Zigaretten soviel wie ein broschiertes Buch und ein Pfund Kaffee soviel wie Hemd und Krawatte zusammen. Ausländische Bücher – für Schriftsteller etwa – sind Kostbarkeiten.

»Sie wissen ja gar nicht«, sagte mir ein Mann, »Sie wissen ja gar nicht, was es bedeutet, sagen zu können, was man denkt, laut und überall. – Drüben«, sagte er, »sitzt ein ehemaliger hoher Gewerkschaftsfunktionär: Die Arbeiter haben ihn rausgeschmissen, nachdem sie ihm vorgerechnet haben, wieviel er verdient und wie er sie belogen hat. Dahinten sehen Sie einen Schriftsteller, der sieben Jahre im Gefängnis gesessen hat. Dort einen anderen, der nicht schreiben durfte. Dahinten wieder einen von der Sorte, die Sie Stalinisten nennen würden: Er ist jetzt arbeitslos, war in irgendeinem Ministerium. Und ich sitze also hier und rede mit Ihnen, rede – warten Sie, ich muß dem Mädchen, bei dem ich den Kaffee bestellt habe, eben eine Szene machen, sonst warten wir noch eine Stunde.« – Er stand auf, marschierte wie ein Wilder durchs Lokal, stellte das Mädchen, und es gab ein wildes Hin und Her polnischer Vokabeln. Es klang, als würden Übungshandgranaten ausprobiert. Dann kam er lächelnd an den Tisch zurück, setzte sich und sagte mit genüßlichem Seufzen: »Daran muß man sich gewöhnen, aber es macht auch Spaß.« Sogar dem Serviermädchen schien es Spaß zu machen. Freimütig lächelnd brachte sie uns den Kaffee. »Also reden, reden – sagen können, was man denkt. Ich weiß, ich weiß, die Freude darüber wird geringer, läßt nach mit der Zeit, aber zunächst genießen wir sie.«

Viel Revolutionärs-Patina über ihm: ein Museumsstück; sechzig Jahre alt, mehr als vierzig davon Kommunist: einer von der Sorte, wie man sie in Deutschland nur aus der Zeit vor 1933 kennt. Spanien. Untergrund. Narben. Wodka, und plötzlich mit leiser Stimme, kichernd: »Noch vor einem Jahr, glaube ich, fragte mich Ihr englischer Kollege Graham Greene: Was halten Sie von Stalin?« Kichern, und dann laut: »Ich habe ihm gesagt: Ich selbst bin nicht intelligent genug, Ihnen diese Frage zu beantworten, aber ich beantworte sie Ihnen mit einem Wort Ihres großen Landsmanns Churchill: Zu gewissen Zeiten braucht man gewisse Leute.«

»Würden Sie ihm heute anders antworten?«

»Nein.« Schweigen und nach einer kleinen Pause die Gegenfrage: »Sind Sie über diese Antwort enttäuscht?«

»Ja«, sagte ich, »einfach, weil ich wissen möchte, ob Churchills Antwort wirklich mit Ihrer identisch ist.«

»Die Eleganz der westlichen Pragmatiker, die in Yalta bei Krim-Sekt, völlig unbelastet durch eine genaue geographische Kenntnis, wie sie ein Abiturient haben muß, der Geographie als Wahlfach nimmt – so über den Daumen gespielt ›slavonic people‹ hinter verschiedenen Vorhängen verschwinden ließen –, diese Eleganz ist nur eine andere Erscheinungsform dessen, was wir Dialektik nennen. Sind Sie nun zufrieden?«

»Nein.«

»Was wollen Sie noch?«

»Ich möchte wissen, wie Sie über Stalin denken?«

»Schön«, sagte er, »ich werde Ihnen sagen, was ich über Lenin weiß. Als junger Mann besuchte ich einmal zusammen mit einem sehr reichen, sehr reaktionären Fabrikanten eine Versammlung, in der Lenin sprach. Wir hörten fünf Minuten zu, da packte mich der Fabrikant am Arm, ängstlich und heftig, und flüsterte mir zu: Bringen Sie mich hinaus, schnell, bringen Sie mich hinaus – sonst überzeugt er mich noch. Ist das nicht eine schöne Geschichte, und sie ist wahr.«

»Sie ist sehr schön, aber...«

»Hören Sie«, sagte er, »Sie sind Katholik, nicht wahr?«

»Ja.«

»Gut. Wenn Sie nun an Alexander VI. denken, würden Sie dann den heiligen Petrus...«

»Ach«, sagte ich, »ich wollte ja nur wissen, wie Sie über Stalin denken.«

»Nun«, sagte er, »ich will es Ihnen sagen: Ich denke nicht so gut über ihn, wie Churchill 1943 über ihn dachte. Sind Sie nun zufrieden?«

»Zum Teil«, sagte ich.

»Zahlen«, rief er, »zahlen!«

Undines gewaltiger Vater
(1957)

Ich bin bereit, dem Rhein alles zu glauben, nur seine sommerliche Heiterkeit habe ich ihm nie glauben können; ich habe diese Heiterkeit gesucht, aber nie gefunden; vielleicht ist es ein Augenfehler oder ein Gemütsfehler, der mich hinderte, diese Heiterkeit zu entdecken.

Mein Rhein ist dunkel und schwermütig, ist zu sehr Fluß händlerischer Schläue, als daß ich ihm sein sommerliches Jünglingsgesicht glauben könnte.

Ich bin mit den weißen Schiffen gefahren, über die Rheinhöhen gegangen, mit dem Fahrrad von Mainz bis Köln, von Rüdesheim bis Deutz, von Köln bis Xanten gefahren, im Herbst, im Frühjahr und im Sommer, ich habe während des Winters in kleinen Hotels gewohnt, die nahe am Fluß lagen, und mein Rhein war nie der Sommer-Rhein.

Mein Rhein ist der, den ich aus meiner frühesten Kindheit kenne: ein dunkler, schwermütiger Fluß, den ich immer gefürchtet und geliebt habe; drei Minuten nur von ihm entfernt bin ich geboren; ich konnte noch nicht sprechen, soeben laufen, da spielte ich schon an seinen Ufern: Bis zu den Knien wateten wir im Laub der Alleebäume, suchten nach unseren Papierrädern, die wir dem Ostwind anvertraut hatten, der sie – zu schnell für unsere Kinderbeine – westwärts trieb, auf die alten Festungsgräben zu.

Es war Herbst, Sturm herrschte, Regenwolken und der bittere Rauch der Schiffsschornsteine hingen in der Luft; abends war Windstille, Nebel lag im Rheintal, dunkel tuteten die Nebelhörner, rote, grüne Signallichter an den Mastkörben schwebten wie auf Gespensterschiffen vorbei, und wir beugten uns über die Brückengeländer und hörten die hellen, nervösen Signalhörner der Flößer, die rheinabwärts fuhren.

Winter kam: Eisschollen, so groß wie Fußballplätze, weiß, mit einer hohen Schneeschicht bedeckt; still war der Rhein an diesen klaren Tagen; die einzigen Passagiere waren die Krähen, die sich von den Eisschollen in Richtung Holland treiben ließen, auf ihren riesigen, phantastisch eleganten Taxis ruhig dahinfahrend.

Viele Wochen lang blieb der Rhein still: schmale, graue Wasserrinnen nur zwischen den großen, weißen Schollen. Möwen segelten unter den Brückenbogen her, Schollen brachen sich splitternd an den Pfeilern, und im Februar oder März warteten wir atemlos auf die große Drift, die vom Oberrhein kam. Arktisch anmutende Eismassen kamen von dort oben, und man konnte nicht glauben, daß dies ein Fluß ist, an dem Wein wächst, guter Wein. Vielschichtig schob sich das krachende, splitternde Eis an Dörfern und Städten vorbei, riß Bäume um, drückte Häuser ein, kam gelöster, schon weniger gefährlich nach Köln. Zweifellos, es gibt zwei Rheine: den oberen, den Weintrinkerrhein, den unteren, den Schnapstrinkerrhein, den man weniger kennt und für den ich plädiere; ein Rhein, der sich mit seinem Ostufer nie so recht ausgesöhnt hat, bis heute nicht; wo früher die Opferfeuer der Germanen rauchten, rauchen jetzt die Schornsteine, von Köln rheinabwärts bis weit nördlich Duisburg: rote, gelbe, grüne Flammen, die gespenstische Kulisse großer Industrien, während das westliche, das linke Ufer mehr noch einem Hirtenufer gleicht: Kühe, Weidenbäume, Schilf und die Spuren römischer Winterlager; hier standen sie, die römischen Soldaten, starrten auf das unversöhnliche Ostufer; opferten der Venus, dem Dionys, feierten die Geburt der Agrippina: Ein rheinisches Mädchen war die Tochter des Germanicus, Enkelin Caligulas, Mutter Neros, Frau und Mörderin des Claudius, später von ihrem Sohn Nero ermordet. Rheinisches Blut in den Adern Neros! Geboren war sie inmitten von Kasernen: Reiterkasernen, Matrosenkasernen, Fußvolkkasernen, und im Westend auch damals schon die Villen der Händler, Verwaltungsbeamten, Offiziere, Warmwasserbäder, Schwimmhallen; noch hat die Neuzeit diesen Luxus nicht ganz eingeholt, der zehn Meter unter den Spielplätzen der Kinder im Schutt der Jahrhunderte begraben liegt.

Zu viele Heere hat dieser Fluß gesehen, der alte, grüne Rhein, Römer, Germanen, Hunnen, Kosaken, Raubritter – Sieger und Besiegte, und – als letzte Boten der sich vollziehenden Geschichte – die den weitesten Weg hatten: die Jungen aus Wisconsin, Cleveland oder Manila, die den Handel fortsetzten, den römische Söldner um das Jahr Null herum begonnen hatten. Zuviel Handel, zuviel Geschichte hat dieser breite, grünlichgrau dahinfließende Rhein gesehen, als daß ich ihm sein sommerliches Jünglingsgesicht glauben könnte. Glaubhafter ist seine Schwermut, seine Dunkelheit; auch die düsteren Ruinen der Raubritterburgen auf seinen Bergen sind nicht Relikte eines sehr fröhlichen Interregnums. Römischer Flitter wurde im Jahre Null hier gegen germanische Frauenehre getauscht und im Jahr 1947 Zeißgläser gegen Kaffee und Zigaretten, die kleinen, weißen Räucherstäbchen der Vergänglichkeit. Nicht einmal die Nibelungen, die dort wohnten, wo der Wein wächst, waren ein sehr fröhliches Geschlecht, Blut war ihre Münze, deren eine Seite Treue, deren andere Verrat war.

Der Weintrinkerrhein hört ungefähr bei Bonn auf, geht dann durch eine Art Quarantäne, die bis Köln reicht; hier fängt der Schnapstrinkerrhein an; das mag für viele bedeuten, daß der Rhein hier aufhört. Mein Rhein fängt hier an, er wechselt in Gelassenheit und Schwermut über, ohne das, was er oben gelernt und gesehen hat, zu vergessen, immer ernster wird er auf seine Mündung zu, bis er in der Nordsee stirbt, seine Wasser sich mit denen des großen Ozeans mischen; der Rhein der lieblichen mittelrheinischen Madonnen fließt auf Rembrandt zu und verliert sich in den Nebeln der Nordsee.

Mein Rhein ist der Winterrhein, der Rhein der Krähen, die auf Eisschollen nordwestwärts ziehen, den Niederlanden zu, ein Breughel-Rhein, dessen Farben Grüngrau sind, Schwarz und Weiß, viel Grau, und die bräunlichen Fassaden der Häuser, die sich erst wieder auftakeln, wenn der Sommer naht; der stille Rhein, der noch elementar genug ist, sich die Emsigkeit der Hermes-Anbeter für einige Wochen wenigstens vom Leibe zu halten, und souverän sich selbst beherrscht, nur Vögeln, Fischen und Eisschollen sein altes Bett überläßt. Und ich habe immer noch Angst vor dem Rhein, der im Frühjahr böse werden kann, wenn Hausrat im Fluß dahintreibt, ertrunkenes Vieh, entwurzelte Bäume; wenn auf die Uferbäume Plakate mit dem roten Wort *Warnung* geklebt werden, die lehmigen Fluten steigen, wenn die Ketten, an denen die mächtigen schwimmenden Bootshäuser befestigt sind, zu reißen drohen, Angst vor dem Rhein, der unheimlich und so sanft durch die Träume der Kinder murmelt, ein dunkler Gott, der bewiesen haben will, daß er noch Opfer fordert: heidnisch, Natur, nichts von Lieblichkeit, wird er breit wie ein Meer, dringt in Wohnungen ein, steigt grünlich in den Kellern hoch, quillt aus Kanälen, brüllt unter Brückenbogen dahin: Undines gewaltiger Vater.

Straßen wie diese
(1958)

Durch Straßen wie diese führte mein Schulweg, sieben Jahre lang; viele tausend Male bin ich durch solche Straßen gegangen, aber nie in sie eingedrungen; erst viel später – in der Erinnerung – begriff ich, was Straßen wie diese bedeuten, ich begriff es, wie man plötzlich Träume begreift, wenn ich in fremden Städten stundenlang durch Straßen ging und eine wie diese suchte, aber nicht fand. Diese Straßen sind wie die Wohnzimmer kinderreicher Sippen, in denen nach dem geschriebenen Gesetz der Vater das Oberhaupt ist, nach dem ungeschriebenen und wirksameren aber die Mutter. Das Leben verläuft anarchisch, das heißt: nach strengen Regeln, die alle ungeschrieben sind; die Männer dürfen gelegentlich ihre Streitereien ausfechten, denn Eifersuchtsdramen heben das Ansehen der Frau, aber es darf nicht zu ernst werden: Blut ist ein kostbarer Saft, den man nicht gerne opfert, am wenigsten gern auf Schlachtfeldern, denn man weiß in diesen Straßen: Das Leben ist kurz, es verläuft hier rascher als anderswo und ist doch ewig unabänderlich; wie bei einem Bagger, der den Flußlauf reinigt, weiß man nie: Ist das Wasser, das die Schöpfräder hochbringen, immer dasselbe oder nur das gleiche Wasser?

Mädchen kreuzten meinen Schulweg, balgten sich am Straßenrand, heute – morgen, so schien es mir, waren sie schon junge Frauen, übermorgen Mütter; in diesen Straßen wird man kein Backfisch; und ich ging immer noch zur Schule, da brachten diese jungen Frauen schon ihre Erstgeborenen mit frisch geschnittenem Haar, sauber gebürstet, mit nagelneuen Ranzen und der prallen Tüte ans Schultor; weinend taten sie es, sie wußten, daß geschriebene Gesetze anfingen, wirksam zu werden, weinend taten sie es, denn die Träne ist der Preis für den Genuß und die Erkenntnis der Vergänglichkeit.

Streikende sah ich, rote Fahnen, Panzer fuhren auf, und die Polizisten leiteten unseren Schulweg auf sichere Pfade um, durch bürgerliche Straßen, mit strengen, abweisenden Fronten, leer waren diese Straßen, nur selten einmal spielte dort ein Kind, langweilig waren sie, und ich war froh, wenn der Streik vorüber war und der Schulweg wieder durch heitere Straßen wie diese verlief. Schmuggler sah ich, die der Polizei Tausende von leeren Zigarettenschachteln vor ihre Haustüren stapelten, ganze Türme von Leergut, aus dem die gepanschte Ware längst verkauft war; aber eins blieb immer gleich, sieben Jahre lang, siebzig, siebenhundert Jahre: der Karneval, der einfach ausbrach, und im Rhythmus des Jahres, so wie die Patronatsfeste der Pfarreien fielen, Prozession und Kirmes: Goldene Lämmer aus Gips wurden von weißgekleideten Mädchen getragen, rote Herzen Jesu, Lilien, barocke Laternen und auf roten Samtkissen die goldenen Symbole für Glaube, Hoffnung und Liebe: Kreuz, Anker und Herz.

Viel später, in der Erinnerung erst, begriff ich, was das ist: Volk. Volk ist der älteste Adel mit den strengsten Gesetzen, stolz und unnahbar. Jahrhundertelang oft wohnen ganze Sippen in Straßen wie dieser, verbergen ihren Reichtum, verbergen ihre Armut, pflegen ihre Kranken, ihre Krüppel in immer derselben Wohnung. Fremde werden aufgenommen, mögen sie Stanislaus, John oder Luigi heißen, Jan oder Sven; es gibt nur eine einzige Münze für Haben und für Soll: Treue und die Anerkennung der Gesetze, die niederzuschreiben unmöglich wäre, deren Größe und Härte in ihrer Ungeschriebenheit besteht. Das geschriebene Gesetz ist immer der Auslegung unterworfen, Ermessensstreit wird ausgefochten, Anwälte spitzen Zunge und Feder; das Gesetz dieser Straßen kennt nur zwei Antworten auf die Frage: »Schuldig?« – Ja – oder Nein. Schuldig, ein Mädchen sitzengelassen zu haben, schuldig, der Sippe nicht den gebührenden Tribut gezahlt zu haben, schuldig, Verrat geübt zu haben. Der Strafen gibt es viele, von der Ächtung bis zu denen, die mit Messern vollstreckt werden, wobei die Ächtung oft schmerzlicher den Schuldigen trifft als der Denkzettel mit dem Messer; es gibt Verweise, Mahnungen, dunkle, es gibt Bewährungsfrist; manchmal entzieht sich der Schuldige durch die Flucht, doch auch das geschieht selten, denn wer in solche Straßen einheiratet – nicht immer vor Gesetz und Kirche, und doch gibt es keine Scheidung –, weiß den Preis und entrichtet ihn.

Vielleicht wird nur in Straßen, wie diese eine ist, richtig gelebt; heftig ist die Blüte der Frauen, Blumen im Haar, und der Troubadour hängt, wenn er zu Besuch kommt, seine Mandoline neben das Muttergottesbild, vor dem die rote Lampe brennt; heftig sind die Gefühle: Liebe und Haß, Mitleid und Härte, und man hat ein Gefühl für Unmenschlichkeit und für das Lächerliche: Niemals ist die SA frohen Mutes durch solche Straßen marschiert; der Wurfgeschosse gibt es viele: Apfelsine, Blumentopf, Nachtgeschirr, und noch hat keiner den Panzer erfunden gegen die Verwundung, die so rasch tötet: das Gefühl, lächerlich zu sein. Man liebt Armeen nicht, denn man weiß, sie schleppen die Söhne fort, in die Wüste, in die Steppe, in Straßen, wo sie auf ihresgleichen schießen müssen und von ihresgleichen erschossen werden, und Armeen verderben die Töchter, suchen sie aus dem Bereich der ungeschriebenen in den geschriebener Gesetze zu ziehen.

Straßen wie diese bilden sich nicht mehr neu; wie alles, was heidnische Züge hat, sind sie an uralte Konventionen gebunden und an den Ort, an die Laren; sie sind nicht zu verpflanzen, ihr Geist geht unter mit dem Ort, an dem sie lagen; zum Glück haben einige von ihnen das Bombardement überdauert, die leeren Fensterhöhlen sind wieder mit Glas und Gardinen, mit Blumen gefüllt, Frauen mit Säuglingen auf dem Arm stehen wieder in den Türen, rote Samtpolster werden wieder durch die Straßen getragen, mit goldenen Symbolen für Glaube, Hoffnung und Liebe: Kreuz, Anker und Herz. Diese Straßen können nur als Ganzes leben, nicht in Partikeln, sie sind wie Pflanzenkolonien, die sich aus geheimen Wurzeln nähren; in ihnen lebt es noch, uralt, stolz, unnahbar und seinen Gesetzen treu: Volk.

Stadt der alten Gesichter (1959)

Köln ist für mich die Stadt der alten Gesichter, Gesichter von Menschen, die mir nie vorgestellt wurden und deren Namen ich auf dem Grabstein nicht wiedererkennen würde. Die Wirklichkeit dieser Gesichter schwände dahin, wenn sie für mich »Herr Schmitz« und »Fräulein Reinartz« würden. Die Heftigkeit meiner Erinnerung ist abhängig von ihrer Anonymität. Mit manchen von ihnen habe ich Worte gewechselt, aber nie mehr als »Umsteigen, bitte. Danke«, oder »Zwei Bananen, bitte. Danke«; mit den meisten habe ich nie ein Wort gewechselt, und gerade deshalb sind sie für mich Köln.

Bis heute weiß ich nicht, ob der gepflegte Herr, den ich noch als braunhaarig in Erinnerung habe, grauhaarig und weißhaarig werden sah, Gerichtsvollzieher oder Kassierer fürs E-Werk ist. Er trägt immer eine kleine, schwarze Ledertasche unterm Arm – sie ist halb so groß wie ein Schulranzen –, und ich werde nie erfahren, ob sie Pfändungsbefehle oder Stromrechnungen enthält, oder Schriftsätze und Briefabschriften, wie sie Leute mit sich herumtragen, die ein Leben lang gegen das Unrecht ankämpfen. In wechselnden Abständen, oft sind es vier oder fünf Jahre, sehe ich den Herrn zu verschiedenen Tageszeiten in verschiedenen Stadtvierteln, immer sieht er aus, als wäre er zu einem bestimmten Ziel unterwegs, und doch muß ich fürchten, daß er sein Ziel nie erreicht. Zweimal innerhalb von fünfundzwanzig Jahren sah ich ihn in einem Café, beide Male trank er Tee, aß einen Berliner, den er sorgfältig zerteilte. Wenn ich ihn wiedersehe, wird Köln für mich wirklich.

Meine Verwandten und Bekannten sind für mich nicht so sehr Köln wie diese alten Gesichter, die keinen Namen haben. Verwandte, Freunde und Bekannte haben Namen, man weiß, wohin sie in Urlaub fahren, womit sie ihr Geld verdienen, welche Bücher sie lesen, kennt ihre politische Meinung, und doch machen nicht sie das »zu Hause« aus. Meine Frau ist auch in einem Eifeldorf meine Frau, und meine Kinder bleiben meine Kinder, wenn ich in einem Londoner Kino zwischen ihnen sitze. Man kann wegziehen und seine Familie mitnehmen, die Freunde würden einen besuchen, Briefe schreiben, man würde neue Freunde finden, neue Bekannte, Fräulein H., Herr K. Angenehm – aber »zu Hause«, da sind die Namenlosen, die man oft jahrzehntelang nicht sieht und doch immer wiedererkennt. An ihren Gesichtern lese ich den Ablauf der Zeit deutlicher ab als vom Kalender und von den Gesichtern derer, die mit mir älter werden.

Diese alten Gesichter gehören zu Straßenbahnern und Straßenhändlern, Zeitungsverkäufern und Polizisten und zu jenen müßigen Damen, wie man sie zwischen neun und halb ein Uhr morgens und nachmittags zwischen drei und sechs in den Cafés antreffen kann; es sind die Gesichter von Ladeninhabern, bei denen man, wie es sich gerade beim Bummel durch die Stadt ergibt, vielleicht alle drei Jahre einmal Zigaretten kauft oder alle fünf Jahre eine Uhr zur Reparatur abgibt; Kellner und Kellnerinnen zählen nicht: Sie wissen zuviel von einem, und man weiß zuviel von ihnen; sie wissen schon, welche Zeitungen man liest, was man ißt und trinkt, mit wem man sich trifft, wissen es schon nach vier oder fünf Besuchen im selben Lokal; sie sind fast schon Bekannte, bald weiß man, ob sie Wohnungssorgen haben oder nicht, Schulnöte werden offenbart, Lebensweisheiten ausgetauscht; zuviel, mit einem »alten Gesicht« spricht man überhaupt nicht oder nur in einem streng begrenzten Vokabular. »Umsteigen. Geradeaus. Danke. Bitte.« – »Zwei Bananen. Danke. Bitte.« Kaum mehr als es Responsorien in den Litaneien gibt: »Erbarme dich unser, erhöre uns, höre uns.«

»Zwei Bananen, bitte«, sagte ich im Jahr 1929 zu einem fünfzehnjährigen Mädchen auf dem kleinen Platz vor St. Severin; die blühende Frische einer eben Schulentlassenen, die sorglos das Wechselgeld aus der grünen Stahlkassette nahm; dasselbe an derselben Stelle zur selben Person gesagt im Jahr 1959; erschreckend die rauhe, fast schon runzelige Hand der Frau mittleren Alters, die bekümmert in die grüne Stahlkassette blickte. Nirgendwo deutlicher werde ich lesen, wie lange dreißig Jahre währen.

Der Eismann am Perlengraben schrieb unsere Schulden mit dickem Zimmermannsbleistift an die getünchte Wand seiner Bude; ein Strich bedeutete fünf Pfennige, ein Dreieck einen Groschen, ein Viereck fünfzehn Pfennig; Kerbholz und Latte lebten in dieser Buchführung fort; wenn die Schulden beglichen wurden, wischte er mit feuchtem Daumen die geometrischen Figuren aus, und an anderer Stelle der beschmierten Wand wurde bald ein neues Konto eröffnet; zwanzig Jahre später: das Gesicht des Eismanns hinter der Theke eines großen Cafés; tadelloser Anzug, graue Krawatte mit silberner Perle, glattes Gesicht über Berge von Pralinen und Torten gebietend, und als hätte er die Pointe für mich reserviert, sagte er gerade zu seiner Verkäuferin: »Ich gehe rasch zum Maniküren.« Als hätte er nie andere Sorgen gehabt als die Politur seiner Fingernägel; und malte doch mit so bekümmertem Gesicht seine Kreditgeometrie an die blaugetünchte Wand, wischte nach Ostern die aus, die sitzengeblieben waren, die Schule gewechselt und ihn draufgesetzt hatten; »Tiebler«, drei Striche, zwei Dreiecke, ein Viereck. »Fünfzig Pfennig im Eimer«, sagte vor zwanzig Jahren die Stimme, die jetzt sagte: »Ich gehe rasch zum Maniküren.«

Nichts wäre verhängnisvoller, als in solchen Augenblicken »Erinnerungen austauschen« zu wollen. Per Distanz hütet man die Erinnerungen der anderen besser, als wenn man zuließe, daß sie ins Vokabularium der Sentimentalität gehoben und getötet würden: »Wissen Sie noch, damals am Perlengraben vor zwanzig Jahren«, der feuchte Daumen, Buchführung an der blaugetünchten Wand, Kindergewimmel am Perlengraben, wo nach dem Krieg fünfzehn Jahre lang eine fast pompejanische Stille herrschte. Alles wäre ausgelöscht, würde man sich auf das »Wissen Sie noch« einlassen; man muß auch die Erinnerungen der Städte und Stätten hüten; Fehltritte solcher Art machen die Treffen von Schulkameraden, die Saufabende jeglicher »Schicksalsgemeinschaft« zu so traurigen Veranstaltungen. Die Erinnerung an eine Handbewegung, an einen Laut, einen Geruch enthält mehr als das stundenlange Bramarbasieren. Erinnerung an eine Stimme, die an einem kühlen Montagmorgen, als wir zur

Turnhalle gingen, in die Spitzengasse hinunterrief: »Ich schlag dich kapott«, grüner Morgenrock, schwarzes Haar, weiße Haut, noch ungewaschen; die Frau war wohl fünfundzwanzig und hübsch, ist noch heute hübsch, noch mit siebenundvierzig, sitzt hinter der Kinokasse und sagt: »Macht einsachtzig, zwanzig Pfennige zurück. Macht zweifünfzig, fünfzig Pfennige zurück. Loge ausverkauft.« Und rief vor zweiundzwanzig Jahren nur den einen Satz: »Ich schlag dich kapott.«

Sehen und schweigen, hören und wissen: Er trug die rote Fahne, trug sie mit fanatischem Gesicht der marschierenden Kolonne voran, in den engen Gassen das Echo wilder Lieder; Eulengarten, Schnurgasse, Ankerstraße; mißtrauische Arbeitslose am Straßenrand köpften vorsichtig ihre Zigaretten, während er in den grauen Novemberhimmel hineinschrie: »Wir wählen Thälmann.« – Asketenhände, die den Bannerstiel umklammerten, Asketengesicht, blickte gen Himmel, schrie: »Wir wählen Thälmann.« Gesicht, das sich vorgestern pedantisch über meinen Paß beugte, ihn prüfte, Hände, die den Paß zurückschoben, mir Geld auf die Banktheke zählten, gerechte Hände; mir unvergessen, was er vielleicht längst vergaß.

Ich könnte die alten Gesichter nicht zählen oder gar aufzählen, manche verschwinden, ohne daß ich es bemerke, andere reihen sich ein: Fünfundzwanzigjährige, die einmal sechs- oder zehnjährige Kinder waren, bummelten mit dem Schulranzen auf dem Rücken oder mit Einkaufstaschen in der Hand an irgendeinem Fenster irgendeiner unserer Wohnungen vorüber: am Karolingerring oder in der Maternusstraße; führen jetzt irgendwo in Parks oder in Ladenstraßen ihre eigenen sechs- oder zehnjährigen Kinder an der Hand spazieren; alte Gesichter und neue, die einmal alte sein werden.

Es gibt prominente darunter, Zeitungsverkäufer, aus deren Mund ich per Schlagzeile die ganze Geschichte der letzten dreißig Jahre hörte: Brüning zum Kanzler ernannt; Papen zum Kanzler ernannt; Schleicher zum Kanzler ernannt; Hitler zum Kanzler ernannt; Röhmputsch niedergeschlagen; Sieg im Westen; Absatzbewegungen im Osten; erster Großangriff auf Köln; die neueste Verordnung der Militärregierung; die Zuteilungen in der einhundertvierzigsten Zuteilungsperiode; Adenauer, der Sohn unserer Stadt, wird Bundeskanzler; gereizte Stimmung in Bonn; Adenauer und Erhard versöhnt.

Unmenschlich die immer gleiche Begeisterung dieser Stimme, die die ›Kölnische Zeitung‹ und die ›Vossische‹ anpries, den ›Stürmer‹ und den ›Völkischen Beobachter‹, die ›Welt‹ und die ›Abendpost‹, die neuen Karnevalsschlager, die den Sputnik verkündete und Chruschtschows Besuch in den USA – welche Zeitung wird dieses alte Gesicht wohl in zehn Jahren anpreisen? Unsterblich erscheint es mir, fast schon ein Denkmal, das der Zeit trotzt, wie die müßigen Damen in den Cafés, die in Mode und Kosmetik immer *up to date* sind, sich nur zögernd vom verführerischen zum mütterlichen Lächeln entschließen, plötzlich bereit sind, älter zu werden und sich mit der Ausbildung des Nachwuchses zu beschäftigen; Töchter und die Töchter von Freundinnen werden in die hohe Kunst eingeführt, müßig zu sein; ich weiß nichts von ihnen, weiß nicht, ob sie Söhne verloren oder Freunde verraten haben; sie sind nur »alte Gesichter« – nicht Freunde und Bekannte, auf deren Güte und Fehltritte man heftig reagiert.

Sie alle sind für mich Köln; zu Hause bin ich da, wo jeweils meine Familie sein mag, wo ich die Bekannten kenne; Köln liegt da, wo ich die Unbekannten kenne, liegt am Rhein, hat Kirchen und Brücken und viel Geschichte, römische Legionäre kratzten diese Geschichte in Ziegel, mittelalterliche Baumeister bauten die romanischen Kirchen, die viel kölnischer sind als der Dom, der ein wenig fremd, für Fremde, so nahe am Bahnhof und viel zu nahe an den großen Hotels liegt; zu leicht kann man sich einbilden, Köln zu kennen, wenn man aus einem Hotelfenster auf den Dom blickt, Köln liegt für mich am Perlengraben und auf dem Platz vor Sankt Severin, es ist die Stadt der Unbekannten, die ich kenne.

Nordrhein-Westfalen (1960)

Wenn der D-Zug Hamburg–Frankfurt wenige Kilometer südwestlich von Osnabrück den Bahnhof Hasbergen passiert, sich dem Ort Lengerich nähert, ahnen wohl nur wenige Reisende, daß sie über eine Landesgrenze, aus Niedersachsen kommend, ins Land Nordrhein-Westfalen eingefahren sind. Grenzen sind unsichtbare, aber zähe Linien; die vielfältigen Windungen, Schlaufen und Ekken, mit denen auf der Landkarte so pedantisch die Ländergrenzen markiert sind, waren einmal Grenzen von Machtbereichen, Interessen, Religionen, Sprachen, Lebensformen, sind es zum Teil noch heute. Die Landschaft um Hasbergen unterscheidet sich nicht von der um Lengerich und Münster; unendliche, grüne Fläche, in der die großen roten Bauernhöfe noch in germanischer Einsamkeit liegen, stolz vor der messerscharfen Linie des Horizonts, der hier die Landschaft bestimmt.

Mag der Reisende noch Münster als Stadt registrieren, groß im Vergleich zu dem Raum, der sie umgibt, wirkliche Hauptstadt einer Provinz mit Kathedrale und Universität; auf der Weiterfahrt zwischen Hamm und Köln registriert er die Städte nicht mehr, obwohl sie drei-, vier-, fünfmal so groß sind wie Münster; zwischen Hamm und Köln erscheint alles wie eine einzige riesige, anonyme Großstadt, deren Vororte die Eitelkeit haben, eigene Bahnhöfe zu errichten und ihren Namen ausrufen zu lassen, und doch sind in diesem Riesengebilde, das keinen Horizont mehr bietet, die Ecken, Schlaufen und Windungen der Landkarte nicht weniger bedeutsam und nicht weniger zäh; zwischen Bottrop und Essen, zwischen Hagen und Wuppertal oder Oberhausen und Gelsenkirchen fährt der Zug wieder über eine unsichtbare Linie, jene, die das Rheinland von Westfalen trennt; und diese Grenze, die irgendwo zwischen Hochöfen, Fördertürmen, Kanälen, Eisenbahnlinien verläuft, ist keineswegs illusorisch; hüben ist man Rheinländer, drüben Westfale; durch die eigene, die Ruhrgebietssprache, klingen noch

Dialektunterschiede durch; was man hüben für Humor hält, gilt drüben als abgestanden – und umgekehrt, mögen auch heute die Straßenbahnen ungehindert jene unsichtbare Linie passieren, die früher durch Schlagbäume scharf gekennzeichnet war.

Innerhalb weniger D-Zug-Stunden wechseln die Eindrücke so oft, daß der Reisende kaum Zeit findet, sie zu ordnen: Eingekeilt zwischen Schachtanlagen und Schlakkenhalden sieht er pflügende Bauern und dampfende Kühe. Endlich, bei Köln, der Rhein, der sich deutlich als Grenze präsentiert. Köln ist die Stadt der Brücken, ist heimliche Königin, uralter Knotenpunkt der Straßen, die von Süden nach Norden, von Westen nach Osten führen; der Rhein ist eine unübersehbare Grenze, selbst dem Reisenden als solche erkennbar, den die Winkel und Schlaufen der Landkarte wenig interessieren; auch wenn der Zug bei Dunkelheit oder Nebel über die Rheinbrücke fährt, der Reisende wird aufmerksam; dunkel dröhnt es, fast drohend, man blickt aus den Fenstern: Brücken verbinden die beiden Ufer, die immer noch nicht ganz miteinander versöhnt sind.

Seit die Sigambrer und Cherusker, die Chatten und Brukterer über die erste Brücke, die nur wenige hundert Meter südlich von dieser Eisenbahnbrücke über den Rhein führte, in die römische Gefangenschaft marschierten, hat sich der Rhein kaum verändert; unter dem Marschtritt dröhnten die Bohlen, wie heute die Stahlträger unter den D-Zügen dröhnen. Dort drüben fing Rom an, dort gab es gepflasterte Straßen, gemauerte Häuser, so eng beieinander lag alles, so fremd; auf Steinen und Straßen war die römische Macht gegründet, Steine und Straßen blieben von ihr übrig; unzählbar die Heerzüge, die Flüchtlingsströme, die über diese Brücke gezogen sind, hin und her, her und hin, Römer und Germanen, Kosaken, Spanier, Hunnen und Schweden, siegreiche Heere, die später geschlagen, geschlagene, die später siegreich wurden, alles zog über diese Brücke, ließ Fußkranke und Deserteure, Spaßmacher, Händler, alle, die keine Lust mehr hatten, zurück; fromme Pilgerzüge kamen, unfromme Plünderer, und immer dröhnten die Bohlen der Brücke.

Wie sollte das Wort Rasse am linken Ufer dieses Flusses etwas anderes als Hohn hervorrufen können, wie sollte man in diesem Lande nicht in jeder Armee Niederlage und Sieg zugleich sehen? Zu viele Sieger sind hoch zu Roß als Besiegte über diesen Fluß gezogen, zu viele Besiegte als Sieger; die heimliche Königin, ohne Krone, Schloß und Zepter, zeigte ein Lächeln, das viele Deutungen zuließ: fromm oder korrupt, mitleidig oder erbarmungslos. Sie erwies sich als untauglich für die gotischen Träume, untauglich auch fürs Barock, zu groß, zu fest gegründet waren die romanischen Kirchen, die sie wie eine Henne brütete, als daß ein anderer Stil die Stadt noch hätte prägen können; eine Spur Barock brachten die Jesuiten ein, nur eine Spur, und den gotischen Traum vollendeten die preußischen Könige; so entsteht beim Fremden, der vom Bahnhof aus den gigantischen Dom sieht, der irrige Eindruck, eine gotische Stadt zu passieren.

Über Ems und Lippe, Ruhr und Wupper, über viele Kanäle ist der Zug hinweggefahren, aber erst der Rhein, hier aller Lieblichkeit bar, grau und breit, mit der tödlichen Gleichgültigkeit der Natur, präsentiert sich als deutliche Grenze, jedem, der nicht in Überschallgeschwindigkeit über diese Erde hinweghuscht; nicht zufällig verstummen die Reisenden, wenn das Dröhnen beginnt und für eine Weile nicht aufhört; uralte, vererbte Gefühle werden wach; man weiß nicht, wohin mit ihnen; dieser Strom da unten ist Majestät – man spürt es –, die TEE-Züge scheinen ein Scherz zu sein; siebenhundertmal täglich hebt das Dröhnen an.

Die unsichtbaren Grenzen, die der Zug überfährt, sind jünger als diese deutlich sichtbare, der Rhein. Sprachgrenzen, Grenzen der Brotform, Bräuche, Konfessionen, Bistümer, der Rechtsprechung. Wer die merkwürdigen, oft so zufällig wirkenden Winkel der Landkarte begradigen würde, würde uralte Gefühle verletzen. Eine unsichtbare Linie zwischen Mehlem und Remagen trennt Sprachen und Brotformen; hüben spricht man »fast wie in Köln«, drüben »fast wie in Koblenz«, hüben backt man das Brot lang, drüben rund; hier hat der Katholizismus eine trierische, dort eine kölnische Färbung; die kölnische Färbung bedeutet: Liberalität, Souveränität; versöhnt mit dem Bischof hat man sich in Köln erst, als er aller weltlichen Macht entkleidet wurde, eine fast niederländische Hartnäckigkeit, während das Trierische gehorsamer, barocker ist; es ist kein Zufall, daß das Barock als Stil nie so richtig über diese Linie zwischen Mehlem und Remagen hinaus ins Rheinland vorgedrungen ist.

Wenn man von Westen nach Osten durch dieses vielfältig gegliederte Bundesland fährt, empfindet man die Unterschiede als ebensogroß wie auf der Fahrt von Norden nach Süden; zwischen Köln und Aachen, bis nahe an den Niederrhein und die Eifel zieht sich ein zweites, fast völlig unbekanntes Kohlenrevier: Braunkohle wird hier im Tagebau abgebaut, in der Nacht wirken die riesigen Bagger wie Ozeandampfer auf den Hängen der tiefschwarzen Gruben, die sich unerbittlich über Dörfer hinweg auf die großen Städte wie ein Aussatz zufressen, eine Welt der Maulwürfe, die ihre Beute in gewaltigen Öfen verbrennen und ihren Qualm auf die menschlichen Siedlungen zuschicken; vor dem Mammon, der ihren Beherrschern zur Verfügung steht, fallen die ältesten Grenzen und Privilegien, Wasser, Erde und Wald beugen sich ihm, wie sie sich vor den Erdölraffinerien beugen, die am Rheinufer ihre abstrakten Kulissen errichten.

So schwindet im Zentrum des Landes die Landschaft, erhält sich nur in den Außenwinkeln, zwischen Arnsberg und Brilon im Sauerland, in der Eifel, am Niederrhein, und zwischen Bonn und Hamm, Krefeld und Hagen wächst alles andere zu einer riesigen Stadt zusammen, die mehr Einwohner hat als Schweden und Norwegen miteinander. Die uralten Linien bleiben, zäh, wie Grenzen sind; wie lange sie noch Bedeutung haben, wann sie anfangen werden, fiktiv zu sein, ist nicht zu bestimmen; noch ist man Rheinländer von Aachen bis kurz hinter Wuppertal, Sauerländer von Schwelm bis Niedermarsberg, ist aber in Siegburg kein Siegerländer. Vorsicht, überall tritt man auf föderalistische Hühneraugen, verletzt Partikulargefühl! In diesem Bundesland Nordrhein-Westfalen hat Europa die Spuren seines Reichtums und seiner Fülle hinterlassen und die Spuren all seiner Krankheiten; hier sind unzählige Herzogtümer, Bistümer, Städte und Reiche immer wieder auseinandergerissen, immer wieder zusammengeflickt worden, und an den Nahtstellen schmerzt es noch immer. Durch die einheitliche Farbe, die das Bundesland Nordrhein-Westfalen kennzeichnet, schimmert noch das fleckige, vielfältige Gebilde des späten Mittelalters hindurch, das wie ein Narrenkleid aussah. Steinkohle, Braunkohle, Stahl, Samt und Seide, Chemie und Erdöl, die neuen Herrscher, haben die unsichtbaren Linien noch nicht ausgemerzt, über die der D-Zug gleichgültig hinwegbraust.

Hamm ist von Köln nur so weit entfernt wie Reutlingen von Friedrichshafen, wie Itzehoe von Flensburg. Wiegt man Zwischenräume aber nicht nach der Anzahl der Kilometer, sondern nach der Anzahl der Schicksale, so werden die D-Zug-Stunden zu einer Fahrt durch ein Traumland, dessen Häßlichkeit Größe hat; die wenigen hübschen Siedlungen, alte Bauernhäuser und Kirchen, die Einblicke in liebliche Flußtäler täuschen nicht hinweg über die eindrucksvolle Häßlichkeit, die hier die Landschaft geprägt hat; Industrielandschaft nennt man es, sie entsteht, wenn Mensch und Tier, Wasser, Wald, Luft und Erde der nackten Nützlichkeit weichen; unberührt geblieben von dieser Gewalttätigkeit ist nur der Rhein, der, obwohl der schmutzigste Fluß Europas, nichts an Majestät eingebüßt hat; er, auf den sich alle Linien dieses Landes zubewegen, tritt zwischen Bonn und Köln in ein letztes, dem Fremden unbekanntes Stadium seines Laufes, er wird zum Niederrhein, ist nicht mehr mit Wein identisch, ein Breughel-Fluß, an dessen Ufern es niederländisch zugeht.

Assisi (1959)

Die Landschaft zwischen Perugia und Foligno hat die beiden Merkmale, die den Süden für Nordländer so sehr zum Gegenstand der Sehnsucht machen, weil sie im Norden so selten vereint auftreten: Fleiß und Würde strömt diese Landschaft aus mit ihrem ständig zwischen Silbern und Grün wechselnden Laub der Ölbäume, dem dunklen Grün der Weinstöcke, den gelben Städten auf den Apenninenhängen. Die Pole der Landschaft sind Perugia, stolz und streng, hoch auf dem Berg, und Foligno, heiter, ein Markt in der Ebene. Überraschend ist dieses Vertrauen auf die Ebene dort, wo so viele, fast alle Städte dieser Landschaft »auf dem Berg« liegen. Traumhaft unwirklich, diese gelben Steingebilde auf nahen und fernen Hügeln, etwa Trevi oder Montefalco. Wer denkt nicht an die biblische Prophezeiung: »Du, Bethlehem, bist keineswegs die geringste unter den Städten Judäas.« Selbst wer völlig plan- und ahnungslos durch Umbrien führe, würde vielleicht durch die Verkehrsschilder aufmerksam auf »Assisi«. Ein schmaler Arm führt links oder rechts ab, während die Straße mit Vorfahrt auf Perugia oder Foligno zu weiterführt. Assisi? Der Name klingt so biblisch, wie die Landschaft wirkt: Mit Fleiß ist sie bestellt und doch würdig. Wie eine Gestalt aus der Bibel auch war der, der dem Namen »Assisi« Dauer verliehen hat.

Es fällt nicht schwer, sich diese große Ebene vor Assisi voller Pilger vorzustellen, die von Foligno, von Perugia her gekommen sind: die Ritter zu Pferde, die Bauern auf ihren Wagen, die Armen zu Fuß oder, schon franziskanisch, die Fußkranken zu Pferde und auf Wagen und Arme, Bauern, Ritter gemeinsam zu Fuß. Das Wunder war geschehen: Ein Mensch lebte, sprach, handelte wie ein Christ, und Assisi hieß sein Nazareth – oder sein Jerusalem. Oder sollte Assisi das zweite Rom werden? Nur ein paar Funken persönlichen Ehrgeizes, nur ein bißchen Sinn für »politische Realität«, und dieser kleine Kaufmannssohn aus Assisi hätte die Christenheit gespalten wie kein zweiter vor und nach ihm. Nur ein kleiner Hauch von Demagogie: Sie wären für ihn »durchs Feuer gegangen«, sie hätten Rom, Mailand, Florenz für ihn in Brand gesteckt; unter dem Banner der Besitzlosigkeit hätten sie die Welt in Besitz genommen. Aber Franz brachte nach dem ersten Wunder – daß er Franz war – das zweite zustande: die Armut zu predigen, ohne der Urvater eines pauperistischen Europa zu werden. Es fällt nicht schwer, sich unter diesen Pilgern, die die umbrische Ebene füllten, unter Franzens ersten Brüdern diejenigen zu denken, die ausgeführt hätten, was er nur hätte anzudeuten brauchen: einen Außenminister, einen Stabschef, einen Finanzminister, der – »politische Realität« – spielend das Geld aufgebracht hätte, dem Pauperismus zum Sieg zu verhelfen, und Assisi wäre vielleicht geworden, was später Byzanz wurde: Hauptstadt des großen Schismas, mit Perugia und Foligno als Vorstädten. Der kleine Kaufmannssohn hatte Europa in der Hand wie einen Ball: Er warf ihn nach Rom zurück. Er hatte das Feuer erst dann entfacht, als er sich die Erlaubnis geholt hatte, es zu entfachen. Der berühmte Traum des Papstes, der die Laterankirche von einem Bettler gestürzt sah, dem es am folgenden Morgen – wieder ein Wunder! – gelang, eine Audienz zu bekommen, dieser Traum ist wahr, auch wenn er erfunden ist: Der Kleine aus Assisi, der die wankende Kirche stützte, hätte seine schmale Schulter wegziehen können. Es ist für nichtrömische Christen wohl unverständlich, daß er nie gegen Rom war; daß er den Befehl »Geh und stelle mein Haus wieder her« nicht bildlich, sondern wörtlich nahm und die nächstbeste verfallene Kirche: Santa Maria di Josaphat, im Volksmund Santa Maria degli Angeli genannt, seine spätere Porziuncula aufzubauen begann – ohne gleichzeitig daran zu denken, daß es vielleicht angebracht wäre, mit der Spitzhacke an den Lateranpalast zu gehen. Franz nahm alles wörtlich und meinte alles wörtlich. Das Geheimnis des Heiligen ist undenkbar ohne Rom: Man muß nicht nur Papst sein, man muß ein Papst sein, der von der wankenden Kirche träumt – und es muß einen für verrückt gehaltenen Bettler geben, dem das Wunder gelingt, durch Tore hindurch und an Hofschranzen vorbei einfach dem Papst vor die

Füße zu fallen wie eine Schwalbe, die durchs Fenster geflogen ist.

Mit Franz gegen Rom wäre Assisi eine gewaltige Stadt geworden, in die alle Mächte ihre Interessenvertreter geschickt hätten, und gewiß wäre das Zentrum die Rocca Maggiore geworden, die Burg, in der ein Knabe reiten, fechten und Latein lernte, der sich bald Friedrich II. nennen sollte; daß er einen Teil seiner Jugend auf der Burg von Assisi verbrachte, ist sicher; nicht undenkbar ist es, daß dieser Knabe auf die Ebene hinunterblickte, die Pilger heranziehen sah, die Zurüstung für die alljährlichen Ordenskapitel beobachtete und kopfschüttelnd darüber nachdachte, welch ein Heer sie ergeben würden, die Tausende von Brüdern, die da unten an der Straße Perugia–Foligno im Freien kampierten, um eine winzige Kirche herum, die den merkwürdigen Namen Porziuncula trug: »kleine Portion Erde«; dort hausten sie »wie Zugvögel in ihren Nestern«.

Aber Assisi lebt heute nicht von der Erinnerung an Macht und Größe, es ist keine verfallene Metropole, sondern eine unversehrte Stadt mittlerer Größe, die mit erstaunlicher Würde die Bestimmung überstanden hat, seit siebenhundert Jahren Pilgerstadt zu sein. An einigen Verkehrsmittelpunkten wird der Verkehr von Ampelsystemen reguliert, die jeder Kreuzung in der Nähe des Piccadilly oder der Place de la Concorde angemessen wären: ein kompliziertes Rot-Gelb-Grün-Spiel, das an diesem Oktobernachmittag zum reinen l'art pour l'art wird; nur ein Junge mit einer Melone unter dem Arm und eine Nonne mit ihrem Fahrrad werden von diesem abstrakten Spielzeug auf eine Weise reguliert, die sie souverän ignorieren. Ist Rot nicht eigentlich Grün? Ich frage mich, ob sie auch bei Grün so souverän die Straße überqueren würden oder ob sie auf Rot gewartet hätten, um hinüberzuwechseln. Jedenfalls: Hier brauchen an diesem Abend keine Pilgeromnibusse angehalten, keine Prozessionen gewarnt zu werden. Das große Fest des heiligen Franz ist längst vorüber, kühl sind schon die Nachmittage, und an den Hoteleingängen blicken die Portiers freudig überrascht auf, wenn der Schatten eines Fremden über die Schwelle fällt. Freundliche Stille herrscht in den Straßen, ganz Assisi fühlt sich unter sich, das große Geschäft ist gemacht, das kleine, das sich noch bietet, wird nicht verachtet. Segnete Franz nicht von seinem Sterbebett an der Porziuncula aus die Stadt mit den Worten: »Gott segne dich, heilige Stadt, damit durch dich viele Seelen gerettet werden, viele Diener Gottes in dir Obdach finden und viele von dir in das Reich Gottes eingehen werden«? Ich habe die vielverbreitete Abneigung gegen Wallfahrts- und Pilgerorte nie teilen können: Auch ich will ja irgendwo einen Kaffee trinken, schlafen, frühstücken, einen Stadtplan kaufen, will umhergehen und besichtigen, den Staub der Straßen von Gesicht und Füßen waschen, und ich wage nicht, festzustellen, wer von den Händlern und Pilgern in Franzens Sinne ein »Diener Gottes« ist, wer nicht. Noch hat das letzte Gericht nicht stattgefunden, noch dreht sich die Erde, stehen die Sterne nicht still, noch kann die Pilgerin, die mir fromm erscheint, fallen, die andere, die blasierte, zur demütigen Klarissin werden. Alle Läden sind vollgepackt, aufgeräumt, erleuchtet – und menschenleer; sie bieten Kitschiges und Geschmackvolles in einer Quantität an, die auch im Herbst und Winter auf Überraschungen gefaßt zu sein scheint; wer weiß schon genau, ob und wann noch ein Riesenpilgerschwarm ankommt, der es eilig hat, aber nicht so eilig, daß es unmöglich wäre, ein Souvenir zu kaufen? Geduldig bieten Läden und Stände in den Dämmer hinein ihr hölzernes, tuchenes, irdenes und hürnenes Sortiment an Rosenkränzen, Halstüchern, Keramiken und Statuetten an. Versuche ich mir vorzustellen, alles Feilgebotene entspräche meinem Geschmack, so gruselt mir. Niemand kann einen Cimabue oder Giotto kaufen, und so wirkt alles, was von hier mitgenommen wird, doch nur mehr oder weniger geschmacklos. Vielleicht stimmt die Tatsache versöhnlich, daß auch die vielen Läden an diesem Oktoberabend einer L'art-pour-l'art-Devise zu huldigen scheinen. Wenn es eine Kirmes ist, dann eine verlassene, deren besondere Liebenswürdigkeit darin besteht, kein melancholisches Gesicht zu zeigen. Franz würde sich nicht daran ärgern – ärgern nur, wenn er wüßte, daß der Rummel ihm gilt und nicht *ihm*, den er wörtlich nahm.

Erstaunlich genug scheint es, daß dieser kleine Ort, der wie so viele italienische Städte »auf dem Berge liegt«, daß dieses Jerusalem sich so viel Würde erhalten hat. Alles, was Franziskus selber tat und fand, was er sagte und sang, war unnachahmlich; alles, was nach ihm in seinem Namen geschah, war notwendigerweise kleiner als er; die kleine Portion Erde, diese Handvoll Staub, die Giovanni Bernardone hieß, hat mit ihrem Kosenamen Francesco die Jahrhunderte überdauert und dieser kleinen Stadt auf dem Berg, die Assisi heißt, den Rang eines Jerusalems verliehen. Seiner Porziuncula, dieser kleinen Portion Erde, die er brauchte, um zu beten, zu schlafen, zu predigen – hat man einen gewaltigen Dom übergestülpt, die Basilika Santa Maria degli Angeli, in der seine Porziunculakapelle verloren wirkt wie ein Fingerhut in einem 500-Liter-Faß; ein kostbarer Fingerhut, diese kleine Kapelle, die auf eine geheimnisvolle Weise an byzantinische Frömmigkeit erinnert, mit ihren ikonenartigen Bildern – gewalttätig und rührend zugleich ist der darüber erbaute Dom.

Drei Kirchen und ein gewaltiges Kloster, das sehr »trutzig« wirkt, sind über sein Grab gebaut. Deutlich ist zu spüren, wenn man von der Ebene, von der Porziuncula aus, nach Assisi auf San Francesco blickt, daß hier eine Art »Konkurrenz« im Gange ist; so deutlich zu spüren, wie es auf den Gesichtern der Brüder zu sehen ist: daß die Zwiespältigkeit des Ordens zwar nach außen, »organisatorisch« sozusagen, nicht zugegeben, daß sie aber doch vorhanden ist; ein Zwiespalt, der ausbrach, sobald Franz seine Augen geschlossen hatte: Sterbend ließ er sich aus der Stadt, aus dem Bischofspalast hinunter in die Ebene, zu seiner Porziuncula bringen, wo nicht einmal eine Zelle seinen Namen tragen sollte; vier Jahre nach seinem Tode mußte er, schon heiliggesprochen, unter militärischer Begleitung aus der Kirche San Giorgio nach San Francesco überführt werden, das nicht dem Orden, sondern der Kirche gehörte. Zwischen zwei Reihen von Bewaffneten zog die Prozession dahin. Die Kirche hielt den Ball, den er ihr zurückgeworfen hatte, mit beiden Händen fest. Franz war unproblematisch gewesen; die ungeheuer große Zahl seiner Brüder (vierzig Jahre nach seinem Tod waren es schon zweihunderttausend) blieb nicht unproblematisch; zwei Jahre nach der Heiligsprechung erklärte Papst Gregor IX. Franzens Testament, in dem er den Brüdern absolute Armut empfahl, für ungültig – und bald brauchten die Fratres Minores nicht mehr um Audienzen beim Papst zu bitten: der Orden selbst stellte Päpste –, und es folgte ein jahrhundertelanger Streit, der sich innerhalb und außerhalb des Ordens fortsetzte; die »Vermählung mit der Frau Armut«, diese öffentliche Trauung, die am 24. Februar 1209 auf der Piazza del Vescovado in Assisi stattgefunden hatte, schien doch nicht reine Poesie gewesen zu sein.

Die beiden riesigen Kirchen – die eine dreistöckig wie schützend über der Handvoll Staub erbaut, die Francesco hieß – die andere über seiner kleinen Portion Erde, verdeutlichen die Hilflosigkeit der Nachwelt, seinen Geist zu bewahren. Nur den Malern, Cimabue, Giotto und den frühen unbekannten Meistern, dem Maestro di San Francesco, dem Maestro delle Vele, ist es gelungen, diese Einheit aus Geist und Herz zu bilden, mit einer Innigkeit, die, ein bißchen weniger innig, nur noch geschmackvoll wäre. Diese Malerei ist so selbstverständlich, wie es für Franz selbstverständlich war, zum Feuer »Bruder Feuer« zu sagen.

Niemand braucht, um ihn zu verstehen, nach Assisi zu fahren und dort seine Stationen abzuschreiten: von Rivotorto, wo er zuerst unterschlüpfte, bis er von einem Bauern vertrieben wurde, um einem Esel Platz zu machen; zur Porziuncula, wo er Nester für seine Zugvögel baute; zur Piazza del Vescovado, wo er sich vor dem Bischofspalast öffentlich mit der Armut vermählte; nach San Damiano, wo er den Sonnengesang dichtete, und hinaus zu den Carceri, wo er meditierte.

Assisi hat viele Gesichter: ein umbrisches, römisches, kaiserliches, mittelalterliches und modernes; den Minervatempel und das Forum, die Espressobar und das Kino, aus dem wildes Indianergeheul in die abendliche Straße hinausschallt, laut genug, daß die jungen Nonnen, die in der Kapelle der ewigen Anbetung ihr Abendgebet halten, neugierig die Ohren spitzen, sich sogar kichernd hinter dem Rücken der Novizenmeisterin mit den Ellenbogen anstoßen – laut genug, daß ein Mönch, der gegenüber in der Bibliothek arbeitet, das Fenster aufreißt, empört und bereit, sich temperamentvoll zu beschweren; aber die Indianer heulen schon nicht mehr, und das Cowboylied, das jetzt ertönt, scheint den Mönch nicht zu stören. Außerhalb Italiens erschiene dies wohl nur »neckisch«, hier ist es Natur geworden – wie die Stationen des heiligen Franz rings um die Stadt: Rivotorto, der Fingerhut Porziuncula, San Damiano und die Carceri: nach siebenhundert Jahren Pilgertum noch nicht verschlissen, noch immer von seinem Geist.

Es gibt einige Möglichkeiten, Assisi unter irgendeinem *Nur* interessant und einer Reise wert zu finden, *nur kunsthistorisch:* Sogar aufs Ästhetische reduziert, bleiben die franziskanischen Maler noch große Meister; *nur ethnologisch:* Da werden die blonden Locken der heiligen Klara Zeugnis für die Anwesenheit der Goten Totilas, der Langobarden oder der Gefolgsleute des Lehnsherrn von Assisi, der Konrad von Lützen hieß; *nur soziologisch:* Dann erscheint Franz als eine Art Halbstarker, ein Vorgänger der Vitteloni, der seiner Gesellschaftsklasse überdrüssig wurde und einer Art (sehr liebenswürdigen) religiösen Wahns verfiel; die heilige Klara schließlich ist – *nur psychologisch* betrachtet – ganz ein Fall von jugendlicher Überspanntheit; *nur historisch* betrachtet, ist dieser kleine Ort bedeutungsvoll: Hier wurde eine Revolution verpaßt, eine Reformation versäumt: Alle diese *Nur* enthalten ein Körnchen Wahrheit bis zu einem Hundertstel des Ganzen; auch die Ölbäume in der Ebene vor Assisi gehören dazu, das Licht bei Sonnenauf- und -untergang, das lärmig Kommerzielle in der Sakristei von San Francesco, wo der Sonnengesang vom Tonband abläuft – und auch das sind alles nur Körnchen, insgesamt kein Hundertstel: von diesem Geheimnis, das Franz von Assisi heißt.

Durch die Kamera gesehen
Briefe (1960)

Dugort, den 20. Juni 1960

(...) Es ist jetzt 4.30 Uhr morgens, und ich habe gerade eine der schönsten Fahrten meines Lebens gemacht: von hier durchs Moor bis Dukinella, nach Keel zum Strand, Spaziergang an der Morgenflut entlang, dann zum Slievemore Village und die Slievemorestraße entlang nach Hause; es war unbeschreiblich schön: klar, Morgenrot, alles noch im Tau schimmernd, die Esel schlafend am Weg, Schafe im Moor – und das Geschrei merkwürdiger, mir unbekannter Vögel tief in den Sümpfen; an den Bächen Reiher, die aufflogen – und am Strand ein tolles Leben: Möwen, Strandläufer in der heranrollenden Flut, Regenpfeifer; das Schönste aber: die schneeweißen Häuser im Morgenlicht: kein Mensch weit und breit!

Gestern sind wir spät, gegen 11.30 Uhr von unserer ersten »Filmwoche« zurückgekehrt; erst um sieben von Galway abgefahren, weil wir da die Fronleichnamsprozession sehen wollten. Tausende, wirklich Tausende von Kindern, Jungfrauen, Soldaten, Hunderte junger Männer und Priester – eine Stunde lang zog die Prozession an uns vorüber – ich wünschte, ich könnte Dir alle Gruppen, Typen beschreiben. Zwischen Galway und Lenane haben die Burschen noch den verlassenen Bahnhof in Maam Cross gefilmt, ein paar Landschaften – dann haben wir uns getrennt; die Filmfritzen haben einen Wohnwagen, mit dem sie hier durch die Lande ziehen; sie wollen heute gegen zehn hier sein. Ich werde wohl noch eine Woche hier auf Achill mit ihnen »arbeiten« müssen. Ich habe gestern abend noch einen genauen Fahrplan für die Aufnahmen hier gemacht. (...)

Wir haben zwei wunderbare, sehr irische Tage bei Rosenstock verbracht, der eine Galway-Maid geheiratet und sechs Kinder mit ihr hat. R. entpuppte sich als wirklich nett – sehr clever, hat hier eine Menge Geschäfte laufen, auch Pferde. Dann waren wir auf einem Pferderennen in

Mullingar (Dienstag und Mittwoch) und haben am Freitag in Limerick ein Hunderennen mitgemacht; das war sehr spannend und interessant – vor allem das Geschrei, die ganzen Praktiken der vielen Buchmacher. Mein Favorit, der mir fünf Pfund eingebracht hätte, stolperte fünf Meter vor dem Ziel!

Die beiden Kinder sind großartig, sehr lieb, sehr folgsam und sehr kritisch. Wir alle drei sind glücklich, wieder in unserem Haus zu sein – ich hatte von Galway aus die Post angerufen und gebeten, Egan Bescheid zu sagen – als wir ankamen, brannte Feuer – alles war prächtig aufgeräumt und gesäubert. Die Kinder haben gleich gekocht, während ich auspackte, dann haben wir noch bis eins am Feuer gesessen.

Rai war es auf dem letzten Drittel des Weges schlecht geworden: Die Ursache war sehr einfacher Art: Wir hatten vor lauter Film-Aufregungen seit dem Frühstück heute morgen um neun außer ein paar kleinen Kuchen nichts mehr gegessen. Jetzt schlafen beide tief und fest und sind auch nicht aufgewacht, als ich gegen vier wegfuhr. Ich hatte noch bis drei gearbeitet, dann bis 3.30 Uhr gelesen, und als ich schlafen wollte, ging über der Blacksod-Bay die Sonne auf! Als ich aus dem Fenster sah, war die Stimmung draußen so verlockend, daß ich nicht widerstehen konnte, es war wirklich unbeschreiblich, ich würde es Dir so gern einmal zeigen.

Inzwischen ist es sechs Uhr geworden ... Ich habe Feuer gemacht, bin noch nicht entschlossen, schlafen zu gehen: Draußen ist ein strahlender Tag, die Sonne steht schon hoch. Ich freue mich auf die Post, die ich ja leider erst um zehn holen kann. Die Schule in Dugort fängt buchstäblich erst um halb elf an; kurz vor halb elf kommt die Lehrerin in ihrem rosa Pullover hier am Haus vorbei; sie wohnt in ihrem Elternhaus, dem Bauernhaus oben an der Straßenkreuzung. (...)

Rai hat ein herrliches Bild gemalt, das er mir geschenkt hat: eine alte Bäuerin mit schwarzem Umschlagtuch, die eine steile Straße hinaufgeht. (...)

Dugort, den 22. Juni 1960

(...) Ich bin den ganzen Tag mit den Filmleuten unterwegs, meist etwa fünf bis sechs Stunden, zeige ihnen die entsprechenden Stellen, und das Filmen machen sie dann allein. Mit Simon habe ich hier jetzt ein genaues Skript zusammengebastelt, das sehr gut ist, den Ablauf des Films genau festgelegt, auch meinem Text eine bestimmte Länge gibt, nicht viel Text, da sehr viel Originalgeräusche mit aufgenommen werden: Prozession, das Rufen der Buchmacher und so weiter. Jetzt ist es sehr nett mit den Filmleuten, da wir nicht mehr den ganzen Tag mit ihnen zusammen sind: Sie wohnen in einem Caravan in Dukinella am Strand, sind ganz hingerissen von Irland und der Landschaft, und der eine von ihnen, Breckhoff, ist ein sehr kluger, sehr gebildeter und well behaving fellow with background. Simon wohnt im Strandhotel in Dugort, nachdem ich ihn eine Nacht hier beherbergt hatte: Es war doch zu eng und unbequem in dem Caravan für drei. Was meine Aufgabe ist: auch die Appointments zu treffen: mit dem Pfarrer in Achill Sound wegen Filmen der Kirchgänger, des Tanzvergnügens, des Johannisfeuers, dann – heute abend – mit den Nonnen in Keel: Ich möchte so gern die ›Tantum Ergo‹ singenden Mädchen mit der Nonne am Harmonium bringen, das ist auch genehmigt, und ich bin sicher, daß die Nonnen mitmachen. Die Sache wird sehr erleichtert, weil die Iren sehr filmfreudig sind, sich eher zum Filmen anbieten als es ablehnen. Nur gestern, als wir am Atlantic Drive den Bauern dort befragten – weißt Du, der ganz allein da in der Ecke wohnt –, war er erst sehr freundlich, erzählte uns viel, wurde aber dann geradezu gemeingefährlich, als er plötzlich einen der Filmleute mit der Kamera sah. Es gab eine richtige Szene: Der Mann wurde plötzlich knurrig wie ein bissiger Hund, sagte: Das ist mein Land, hier bin ich der König, und ich erlaube keinem, keinem, hier auch nur ein Foto zu machen. Wir konnten ihn nicht versöhnen – ich bin sicher, er hätte uns mit Steinen beworfen und die Kamera zerstört, wenn wir nicht sofort abgezogen wären. Großartig.

Heute haben wir mit Sweeney gesprochen, Patrick dem

Großen, der uns erlaubte, in seinem Laden an einem *busy day* zu filmen: Ich finde das gut, diese Läden sind doch sehr typisch.

Seitdem wir wieder zurück sind, geht es uns viel, viel besser: jeden Tag ein ausgiebiges Bad – das Wasser ist herrlich, gar nicht kalt, und es ist doch eigentlich noch sehr früh im Jahr. (...)

Ich bitte Dich, mir für den Text noch einiges zu besorgen, wenn es geht: von Beckett das Hörspiel: ›Alle, die da fallen‹ – es liegt irgendwo ein Manuskript, ein Abzug davon, aber ich glaube, es ist auch bei Suhrkamp als Buch erschienen. Dann schick mir doch bitte den Essayband von Swift. Sonst brauch ich nichts, alles andere habe ich hier. (...)

Dugort, den 22. Juni 1960

Lieber René, lieber Vincent,
bald, wenn ich mit den Filmarbeiten fertig bin, werde ich Euch öfter und mehr schreiben können. Wir vermissen Euch sehr hier, Rai fragt jeden Tag: Wann kommen denn endlich die Kleinen, und er freut sich drauf, wenn Ihr drei alle zusammen in der Garage wohnen könnt. Das wird ein sehr schöner trockener Raum, mit Holzfußboden, Holzdecke und einem großen neuen Fenster, und ich habe für Euch zwei Stecker (für die Heizsonne und Bettleselampen) anbringen lassen. Die Katzen sind jetzt ständig bei uns: zwei ganz schwarze, sehr lustige und sehr anhängliche Tiere, an denen wir sehr viel Spaß haben. Sie kriegen Milch und Fleischreste; die eine heißt »Pinsel«, die andere »Schnörkel«, und ich glaube, wir werden sie mit nach Deutschland nehmen können. Hier ist es jetzt viel schöner als in Keel, wo sehr viel Betrieb ist: Wir fahren zum Baden immer nach Keel oder Dukinella, weil da die Wellen besser sind. Rai sagt, daß es mit der Taucherbrille da sehr viel zu sehen gibt. Birgit ist auch eine kühne Schwimmerin, gute Köchin, und wir versorgen uns ganz selbst, gehen sehr selten – bisher nur einmal – aus zum Essen, weil es viel schöner ist, hier zu sitzen und selbst alles zu machen. Wir haben viel Torf, das Feuer

zieht sehr gut, und auf dem kleinen Platz hinterm Haus, der ja von Büschen umgeben ist, könnt Ihr auch gut Ball spielen. Die Garage ist schon fast ganz fertig. Ich freue mich sehr, wenn Ihr endlich hier seid, wenn ich Euch auf dem Flugplatz in Dublin sehe. Noch eine Woche, dann bin ich mit der Filmgeschichte fertig, und die ganze Zeit, wo Ihr hier seid, habe ich sehr viel Zeit. Bis dahin habe ich auch alle Post erledigt, und wir können jeden Tag was unternehmen. Im Kino ist es immer noch wie sonst: Wir waren erst einmal da, weil wir abends immer Besprechungen mit den Filmleuten haben und oft auch lieber bleiben, um zu spielen und zu erzählen. Der Moorbach ist ganz verändert: Er mündet nicht mehr direkt ins Meer: man hat ihn zum Meer hin abgesperrt, und er sikkert durch den Steinwall. Das ist natürlich schade, aber Rai hat neulich in sehr kurzer Zeit ein Loch in den Steinwall gebuddelt, so daß der Moorbach ganz frei durchfließen konnte. Zu dreien oder zu vieren werdet Ihr das noch leichter machen können. Es ist nicht mehr lange, bis Ihr hier seid: Die Zeit vergeht so rasch – dann fahre ich morgens hier los, Rai und Birgit bleiben hier, um alles vorzubereiten: Essen, Betten, Feuer – und ich denke, daß wir abends gegen zehn bis elf schon im Haus sein können. Das ist doch herrlich, daß Ihr mittags in Köln wegfahrt und abends schon in Dugort seid. Wenn es noch hell ist und nicht zu sehr regnet, fahre ich noch am gleichen Abend mit Euch zum Moorbach. Wir haben ja dann Zeit. (...)

Auf Wiedersehen Kinder, bald seid Ihr hier. Ich grüße und küsse Euch und freue mich sehr, Euch bald wiederzusehen.

Euer Vater

Dugort, den 23. Juni 1960

(...) Heute habe ich nur wenig mit dem Film zu tun, die drei sind mit einem Shark-Boot ausgefahren, und ich muß nur gleich weg, um ein paar Verabredungen zu treffen. Gestern abend sahen wir in Keel auf den Sandybanks nahe beim Moorbach ein großartiges Fußballspiel im Regen. Achill gefällt den Filmern so gut, daß sie bis Dienstag oder Mittwoch hierbleiben wollen – das ist dann der letzte Termin, Gott sei Dank, und ich bin vom 29. Juni ab vollkommen frei, muß dann nur in Köln den Text machen, wenn der Film geschnitten ist. Manchmal fürchte ich, daß die Orte und Menschen, die wir so gut kennen, auch Slievemore Village, an Charme verlieren durch die Tatsache, daß sie gefilmt worden sind – es ist doch insgesamt ein barbarisches Geschäft –, aber dann hoffe ich, daß sie – die Orte und Menschen – sich wieder erholen.

Die Geschichte der Friedhöfe für ungetaufte Kinder ist doch sehr düster: Ich habe versucht, danach zu fragen, aber überall stößt man gegen eine Wand; es soll auch hier in Dugort einen geben, und in der Nähe von Galway – vielleicht schrieb ich Dir schon davon – sah ich einen sehr alten, sehr düsteren inmitten des Gemäuers einer verfallenen Kirche. Ich bin fast sicher, daß heute noch Kinder dort beerdigt werden. Boyd sagte mir, als ich ihn danach fragte: *Be careful, Heinrich.* Er sagte, er selbst würde niemals wagen können, das Thema auch nur anzuschneiden. In Dukinella oben haben wir ein Grab gesehen, das ganz neu aussah.

Gestern abend haben die Filmer noch ein irisches Tanzvergnügen gefilmt: Ich habe für sie beim Curate von Achill Sound – der Pfarrer ist in Urlaub – die Erlaubnis dafür erwirkt. Heute kommen also die Sharks und die Johannisfeuer dran. Mir scheint, daß mehr als die Hälfte des Films in Achill seinen Schauplatz haben wird.

Die Rhododendren in Achill Sound sind schon abgeblüht, jetzt blühen die Fuchsien rings ums Haus, sehr früh dieses Jahr – ich hoffe, es werden noch welche zu sehen sein, wenn Du kommst. (...)

Gestern habe ich Sweeney kennengelernt, da wir ihn wegen der Sharks interviewten. Er ist sehr nett, gleicht Robin – bis auf die Glatze – sehr. O'Shaugnessy ist immer noch da, läßt Dich herzlich grüßen – als ich, meinen dumpfen Ahnungen folgend, fragte, ob wir nicht doch Schulden hätten, wurde ein riesiges Buch gewälzt, und es stellte sich heraus, daß tatsächlich noch £ 1-18-6 zu zahlen waren. (...)

Dugort, den 24. Juni 1960

(...) Gestern hatte ich mit dem Filmen zum Glück wenig zu tun, mußte nur noch einmal zu den Nonnen wegen der ›Tantum Ergo‹-Kinder, traf auch endlich die Schulschwester, die sehr gern bereit war, aber erst eine Superiorin – ich glaube in Tuam – um Erlaubnis fragen muß. Die Nonnen sind sehr munter und frei, spazieren schon wieder lustig den Berg hinauf und hinunter, wir haben sie sogar im Film drin. (...)

Die Kinder schlafen noch, ich bin – wie jetzt fast jeden Tag – früh aufgestanden, habe mir Kaffee gekocht, die Post in Empfang genommen, und die Katzen haben mich freudig begrüßt: Sie schlafen im Wohnzimmer auf der Couch oder auf den Sesseln, haben ihr Klo-Kistchen, das sie korrekt benutzen, im übrigen steht die ganze Nacht das Fenster halb offen. (...)

Gestern tauchten auch die Engländer mit ihrem Wohnwagen und den Dackeln wieder auf! Im übrigen ist es sehr still geworden, die Hotels sind fast leer, merkwürdigerweise. Simon ist im Strandhotel in Dugort außer einem englischen Ehepaar der einzige Gast, und sehr selten sieht man vor den anderen Hotels, Amethyst und McDowell, ein Auto. Der große Rummel wird wohl Mitte Juli erst wieder losgehen. Ich schicke Dir mit gleicher Post die neueste Ausgabe der Mayo-News, damit Du Dich ein wenig einstimmen kannst. Spätestens am Mittwoch *müssen* die Filmleute weg, und dann bin ich ja doch noch gut weggekommen, denn daß sie von hier ab keinen Berater und Begleiter mehr brauchen, ist ihnen inzwischen klar geworden. Das Baden ist herrlich, das Wasser ist schon sehr mild, und wir gehen täglich mit großem Vergnügen ins Wasser, meistens entweder in Dukinella oder am Moorbach. Birgit ist sehr, sehr nett, und Rai und sie verstehen sich glänzend. Sie kochen immer gemeinsam, sehr gut, und ich glaube, wenn wir alle zehn Tage einmal – for a change – aus essen gehen, wird das völlig genügen. Vorgestern hat Simon uns ins Achill Head zum Essen eingeladen: französisches Dinner, bedient wurden wir von »Ulla« und ihrer bebrillten Schwester. (...)

Dugort, den 25. Juni 1960

(...) Heute muß ich wieder etwas mehr für den Film tun, vor allem, mit Simon gemeinsam, den Pfarrern von Dukinella und Pollagh eine Aufwartung machen, weil wir morgen den Kirchgang in Dukinella, übermorgen die ›Tantum Ergo‹ singenden Kinder in Pollagh aufnehmen wollen. Die Nonnen haben – fast etwas zu rasch, wie mir schien – zugesagt: Die Musikschwester ist klein, zart, sehr jung, mit Brille, die richtige heilige Cäcilie, und es könnte wirklich eine sehr hübsche Szene werden. Das Schlimmste ist, daß man – ich habe die Notwendigkeit inzwischen eingesehen – fast alle Szenen »stellen« muß und daß es hunderttausend Dinge gibt, die der Kamera – erst recht, wenn man deren Beute dann auf diesem miesen Bildschirm sieht – immer unzugänglich bleiben werden; die Kamera hat eben kein Auge und keinen Blick; die Endlosigkeit des Moores etwa darzustellen ist unmöglich, da über einen Kilometer hinaus kaum mehr als irgendein grasgrünes Einerlei herauskommt, nichts von der Urstimmung. Etwa die Straße Slievemore-Friedhof bis McDowell – oder die Crumpawn Straße oben, die wir so oft gegangen sind: unmöglich, so etwas zu filmen. So habe ich auch »Dein Haus« zwischen Mulranny und Achill Sound von der Liste gestrichen, weil die Weite dahinter doch verloren gehen würde. Schlimm ist auch, daß die Kameraleute zwar noch Augen haben und einen Blick, aber eben doch einen Kamerablick: Sie sehen nur noch durch ihr Instrument. So ist meine Gegenwart beim Drehen, meine weitere Begleitung wirklich überflüssig.

Die Kinder schlafen noch, gestern waren wir im Kino, es wurde ein Film gegeben, der so gräßlich war, daß es fast amüsant war: ›Gorilla at Large‹ – ich glaube, er hieß in der synchronisierten Fassung: Der Gorilla läßt schön grüßen. Geschickt aufgebauter Wahnsinn, mit Horror gemischt. Wir haben uns trotzdem amüsiert. Aber es ist doch merkwürdig, wieviel nah atmende Busen leicht bekleideter Damen in Großaufnahme die irische Zensur passieren läßt und von Jung und Alt hier besichtigt werden.

Mit Simon komme ich gut aus, auch mit den anderen,

die ich oft ein bis zwei Tage lang nicht sehe. Und doch erwarten wir natürlich sehnlichst den Tag, an dem wir wieder allein sind, unseren eigenen Rhythmus halten können. (...) Die Kinder baden immer sehr lange, sind dann hungrig und müde, und ich lasse sie essen und lange schlafen. Es ist jetzt Punkt zwölf, und sie rühren sich noch immer nicht. Sie schlafen jetzt schon elf Stunden; es ist für sie vieles sehr interessant, aber auch anstrengend, da ich sie meistens mitnehme, schon aus dem egoistischen Grund, nicht mit den Filmleuten allein zu sein.

Gleich werde ich runterfahren, Simon abholen im Strandhotel und mit ihm losfahren: Wir bereiten immer an einem Tag das Terrain für das vor, was die anderen am nächsten filmen. Gestern haben sie den Sweeney-Laden, die Bar und die Sharkfischerei gefilmt. Simon hat sich schon an den Rhythmus gewöhnt, daran, daß es wenig Sinn hat, hier vor elf, halb zwölf ernsthafte Unternehmungen zu starten.

Thea Boyd läßt herzlich grüßen wie Frau King. Ich fragte Thea über Charles, der jetzt in einem Internat in Sligo ist, und sie sagte: *He is swimming around a bit* – betonte aber dann, daß er jetzt schon Auto fahren und also jederzeit *busdriver* werden könne. (...)

Dugort, den 3. Juli 1960

(...) Heute ist der erste richtig trübe Tag seit Wochen, mit Sturm und Regen, aber leider nicht jenem Platschregen, der unseren Tank füllen würde. Wir haben (das brauchst Du Opa nicht unbedingt vorzulesen) die Heilige Messe verschlafen, wurden erst gegen halb eins mittags wach, frühstückten und fuhren dann zu einem herrlichen, ausgiebigen Bad nach Keel, später zu einem sehr langen Spaziergang nach Dukinella. Nun sitzen wir – es ist halb sechs abends – am Feuer, das heißt, ich sitze an meinem Schreibtisch und wühle die Post durch, habe einiges Dringende schon erledigt. Für sieben habe ich uns im Strandhotel zum Essen angemeldet: Es ist dort nur halb so teuer wie im Achill Head, wo es eigentlich immer dasselbe gibt. Ich habe diese Nacht bei offenem Fenster tatsächlich dreizehn oder vierzehn Stunden fest durchgeschlafen; gestern haben wir sehr viel Bewegung gehabt: Bad, Bergbesteigung in Dukinella und Spaziergang bis ans Ende der Klippe bei Ebbe. Du kannst den Kleinen sagen, daß ich die Glaskugel für sie schon lange hier auf der Fensterbank liegen habe. Vielleicht gehen wir heute abend noch einmal los. (...)

Dugort, den 2. August 1960

Lieber Vater, liebe Tilde,
Tildes langer Brief, der heute erst – *bank holiday* war dazwischen – hier ankam, hat unser Gewissen heftig schlagen lassen: Wir sehen, wieviel Zeit inzwischen vergangen ist, seit wir zuletzt geschrieben haben. Aber Tilde weiß ja, wie das hier ist: Die Zeit vergeht langsam und doch sehr schnell; die langen Abende, morgens der Aufbruch zum Strand. Annemarie hat natürlich viel zu tun gehabt, hier alles richtig einzurichten, alles zu arrangieren, die Umstellung unseres Haushalts von drei auf sechs ist nicht eine Verdoppelung, sondern eine Verdreifachung der Arbeit. (...)

Ansonsten bekommen wir hin und wieder Besuch von Deutschen und Hiesigen, sind aber doch die meisten Tage ungestört, ganz für uns und müssen abends den Kindern stundenlang erzählen. Sie sind unersättlich, und merkwürdigerweise finden wir immer wieder neuen Stoff.

Die Ankunft in Dublin war natürlich ein großes Ereignis: Wir waren eine Stunde vorher auf dem Flugplatz und konnten von einem hohen Turm aus die an- und abfliegenden Flugzeuge beobachten. Dummerweise hatten wir uns am Tag vorher und morgens in Dublin völlig verausgabt, so daß es nicht mehr für ein Mittagessen langte (ich hatte ein paar kleine Antiquitäten gekauft) – und so warteten wir auf die Ankommenden auch mit einer gewissen materiellen Spannung, denn sie brachten ja Geld mit für Essen und Zigaretten. Das Flugzeug landete buchstäblich pünktlich auf die Sekunde, bei strahlendem Sommerwetter, zuerst sahen wir sehr viele Leute aussteigen, zuletzt kamen dann die Unsrigen, als erster Vincent: Sie hatten herrliche Plätze ganz vorne im Flugzeug am Fenster gehabt. Es dauerte dann noch sehr lange, mehr als eine halbe Stunde, ehe wir sie in die Arme schließen konnten, denn die Zollkontrolle dauerte sehr lange, und das Ausladen der Koffer, alles geht langsam. Wir waren überrascht, wie gut alle aussahen. Dann habe ich gleich versucht, ein Telegramm an Euch aufzugeben, mußte aber feststellen, daß es auf dem Dubliner Flughafen (Hauptstadt immerhin eines Landes!) kein Postamt gibt; man muß die Telegramme telefonisch aufgeben, die Gebühr in den Automaten werfen, braucht aber dafür irische Schillingmünzen, ich brauchte etwa zwanzig – Ihr könnt Euch denken, wie schwierig es war, die aufzutreiben. Es wäre hoffnungslos gewesen, das Telegramm telefonisch in deutscher Sprache zu schicken – es war ohnehin eine Prozedur –, so mußte ich den englischen Text geben. Danach haben wir im Flughafenrestaurant ein großes Begrüßungsmahl gehalten und sind erst gegen sieben abgefahren – waren dann spät in der Nacht hier. Die Kinder zogen noch am Abend in die sogenannte Garage, wohnen seitdem dort alle vier miteinander mit »großem Vergnügen« und tun ihr möglichstes, uns morgens nicht zu früh zu wecken. Rai ist ein Riese geworden, hier bestimmt noch gewachsen, er schwimmt sehr viel, bastelt in jeder freien Minute – und pennt morgens, seitdem er der Kochpflicht entbunden ist, immer sehr lange. Birgit ist zu einer wahren jungen Dame herangereift, Ihr werdet erstaunt sein, wenn Ihr sie seht. Es sind jetzt nur noch knappe vier Wochen, ehe wir wieder von hier aufbrechen müssen: Zum Glück habe ich alle Plätze – für Personen und Auto – von hier aus vorbestellen können. Wir werden am letzten Ferientag, 31. August, morgens früh in Hoek van Holland sein und am frühen Nachmittag wahrscheinlich schon in Köln. Wir werden im ganzen vier Tage unterwegs und bei der Ankunft ziemlich zerknautscht sein; für England habe ich zwei Tage eingeplant, weil das Linksfahren bei diesem dichten Verkehr – wie ich bei der Hinfahrt erfuhr – eine ziemliche Strapaze ist. (...)

Herzliche Grüße von allen, ganz besonders von Annemarie, die sich in der Küche mit Hammelbraten beschäftigt. Bald schicken wir auch wieder Fotos.

Euer Hein

Irland und seine Kinder
Fernsehdrehbuch (1961)

(Nach Titel)
(Kinder gehen in die Schule)

Irland schickt seine Kinder nicht allzufrüh am Morgen in die Schule. Bei uns hat die zweite, die dritte Unterrichtsstunde schon begonnen, bevor die irischen Schulkinder sich auf den Weg machen. Im abendlichsten der Abendländer gehen die Kinder spät zu Bett, spät beginnt für sie der Morgen. Irlands Kinder sind nicht gehetzt, nicht bedrückt. Sie heißen Kelly, wie jene Grace, die Monacos Thron bestieg, oder Kennedy, wie jener John, der in Amerika Präsident wurde. Sie heißen Joyce und Beckett, Flynn und McCarthy. Sie alle stammen von Königen ab, sind frei wie Könige, solange sie Kinder sind.

(Trinity-College Dublin)

Vielleicht läßt man ihnen so viel Freiheit, weil ihre Zukunft so ungewiß ist. So viele seiner Kinder hat Irland fortziehen lassen müssen. Sie besuchen Schulen und Universitäten, alles bietet Irland seinen Kindern, und dann weiß es nicht recht, wohin mit ihnen. Geboren werden viele Kinder in diesem kinderfreudigen und kinderfreundlichen Land – sterben werden viele von ihnen anderswo, wie so viele ihrer berühmten Väter und Brüder, die in den Bibliotheken der ganze Erde Irland repräsentieren.

(Plakette am Geburtshaus von Oscar Wilde)

Oscar Wildes und Bernard Shaws Geburtshäuser schmückte man mit einer Plakette. An den Geburtshäusern von James Joyce, Samuel Beckett und Sean O'Casey fehlen sie noch. Das Land, das seine Kinder liebt, ist eifersüchtig auf sie und streng zu ihnen, wenn sie erwachsen sind. Geboren sind viele Dichter in dieser Stadt, die Dublin heißt, so viel gepriesen und verflucht wie kaum eine zweite Hauptstadt auf dieser Welt. Gelebt haben die meisten von ihnen anderswo; anderswo sind sie begraben. Geschick und Geschichte haben das abendlichste der Abendländer zum Land des Abschieds gemacht.

(Slums in Dublin)

Irland prägt seine Kinder, läßt ihnen jegliche Freiheit, solange sie Kinder sind. Sie dürfen die waghalsigsten und unvernünftigsten Spiele spielen. Nichts ist vor ihnen sicher, aber Sicherheit ist in diesem Lande nicht gefragt. Sie dürfen, solange das Geld eben reicht, ins Kino gehen, sich Filme anschauen, die bei uns einem Achtzehnjährigen kaum zugänglich wären. Sie dürfen – eine große Freiheit – arm sein, ohne daß man Untertänigkeit von ihnen erwartet. Solange sie Kinder sind, liebt Irland seine Kinder.

(Kopf eines jungen Mannes)

Aus Irland bin ich,
Dem Land der Trauer,
Geboren, wie amtlich beweisbar,
In seiner Hauptstadt.

Als ich ein Kind war,
Hörte ich viel Lästerliches
Über mein Land von Gans
Und zischendem Gänserich.

Kein Land sieht mich jetzt
Fünf Monde oder länger.
Selbst kaum meine Heimat
Hat größere Macht.

Ihre Sprache vergaß ich,
Ich vergaß ihre Bräuche,
Ihren Sinn, ihr heimliches Raunen,

Alles verlor ich,
Außer der Liebe zu ihr.

(Wartende Männer am Straßenrand / Montage)

Der Herr, der Arbeiter für seinen Weinberg sucht, hätte hier jede Chance, mittags noch Wartende zu finden. Sie würden für eine Stunde noch in den Weinberg gehen, den gleichen Lohn ausbezahlt bekommen wie jene, die sich am frühen Morgen schon zur Arbeit drängten. Warten wird als evangelische Tugend geübt: Warten auf ein Wunder, das aus der ruhig dahinfließenden Zeit auftauche; warten auf Geringeres: Geld aus Amerika, einen Brief aus England – daß die Kneipe sich öffne. Warten auf nichts Bestimmbares. Es wird eine Mystik des Wartens geübt, die dem nach Tätigkeit sich drängenden Mitteleuropäer fast orientalisch vorkommt. Im Lande des Abends ist man vom Morgen nicht fern: Man wartet auf nichts und wartet doch ... Oder wartet darauf – auch im unaufhörlichen Regen –, daß das Kino seine Pforten öffne. Im Land des Abschieds liebt man den Traum in seiner ältesten und in seiner modernsten Form.

(Ende der Gasse / Schnitt auf Uhr)

Nicht nur die Menschen warten, auch die Zeit wartet, sie scheint ihre Stunden vergebens anzubieten, vergebens ihre Zeiger zu bewegen, vergebens pünktlich zu sein.

(Hafen Newport)

Und die Häfen warten darauf, daß man sie wirklich als solche benutze, warten auf Boote mit frisch gefangenen silbernen Fischen. Die meisten Häfen warten vergebens.

(Zerfallene Häuser / Montage)

Viele Häuser warten auf die, die versprachen zurückzukommen und nie mehr zurückkamen. Der Briefschlitz wartet auf die Post, die nie mehr abgeschickt wird. Da bricht das Dach ein, verfault der Vorhang in Regen und Wind. Vielleicht sind diese Häuser gar nicht mehr die Häuser dieser Welt, schon die einer anderen, in der sich die irischen Landleute Häuser erwarten wie ihre Häuser im Diesseits. Hin und wieder – so träumen sie – soll dann ein Gutsherr, ein Anwalt oder ein Steuereintreiber vorbeikommen und um einen Bissen Brot betteln, auf daß offenbar werde, wie Gott die Gerechten von den Sündern scheidet. Vielleicht geistern Gutsherren, Anwälte, Steuereintreiber durch diese Ruinen.

(Klosterruine)

Die Klöster aus vergangenen Jahrhunderten warten auf die Mönche, die Cromwell vertrieb – warten wie die Friedhöfe auf die Toten, für die sie so viel Platz gelassen haben, die aber in Sydney, Wolverhampton oder New York auf überfüllten Friedhöfen begraben werden. Auch die Friedhöfe warten auf die Kinder Irlands, für die zu Hause so viel Platz wäre.

(Geleise)

Bahndämme, Schienenstränge, Bahnhöfe wurden angelegt für ein Land, das einmal so volkreich war wie Polen. Vieh wurde auf den Bahnhöfen verladen, Kartoffeln wurden verfrachtet, aber viele Weiden, auf denen einmal Kühe grasten, sind wieder zu Moor geworden wie die Äkker, auf denen einmal Kartoffeln wuchsen. Um die Mitte des vorigen Jahrhunderts hatte Irland acht Millionen Einwohner, Holland deren zwölf. Vor hundert Jahren, mitten in eine neue Hoffnung hinein, traf eine schwere Hungersnot das Land. Jedes Kind kennt ihn heute noch: *the Famine,* den großen Hunger, an dem so viele starben, der den Gedanken an Flucht säte, der heute noch Ernte trägt. Über allem liegt die unendliche Geduld eines uralten Landes, das von einem uralten Volk bewohnt, geliebt – und verlassen wird.

(Sofort auf Kaplan)

Der Herr Kaplan ist beim Tanz anwesend, er sieht wohlwollend zu. Tanz ist nicht Sünde in einem Land, wo die Mädchen das Tanzen in der Schule – von Nonnen lernen.

(Tanzpause)

Es geht nicht sehr höfisch zu, eher etwas scheu. Man sitzt nicht an Tischen beieinander, kein Ballgeflüster. Tanz, so scheint es, ist hier Selbstzweck, Urelement. Er ist vertriebene Zeit. Kein Alkohol wird getrunken. Rhythmus ist Stimulans genug.

Die Zeit ist im Tanz sie selbst, ist nicht Uhr oder Kalender, und wieviel Eros sie in sich verbirgt, bleibt rätselhaft. Die alten Iren waren ihrer heftigen Liebe wegen berühmt – und ihrer Liebesarmut wegen. Aber vielleicht ist mit beiden dasselbe gemeint, in einem Land, wo es so viele Klöster gibt, so viele hübsche Töchter – und so viele Junggesellen.

(Polonaise, Überblendung auf Pendel)

Noch zeigt die Zeit nicht ihr vernünftiges Gesicht, ihre Oberfläche, wo Zeiger und Zahlen ihre Physiognomie bestimmen. Sie ist nur da, geht hin und zurück wie Ebbe und Flut, kehrt immer wieder. Sie drängt, drängt aber auch zum Spiel, zur Wette. Es wird Zeit, der Rhythmus, in dem die Buchmacher ihre Wetten anbieten, ist so rasch wie der beim Tanz. Zeit ist Geld, buchstäblich, Zeit kann ein Vermögen sein. Ein gewonnenes oder verlorenes Vermögen hängt am Pendel der Uhr.

(Totale mit Lautsprecher auf Rennplatz)

Verlorene Zeit, gewonnene Zeit, Zeit zu wetten. Die Zeit drängt, sie ist Sekunde, Zehntelsekunde. Immer wieder wischen die Buchmacher ihre Kreidezeichen aus, schreiben neue an. Die Zeit drängt mit geheimnisvollen Zeichen.

(Jockei sitzt auf)

Aber immer noch nicht zeigt die Zeit ihr vernünftiges Gesicht. Die Arme der Tick-Tack-Männer sind ihre Zeiger, sie geben geheimnisvoll rhythmische Zeichen, die bestimmen, *wieviel* Geld die Zeit ist.

(Hunderennen)

Die Zeit ist verrückt, sie schreitet nicht fort, sie ist nicht Zukunft, Entwicklung, sie ist nur sie selbst. Was Zeit ist, bestimmt das schnellste Pferd, der schnellste Hund. Sie tragen die Zeit davon, tragen sie ins Ziel, wo man sie sorgfältig entziffern wird. Ein Millimeter bedeutet einen gewonnenen Wochenlohn oder ein verlorenes Vermögen.

(Bahnhofsuhr)

Aber irgendwann zeigt die Zeit unerbittlich ihr vernünftiges Gesicht, sie wird Stunde, Datum, Geschichte. Sie wird versäumte Zeit oder gewonnene Zeit. Die Uhr kennt kein Erbarmen, sie hat den Abschied nur verborgen. Sie enthüllt sich auf Bahnhofsuhren, an Bushaltestellen, auf dem Flugplatz. Mit unerbittlicher Pünktlichkeit zeigt sie den Kindern Irlands, welche Stunde geschlagen hat.

(Wartesaal in Shannon Airport)

Dann ist Zeit nur noch Abschied oder Hoffnung auf Wiederkehr – des Sohnes, der Tochter, des Vaters, den die Zeit auf ihrem Zeiger davontrug. Zeit ist Warten.

(Wollgras auf Flugplatz)

Aber auch da, wo mit modernsten Meßgeräten Pünktlichkeit garantiert wird, wartet nicht die Uhr – es wartet die Madonna, nicht weit von ihr entfernt das ewig gleiche Gemurmel der Brandung, die zeitlos ist.

(Akustische Blende Düsenlärm / Brandung)
(2. Einstellung)

Der graue Fels bin ich,
Und der graue Regen auf dem Fels,
Es ist die graue Woge,
Dieser graue Hund.
Was ist es denn, alt zu sein?
Der graue Fels bin ich,
Und der graue Regen auf dem Fels,
Es ist die graue Woge,
Dieser graue Hund.

(Akustische Blende Brandung / Gebetsgemurmel)

Fromme Frauen, fromme Mädchen und fromme Kinder werden auch in den vernünftigsten Ländern geduldet und mit Nachsicht als eine Dekoration angesehen: fromme Männer – das scheint gleichbedeutend mit Heuchlern zu sein. In einem Land, wo auch die Unvernunft männlich ist, sind fromme Männer nicht unbedingt Heuchler. Die irische Kirche ist immer eine Mönchs-, eine Männer-, eine Väterkirche gewesen. Dem Christlichen, das von Rom ausging, hat Irland sich gebeugt, dem Weltlich-Vernünftigen nie.

(Prozessionsdekoration)

Die Nachfahren der irischen Väter liebten die monotonen Gebete: Litanei und Rosenkranz mit dem eindringlichen, sich wiederholenden, unabänderlichen Rhythmus. Kein Wunder in einem Land, das von Meer umgeben, dem ewig gleichen, sich wiederholenden Rhythmus der Gezeiten unterworfen ist, ihn ständig im Ohr hat.

(Junge auf Bordstein)

Das Unvernünftige am Christentum hat den Iren immer mehr eingeleuchtet als alle vernünftigen Versionen, die auf einen Kompromiß hinausliefen.

(Kopf eines betenden Mannes)

Männliche Frömmigkeit ist der Vernunft so unverständlich wie die Milde Christi der sündigen Samariterin gegenüber, die nach dem lebendigen Wasser verlangte, dem Wasser des Jordan, dem Wasser der Heilung, dem Wasser der Taufe – nur der Glaube macht es zu mehr als gewöhnlichem Brunnenwasser.

(Devotionalien)
(2. Einstellung)

Wo der Glaube so heftig, so selbstverständlich, fast zur Natur des Volkes geworden ist – und wo Frömmigkeit ein so gutes Geschäft bietet, wohnt der Unglaube nicht weit und wartet nicht lange. Mystik bleibt hier nicht automatisches Gebet, sondern wendet sich an den Betautomaten, in den man seine Gebete mit einer Münze einwerfen kann. Monotonie wird fast maschinell – vielleicht ist dies die irische Antwort auf das Maschinenzeitalter.

(St.-Patrick-Kathedrale in Dublin)

Wo der Glaube so groß ist, ist der Unglaube nicht kleiner. Irland hat große Gläubige hervorgebracht und große Ungläubige, deren Unglaube so maßlos war wie der Glaube der Gläubigen – und so unvernünftig, daß er den mitteleuropäischen Skeptikern übertrieben erschien. Wo Übertreibung Lebensgesetz ist, wohnen inniges Kindergebet, fromme Männer und tiefe Verzweiflung nahe nebeneinander.

(Büste Swift)

Kein irischer Dichter hat die armen Katholiken Irlands zur Zeit ihrer bittersten Unterdrückung und ihres schlimmsten Elends so geliebt und verteidigt wie der protestantische Dekan von St. Patrick in Dublin: Jonathan Swift, der Verfasser des Gulliver, den jedes Kind kennt. Seine Liebe schlug sich in der bittersten Literatur nieder, die Irland je hervorgebracht hat.

(Beginn des Schwenks über die Landschaft)

Mein Leid ist, daß ich nicht eine kleine weiße Ente bin,
Ich schwämme nach Frankreich oder Spanien über das Meer.
Mein Leid ist, daß ich nicht eine alte Krähe bin,
Ich säße eine Weile da oben auf dürrem Ast.
Mein Leid ist, daß ich zu dem Geschlecht der Dichter gehöre,
Es wäre besser für mich, ich wäre ein hoher Fels,
Oder ein Stein, oder ein Baum, ein Kraut oder eine Blume
Oder irgend etwas, nur nicht das, was ich bin.

(Kneipe)
(2. Einstellung)

Wo kein Wein wächst, importierter Wein seine Blume verliert, wo die Aufklärung kein Publikum fand, da dürfen die Heiligen sich Christus als Biertrinker vorstellen.

(Nach der Kasse)

Ich möchte die Männer des Himmels
bei mir zu Gast haben
und große Fässer voll Fröhlichkeit
ihnen kredenzen.

Sie sollen lustig sein beim Trinken,
auch Jesus soll mit ihnen
bei mir hier zu Gast sein.

Einen großen See von Bier
will ich bereit haben für den König der Könige.
Ich möchte die Heilige Familie
trinken sehen in alle Ewigkeit.

(Zigeunerfrauen)

Wo der biertrinkende Christus von der heiligen Brigitte besungen wird, die Heilige Familie aufgefordert wird, per omnia saecula saeculorum weiterzutrinken; wo man eigene Tänze, eine ureigene Literatur hat, hat man auch seine eigenen Zigeuner. Die Herkunft der irischen Zigeuner ist legendenumwoben, ihre Frauen sind blond und von einer derben Schönheit. Die Zigeuner lösen das Geheimnis, ruhig – und doch ständig unterwegs zu sein; friedfertig – und doch ohne Frieden, denn »die Sterne, die die Winde erweckten, wehen durch ihr Blut«. Im kleinen Irland, das ringsum vom Meer umgeben, sie nie herausläßt, finden sie die Unendlichkeit des Raumes und der Zeit. Zeit ist für sie nur Jahreszeit, Wetter, Geburt, Tod, Heranwachsen der Kinder, der Pferde, Tod, Geburt und Hunger sind ihre einzigen Pünktlichkeiten, »denn die Sterne, die Winde erweckten, wehen durch ihr Blut«.

(Letzter Zigeunerwagen am Horizont)

Dem Lande des Abends, das seine Kinder spät zu Bett schickt, sind Träume, Bilder, Illusionen so notwendig wie Brot; und so können in Irland noch vierzig Wanderbühnen ihre Träume und Illusionen in die einsamsten Winkel bringen.

(Kindergesicht nach Sketch)

Jeder Scherz ist erlaubt, der nicht Christus oder seine Mutter verletzt, seinen Dienern nicht zu nahe tritt. Die Wanderbühnen bieten den Traum und die Illusion in ihrer ältesten Form, sie sind die Nachfahren der wandernden Sänger, wandernden Dichter, deren bekanntester sang: »Hier steh' ich mit dem Gesicht gegen eine Mauer und mache Musik vor leeren Taschen.«

(Kino in Douagh)
(2. Einstellung)

Auch die allermodernste Form des Traumes, der aus der Traumfabrik fertig geliefert wird, wird nicht verschmäht. Aus der Unendlichkeit der Landschaft, vor der gewaltigen Szenerie des Ozeans, der von hier aus bis zum Land der großen Traumfabriken keine Unterbrechung mehr hat, aus Moor und Heide, von den Bergen herunter, zwischen uralten Mauern daher strömen sie in die enge Kammer, in der ihnen der Traum vorgeführt wird – ein Traum, der hier den Namen Kelly trägt, aus einer Familie stammt, die nur eine halbe Autostunde von diesem Kino entfernt wohnte und auswanderte.

(Zwischenschnitt – Kindergesicht, groß)

»Doch ich bin arm und habe nur meine Träume. Ich habe meine Träume gebreitet unter deine Füße.

Tritt sanft, du trittst auf meine Träume.«

(Schluß, verlorener Bahndamm)

Im Lande der langen Abende wird nicht jeden Abend der Traum fertig geliefert, gastiert nicht jeden Abend die Wanderbühne. An den übrigen Abenden wird viel und lange erzählt, während im offenen Kamin das Torffeuer brennt, dem unerschöpfliche Nahrung aus riesigen Mooren nachwächst. In der Unendlichkeit des Raumes, der nur so wenig Quadratkilometer zählt, ist auch Platz für zahme Tiere, die nicht immer im volkswirtschaftlichen Sinne nützlich sind. Den Esel – das intelligenteste Tier, denn es widerspricht nicht und ist genügsam –, den Esel gibt es in Irland in unzähligen Exemplaren. Sie sind Gelegenheitsarbeiter, finden ihr Futter am Wegesrand oder im Moor. Ein mildes Klima, das kaum Frost oder Schnee kennt, erspart ihnen die Ställe. Hin und wieder werden sie zum Torf- oder Heuholen gezwungen oder als Taxis ins Kino benutzt – aber die meiste Zeit ihres Lebens stehen sie nur da, denken nach, träumen und blicken den Arbeitenden an.

(Frauen mit Torf-Kiepen)

Für viele Iren in der Welt ist auch Irland nur noch ein Traum, ist der Gegenstand sehnsüchtiger Lieder, ein Land, in das man Geld schickt, Geburts- oder Todesanzeigen – von wo eine Mutter oder ein Großvater schreibt, daß die wichtigste Arbeit nun getan sei: der Torf für die langen Winterabende eingebracht, die Nahrung fürs Kaminfeuer gesichert.

(Kinderwagen / Beginn Pferdemarkt)

Wo die Zeit kein vernünftiges Gesicht hat, nur ein Herz, einen Rhythmus und eine Melodie, wo das Heu geschnitten und gehäuft ist und man sich nur noch die Sorge um trockenes Wetter macht, es einzubringen, wo man Pferde, die Kühe, die Schweine zum Markt bringt und sich – auch wenn man keine guten Geschäfte machte – erzählt, wie lustig es auf dem Markt gewesen sei, dort sind die Menschen zufrieden, aber die Wirtschaft ist wenig erfolgreich. Der irische Export ist der eines Agrarlandes: Schweine werden zu englischem Frühstücksspeck. Aber das irische Übermaß zeigt sich dem maßgewohnten Auge auch mit einer übermäßig passiven Handelsbilanz, die auf eine Katastrophe hindeutet. Nur – die Katastrophe kommt nicht, und die Götter der Unvernunft seien angefleht, daß sie nie komme.

(Metzger mit Fahrrad)

Noch ist der Hammelbraten sicher, den man ans Haus gebracht, mit dem Fuchsschwanz zersägt, mit der Handwaage abgewogen bekommt. Das Irish-Stew kann gekocht werden. Und auch die Milch kommt, und wenn sie aus fünfzig Kilometer Entfernung gebracht werden muß.

Bis in die entferntesten, entlegensten Winkel dringen alle Waren vor. Der fahrende Laden ist die große Welt, die man so liebt und überall riecht in einem Land, wo kein Dorf weiter als hundert Kilometer von der See entfernt ist.

Man ist neugierig auf die Welt und auf das, was sie zu bieten hat; und die Welt ist entgegenkommend, sie gibt Kredit – für das Notwendige und das Überflüssige.

(Fassade Sweeney-Shop)

Es gibt nichts, was es nicht zu kaufen gäbe, nichts, was nicht gekauft würde. Die Armut Irlands, da, wo sie sichtbar zu werden scheint, ist tatsächlich nur eine scheinbare.

Die übermäßig passive Handelsbilanz wird ausgeglichen durch Dollars aus Amerika, Pfunde aus England oder Australien – und durch Kredit. Wo jeder jeden kennt, kennt auch jeder des anderen Kreditwürdigkeit, mögen die Bürgen auch Tausende von Meilen entfernt wohnen und arbeiten. Sie garantieren für alles, was lebens- und sterbensnotwendig ist: Der männliche oder die weibliche Pat in Liverpool oder Ohio stehen ein für den Kredit, für Großvater, Großmutter, Vater, Schwester und Bruder, deren Schulden in dem unergründlichen, unerschöpflichen großen Kreditbuch aktenkundig werden.

(Frauengesichter, groß / Barszene)

Das Buch ist die große Lockung, es lockt auch an die Theke, an der man getrost den Ausflug in die große Welt des Ladens begießen, Versöhnung mit der freundlichen, kreditbietenden Welt feiern darf.

(Totale der Bay)

Wenn ich an Seelenwanderung glaubte, würde ich mir wünschen, ein Fisch vor Irlands Westküste zu sein – in dem großen, frischen Wasser dort, das nur von so wenigen Booten durchkreuzt wird. Ein kleiner Fisch möchte ich sein, denn die großen sind so auffällig – und so harmlos. Sie essen die kleinen nicht. Und die Iren haben neben vielen anderen sympathischen Eigenschaften eine, die besonders den Schwachen zugute kommt; sie sind immer auf der Seite der Schwachen, der Unterlegenen – vielleicht, weil sie selbst so lange Unterlegene gewesen sind. – Diese riesigen Fische würden mir nichts tun, sie sind gewaltig, aber vollkommen harmlos, obwohl sie ein so schreckliches Maul haben und Haie genannt werden – und obwohl sie unter so dramatischen Umständen ihr Leben lassen müssen.

(Nach der Sense)

Die Iren greifen zu, da, wo ihnen zu Hause Arbeit geboten wird: Um einer Haifischleber willen warten sie stundenlang im schwankenden Boot. Einer von ihnen, der als Deutscher vor fünfzehn Jahren hierhin auswanderte, eine Irin heiratete, kennt die Lebensbedingungen genau.

(Interview Ott / Original-Ton)

Mehr Geld, als früher der Fischfang einbrachte, bringen jetzt die Sportfischer. Sie heben die Handelsbilanz beträchtlich. Jeder kleine Hafen hat seinen Angelwettbewerb, jedes Boot nimmt Ferienangler mit. Sie würden mich nicht ängstigen, wenn ich als kleiner Fisch vor Irlands Westküste schwämme – welcher Hase hätte sich je vor einem Sonntagsjäger gefürchtet?

(Wartende Häuser in Dublin)

Die Einwohner verlassen das Land. Die Touristen kommen. Nicht nur auf dem Land, auch in den Städten sind leerstehende Häuser nicht selten – sie sehen aus wie Häuser, von denen man träumt oder in denen moderne Theaterstücke spielen.

(Alte Leute vor dem Torf-Kamin)

Es bleiben die alten Häuser, die alten Leute mit den Requisiten der Kindheit ihrer Kinder. Manche von ihnen kehren als alte Leute zurück, sehen ihre Enkel wieder fortgehen – hoffen auf die Post, auf einen gelegentlichen Besuch und auf Wiederkehr. Das Bettzeug für die Kinder liegt noch im Schrank, ihre Fotos hängen an der Wand. Die Söhne sind Kriminalbeamte in London – solche, wie sie in echten Kriminalromanen vorkommen – oder Fliegerleutnant im Kongo. Sie vergessen ihre Eltern nie, und in Erinnerung bleiben zu Hause nur ihre guten Eigenschaften. Es liegt Abschied in der Luft...

(Auswandererschiff)

Über jedem Haus in Irland kreisen die Möwen, erinnern daran, daß die See nirgendwo fern ist; nirgendwo fern die Häfen, von denen man abfahren muß – in denen man auch wieder ankommen kann. Schmerzlich ist jeder Abschied, nicht weniger schmerzlich als der, den der heilige Kolumban empfand, als er vor mehr als 1300 Jahren Irland verließ und seinen Abschied besang:

Meinen Fuß im klangreichen Boot,
tränenreich ist mein trauerndes Herz.
Ich spanne meinen Blick über das Meer.
Von den festen eichenen Bohlen.

Und meine Gedanken sind scharfe Wunden,
klagend über das Unglück Irlands,
Wehklagen, Händeringen und großes Jammern.
Ich kenne nichts unter dem Himmel,
das dem Gael freundlich gesinnt ist
außer der See, zu der uns unsere Not bringt,
oder dem Wind, der das Schiff in den Hafen weht,
das uns von Irland wegträgt.

Und es gibt Gründe, warum diese mit uns versöhnt sind,
denn wir schwellen die See mit unseren Tränen an
und den wandernden Wind mit unseren Seufzern.

(Nonnen am Strand)

Die alte Stimme klingt über mehr als ein Jahrtausend hinweg zu den Kindern Irlands, die auch heute noch das Land verlassen – als Arbeiter und Lehrerinnen, als Priester und Nonnen –, das Land mit dem »tiefroten Meer, wo die Möwen kreischen«, das ein so freundliches Klima hat und unvergeßlich ist.

(Grabsteine / Montage)

Sie werden nicht nur Geld schicken, auch einen Grabstein setzen für ihre Mutter oder ihren Vater.

(Grabstein, letzte Einstellung)

Friedhof – im Land der Dichter, von denen nur so wenige dort begraben sind. Einer blieb treu, kehrte als Toter zurück, einer der Größten: William Butler Yeats, der ein Jahr vor seinem Tod seinen eigenen Grabspruch dichtete:

»Kein Marmor, keine der üblichen Phrasen, in einen rechteckigen Kalkstein haut auf meinen Wunsch diese Worte: Reiter, wirf einen kühlen Blick aufs Leben, auf den Tod – und reite vorüber!«

(Kinderfriedhof)

Auch für seine namenlosen Kinder hat Irland Friedhöfe. Für die Totgeborenen, Ungetauften, die Personen waren und starben, bevor sie einen Namen hatten. Es legt ihnen Quarzbrocken aufs Grab, legt sie nahe ans Meer, wo das Rauschen der Brandung dem monotonen Rhythmus der Litaneien gleicht.

(Schulkinder verlassen ihre Schule)

Die Lebenden schickt es in die Schule, nicht allzu früh am Morgen. Im abendlichsten der Abendländer gehen die Kinder spät zu Bett, spät beginnt der Tag mit seiner Last; sie ist nicht schwer für diese Kinder. Sie heißen O'Malley und O'Boyle, McNamara und McCarthy, Kelly, wie jene Grace, die Monacos Thron bestieg, und Kennedy, wie jener John, der in Amerika Präsident wurde. Sie heißen

Joyce und Beckett, Flynn und Yeats und Lynch – fast alle stammen sie von Königen ab, leben in einer königlichen Landschaft und sind frei wie Könige, solange sie Kinder sind.

(Schwenk auf Mauer / Beginn des Nachspanns)

Im Süden
Briefe (1961)

Rom, den 16. Juni 1961

Liebe Tilde, liebe Mandls,
gestern sind wir gegen sieben Uhr abends in Rom eingefahren, haben nach kurzer Suche unser Quartier gefunden. Es liegt in einem großen Park (Pinien – viele Blumen), ist ein ganz neues Hotel, mit deutscher Gründlichkeit ausgestattet; wir haben drei Zimmer, Bad und Dusche zur ständigen Verfügung – ringsum himmlische Stille (bis auf einige inbrünstig heulende Hunde). Die Nonnen sind sehr nett, die Zimmer wirklich schön – und die Preise überraschend niedrig.

Die Fahrt über den Brenner – dann Italien: Trient – Verona – Modena – Florenz – Siena! Es ist wirklich überwältigend schön. Die Autobahn führt siebenhundert bis achthundert Meter hoch mitten durchs Gebirge. Die einzige Stadt, die wir uns gründlich angesehen haben, ist Siena, das ganz unverändert aus dem 14. Jahrhundert übriggeblieben zu sein scheint. Wir sind allen Spuren der heiligen Katharina gefolgt, dann mittags weiter nach Rom!

Heute morgen haben wir die Kinder an der Schule angemeldet (sie sind gut untergebracht), haben vor allem den Schulweg hin und zurück erkundet, uns dann in den unbeschreiblichen römischen Autotrubel gestürzt – bis wir endgültig aufgaben und uns in einem Café ausruhten. Das Autofahren ist rein fiktiv – man kann nirgendwo halten, parken schon gar nicht, und wir haben uns dann entschlossen, mit dem Bus zu fahren, eventuell Taxi – die Stadt ist unbeschreiblich! Bald mehr – wir sitzen erschöpft – nach einem üppigen Nonnenmittagessen – in unserem Zimmer und halten Siesta! (...)

Rom, den 20. Juni 1961

Liebe Tilla, liebe Slavi, lieber Tommy,
ich war sehr froh zu hören, daß alle in Köln wohl sind, wir sind es auch – nur die Hitze ist schlimm, besonders morgens zwischen halb sieben und zehn Uhr. Rom ist sowohl in der Qualität wie in der Quantität überwältigend, und wir »besichtigen« nur sehr wenig – täglich eine Kleinigkeit. Die Kinder sind sehr wohl, auch schon mit der Schule vertraut. Ich schwitze wie verrückt, nehme wohl täglich ein Pfund ab, fühle mich aber wohl. (...)

Annemarie ist heute mit den Kindern an den Lago di Bracciano gefahren mit allem Krempel, und ich sitze nun den ganzen Nachmittag im kühlen Lesezimmer der Nonnen und erbarme mich meiner Korrespondenz! Die Nonnen sind sehr nett, nur ein bißchen streng und lehrerinnenhaft meinen Extra-Kaffee-Wünschen gegenüber. Das Haus liegt in einem herrlichen alten Park mit Pinien, Zitronensträuchern und so weiter – und unsere Pension hier (wir sind jetzt auf Vollpension gegangen) ist für Rom geradezu lächerlich billig, was auch ein Argument wäre, die gelegentliche Kritik der Nonnen zu ertragen. Im übrigen ist das Klima hier im Hause deutsch – mit internationalen Zügen: gelbe Priester, schwarze Nonnen – nur die Rothäute fehlen. (...)

Wir haben Max Frisch und Ingeborg Bachmann schon ein paarmal gesehen, sie haben eine herrliche Wohnung mit Dachgarten – gleich an der Villa Borghese. Ich muß Schluß machen, weil ich sonst nichts getan habe, wenn die Guten vom See zurückkommen. Ich bin ein wenig bange, weil das aufgepumpte und zusammengebaute Boot auf dem Dach befestigt ist. Der römische Autoverkehr ist herrlich: dreimal so dicht wie in Paris, Vorfahrt ist sozusagen Geschmackssache und Gefühlssache, und wenn man eine Hauptverkehrsstraße überqueren muß, »tastet« man sich langsam durch. Ich bin inzwischen daran gewöhnt:

Hauptregeln: Der Schwächere hat immer recht! – Der Fußgänger ist göttlich – Kinder und Frauen dürfen eigentlich blind sein, die Augen für sie hat der Autofahrer zu haben! Trotzdem geht alles sehr rasch – ich fahre morgens die sieben Kilometer bis zur Schule durch den dichten Verkehr in zwanzig Minuten! – Es ist unbeschreiblich! Die Zahl der Verkehrsunfälle ist kaum ein Drittel der Kölnischen! (...)

Herzliche Grüße und Vorsicht! – allen

Euer Hein

Tjesno, den 3. Juli 1961

Liebe Tilla, liebe Mandls,
nach einer wahrhaft abenteuerlichen Fahrt sind wir gestern abend hier gegen acht Uhr angekommen; nachdem wir die letzten hundert (buchstäblich hundert) Kilometer durch Dörfer und über Straßen gefahren waren, die so einsam waren, daß uns das Herz ein wenig bange wurde (und über Straßen, die wie ausgeschütteter Zement waren, trocken wie Kreide und immer in Staubwolken), danach war Tjesno selbst eine angenehme Überraschung: ein hübsches Bauern- und Fischerdorf, mit Plaza, Hotel, fast nur aus Kais bestehend. Die Kinder haben ihr Boot direkt vor dem Haus angebunden, brauchen nur ein paar Schritte zu gehen und einzusteigen. Zuerst war uns auch des Quartiers wegen ein bißchen bang, drei kleine Zimmer, und so heiß nach dem sonnigen Tag – aber inzwischen, nach einer Nacht und einem Tag, fühlen wir uns schon etwas heimischer. Zum Essen gehen wir ins einzige Hotel am Platz, wo es ziemlich kantinenmäßig, aber herzlich zugeht, und inzwischen haben wir sogar für das Auto einen Dauerparkplatz unter einem großen Feigenbaum gefunden. Die Hitze hat uns wohl deprimiert, bis uns einfiel, daß auch in Köln die Sommerhitze schwer zu ertragen ist – und daß man in Rom die Stunden zwischen eins und sechs auch nur verdösen konnte. Wir wollen jetzt doch länger hierbleiben, jedenfalls länger als Annemarie in ihrem Brief wohl andeutete, schon, weil wir weder unsere Wirtsleute, die geradezu überwältigend freundlich sind, wie auch Gradišnik, der uns ja – aus der Ferne – dieses Quartier besorgte, nicht kränken wollen. Wir können baden, werden versorgt, die Kinder könnten es mit dem Boot kaum besser haben (lauter große, friedliche Buchten, in denen sie stun-

denlang ungefährdet paddeln können), und inzwischen haben wir sogar herausgefunden, wo es Bier, Kaffee und Kuchen gibt – auch Wein...

Uns geht's wirklich gut, wir wohnen direkt am Meer, die Leute sind sehr freundlich – und in den nächsten Tagen, hoffe ich, werden aus Belgrad die Dinar anrollen. Inzwischen leben wir von eingetauschtem Geld (nicht viel, aber es ist alles sehr billig – wir zahlen für Frühstück, Mittag- und Abendessen, also sogenannte Vollpension, im Hotel sechshundert Dinar – ungefähr vier Mark, hinzu kommen etwa zwei bis drei Mark für das Quartier).

In Rom waren die letzten Tage in der Villa Massimo herrlich: Wir haben stundenlang Boccia gespielt, hatten dort auch zwei große Zimmer und Bad (Putzfrau und Handtücher etc., Eisschrank gehören dazu). Viel zu spät haben wir herausbekommen, daß man sich einfach zwischen eins und sechs in der Hitze nur ruhig verhalten muß, abends ist es dann herrlich. Leider waren wir ja bei den Nonnen (die im übrigen sehr sweet waren) an die Pilgerpolizeistunde elf Uhr gebunden, mußten, wenn wir Freunde trafen und später kamen, uns immer durch ein Trinkgeld loskaufen (an den Pförtner, nicht an die Nonnen zu zahlen) und uns schlechten Gewissens in unsere Stuben schleichen. Im Herbst werden wir darin zum Glück ganz frei sein – es ist natürlich herrlich, abends, wenn es wirklich kühl wird, in so einem römischen Café auf der Straße zu sitzen...

Macht Euch keine Gedanken, wir kommen gut hier zurecht. Sorge hat uns ein bißchen das Auto gemacht, wegen der Hitze, aber ich habe es inzwischen in Nachbars Garten unter den großen Feigenbaum bugsiert – wie ich dort wieder herauskomme, weiß ich noch nicht.

Sehr viele herzliche Grüße

Hein

Tjesno, den 8. Juli 1961

Liebe Tilla, liebe Mandls,
heute früh überreichte uns Frkic Euren Brief – von den Kindern KVB genannt (Erklärung der Abkürzung münd-

lich –, gleicht in der unteren Gesichtshälfte Mr. T., in der oberen Mussolini, Statur: gewaltig, gewaltig), es war wirklich eine Sensation für uns, einmal ausführlich Nachricht zu bekommen ...

Land und Leute sind hier mit einem Wort zu bezeichnen: biblisch. Steinige Hänge mit ein paar Olivenbäumen, ein paar Pinien, genau so, wie ich mir jedenfalls die Landschaft der Bibel vorstelle: Die Ackerbau- und Erntemethoden sind wie aus den Büchern der Bibel: Das Getreide wird noch richtig auf uralten offenen Tennen geworfelt, das heißt, mit einer Holzschaufel gegen den Wind geworfen, so daß sich die Spreu vom Weizen scheide. Es gibt soviel zu sehen, zu beobachten, daß wir ganz hingerissen sind – obwohl uns ein gewisser Komfort manchmal fehlt. Die Einheimischen sind alle Bauern, Fischer, sehr, sehr fleißig, sehr arm (der Boden ist wie verflucht, so steinig ist er, und die Straßen bestehen nur aus Kalkstaub – Ihr könnt Euch denken, wie fehl am Platze hier ein Ding wie der Citroën ist!!).

Die Frauen sitzen manchmal oben auf den spärlich befrachteten Heu- oder Getreidewagen und stricken oder spinnen noch während der Fahrt; fast alle Frauen im Dorf laufen »nach Feierabend« mit dem Spinnrocken in der Hand herum, es sieht aus, als ob sie Puppen herumschleppten; zu alledem gehören die Esel wie Brüder und Schwestern, kleine, flinke Tiere, die unbeschreiblich arbeiten: Von morgens bis abends geht es hin und her, her und hin, mit Ölbaumzweigen, Bohnenstroh, Säcken, Holz – und wir hören den ganzen »Verkehr« über die schmale, uralte Brücke rumpeln, die den Ort in zwei Hälften trennt (Tjesno bedeutet: eng – etwa Engpaß hier). Besonders fasziniert ist Annemarie, die alles genau beobachtet, mir erklärt – es sind wirklich viertausend Jahre alte Praktiken, die hier geübt werden. Von Politik ist fast nichts zu spüren – interessant nur zu wissen, daß die Bauern in der österreichischen Zeit fünfzig Prozent (fünfzig!!) vom Ertrag an ihre Pachtherren abgeben mußten. Wenn man den Boden sieht, die unbeschreibliche Härte der Arbeitsbedingungen, kann man es kaum glauben, daß Menschen so etwas tatsächlich getan haben.

Für das Boot ist unsere Lage hier so ideal, wie wir sie wahrscheinlich nie mehr so leicht antreffen werden; wir wohnen knapp vier, fünf Meter von der See entfernt, haben das Boot immer sozusagen vor dem Haus liegen, die Kinder fahren morgens nach dem Frühstück los, und wir treffen uns dann an vorher verabredeten Stellen zum Baden, Tauchen – manchmal auch, wenn es nicht gar so heiß ist, gehe ich mit Annemarie spazieren, während die Kinder Boot fahren und tauchen. Die See bildet hier viele kleine Buchten, die groß genug sind, um dem Bootfahren Reiz zu verleihen, aber nicht zum Meer hin offen – so daß ich mich kaum ängstige. Die Kinder sind sehr vernünftig, schwimmen nie so weit raus, daß es gefährlich werden könnte, und sind abends redlich ermüdet vom Rudern und Schwimmen.

Das Essen ist ausreichend und sehr gut, ich leide nur ein wenig unter dem Frühstück, zu dem ich gern mehr Kaffee hätte – aber auch das ist (was es wirklich nicht ist) nicht wichtig. Die Leute sind alle sehr freundlich, nur leben wir hier wie die wahren Njemec*, können nicht sprechen und nichts verstehen: Inzwischen haben wir raus, was Bier heißt, Limonade und Guten Tag, auch habe ich von den Geldscheinen die Zahlen 100, 5, 1000 gelernt – schade: Wir würden uns so gern mit den Leuten unterhalten; mit unseren Wirtsleuten verkehren wir à la Dänemark: Lächeln, ein paar Gesten – aus! Wir stehen vor dem ernsthaften Problem, Schuhwichse zu kaufen (es ist dringend nötig, da unsere Schuhe sowohl vom Staub wie vom Salzwasser angefressen sind), aber wir drücken uns täglich drum. Immerhin habe ich unserer Wirtin klarmachen können, daß sie unsere Wäsche waschen möge (falls sie Lust dazu habe), indem ich mein schmutziges Hemd anfaßte und Waschbärbewegungen dazu machte; sie kapierte sofort und wusch einen Haufen Kram in Windeseile blütenweiß. Cech** geht es blendend, den Kindern auch, und ich bin angeblich schlank geworden (ich mußte mir einen Gürtel kaufen, weil die Hosen nicht mehr hielten).

* russisch: deutsch oder auch stumm
** Annemarie Böll, geborene Cech

Wahrscheinlich werden wir so am Donnerstag oder Freitag hier abhauen, vielleicht ein paar Tage in Zagreb und Laibach bleiben und ein paar Tage früher nach Bohinj fahren. Möglicherweise werden wir also Tilla nicht in Laibach treffen, aber für den Fall, daß wir nicht da sind, genaueste Anweisung an Gradišnik geben, wie Tilla hinausbefördert werden soll. Ich hatte gedacht, daß sie am 23. oder 24. schon in Laibach sein könne, so wird sie ja erst am 24. Juli dort sein. Im übrigen erweitern wir unsere Sprachkenntnisse, indem wir (die wenigen) Ladenschilder studieren, dann nach drinnen glotzen, um die Art des Ladens zu erkunden (Schaufenster gibt es nicht). Heute ist Kino hier, und wir werden natürlich reingehen: Meine Sehnsucht, in Rom im Kino zu rauchen, ist noch nicht erfüllt worden, es war zu heiß, und wir – auch die Kinder – hatten keine Lust auf Kino. Übrigens haben wir am Peter-und-Paulstag den Papst im Petersdom gesehen, er feierte dort eine stille Messe, wir sahen ihn einziehen, sehr feierlich, und er hat dann wie ein Dorfpfarrer still, die Liturgie laut betend, seine Messe gefeiert; er ist viel kleiner und noch viel sympathischer, als er auf Bildern aussieht: ein winziges Bürschchen, wie er da mit den blöden Schweizer Gardisten, von unzähligen Rotröcken umschwärmt – per pedes apostolorum – in den Petersdom einzog; sehr eindrucksvoll die Leute im Dom: gar nicht sehr viele, sizilianische Bäuerinnen, spanische Nonnen, deutsche Studienrätinnen – das Ganze, obwohl der Petersdom selbst wenig reizvoll ist – sehr rührend, auch moving...

Von allen hier sehr viele herzliche Grüße

Hein

Tjesno, den 12. Juli 1961

Meine Lieben,
wir haben uns nun doch entschlossen, bis zum 19./20. hierzubleiben. Der Entschluß fiel nicht schwer, weil das Nest wirklich schön ist und die Leute sehr freundlich sind. Meine Kaffeesehnsucht stille ich mit zwei »Türkischen« täglich. Zum Frühstück trinken wir chinesischen

Tee, nachdem wir's erst im Hotel mit »Knajpowa« versucht hatten (Lehnwort nach Kneipp – Sebastians Bild ist auf den Packungen). Von einer Schlepplast kann ich Tilla inzwischen wieder befreien: von den Zigaretten. Ich habe mich an die hiesigen gewöhnt, sie sind gut und rein (und billig)...

(...) Wir haben inzwischen sogar Schuhwichse bekommen, ein Badetuch erstanden, Kernseife (fürs Boot zu waschen) – aber unser eigentlicher Trost ist der englischsprechende Kellner im Hotel.

Wir freuen uns auf Tillas Ankunft und hoffen nur, wir haben ihr nicht allzuviel aufgehalst. Diesmal sind wir wirklich schlecht ausgestattet auf die Reise gegangen. Ich habe nicht einmal ein ›Mensch-ärgere-Dich-nicht‹ eingepackt.

Herzlich, von allen viele, viele Grüße

Hein

Rom, den 31. August 1961

Liebe Tilla, liebe Mandls,
wir sind heute schon in Rom angekommen und in die Villa eingezogen; bei glühender Hitze (Rai *unter*treibt eher) kamen wir gegen zwei hier an, nachdem wir erst in Rom noch eingekauft hatten – und hielten hier unsere erste Mahlzeit im eigenen Heim; anschließend auspacken (zum wievielten Mal?), dann »einrichten«, Siesta – und erste Bocciapartie mit den Kindern im Schatten. Von Ingeborg Bachmann lag eine hübsche Begrüßung hier: Tee und Zucker – das einzig Wahre. Nun müssen wir die Kinder noch unterbringen. Die Bachmann hat zwar etwas für uns gefunden, ist aber, da sie uns erst morgen erwartet, unerreichbar, offenbar aus Rom geflohen wegen der Hitze. (...)

Rom, den 21. Oktober 1961

Liebe Tilla, liebe Mandls,
(...) Hier ist es »kalt« geworden, morgens so etwa 19 Grad, mittags bis zu 21 – und wir empfinden das als

höchst unangenehm, frösteln – und haben schon im Lexikon nachgeschlagen, was Wärmeflasche heißt: borsa al aqua calda. Heute früh waren schon die Spediteure hier, haben einen ganzen Haufen Bücher, Korrespondenz, Manuskripte und Schwimmflossen fein verpackt, so daß wir im Auto den Rest werden transportieren können.

Es regnet, donnert, wir ziehen fröstelnd die Schultern ein und rücken um den Heizofen zusammen, der unser ganzer Trost ist. Wir hoffen, daß die Kinder nicht durchnäßt aus der Schule kommen werden; neulich, als wir in der Stadt von einem schweren Gewitter überrascht wurden, im Bus nach Hause fuhren, stiegen sie alle drei klatschnaß an der Porta Pia zu uns in den Bus; Winterzeit scheint hier doch noch eine Art Regenzeit zu sein. Wir verbringen die letzten Tage mit Abschieden, hier in der Villa oder eingeladen, es wird meistens spät – morgens pennen wir dann, werden von der Reinmachefrau sanft geweckt, die aber, falls wir noch nicht aufstehwillig sind, wieder geht und es später dann noch einmal versucht. An viel Arbeit ist nicht mehr zu denken; am Montag fahre ich allein für zwei Tage nach Assisi, weil ich darüber schreiben möchte, komme dann Dienstag abend zurück, Mittwoch haben wir dann noch für Rom, Donnerstag wird gepackt und freitags geht es los...

Wir verfolgen die Politik mit Eifer und Bangen, sind immer wieder erstaunt, wie ganz anders sich alles hier in der italienischen Presse darstellt; es riecht hier ganz offensichtlich nach Neutralität, und des Volkes Wille, der sich in Friseuren, Taxifahrern, Verkäufern und Ladeninhabern, Busschaffnern und so weiter zeigt, scheint diese Neutralität anzustreben; hier unten hat man überhaupt den Eindruck, daß die ganze NATO aus Amerika und der Bundesrepublik zu bestehen scheint; jeder einigermaßen denkende Mensch hier – sogar verhältnismäßig »reaktionäre«, die sich das Denken noch nicht ganz abgewöhnt haben – ist entsetzt über die Besitzverhältnisse, die Steuerpolitik, die Spekulationen des Adels, die Einkommensstufungen; wenn dieses Volk nicht so in sich zufrieden, so von Natur neidlos wäre, hätte es wohl längst eine blutige Revolution gegeben – und dann erwartet man wohl noch, daß diese Menschen möglicherweise für den Kapitalismus (ohne Anführungsstriche) kämpfen? Sogar die Schulpflicht ist hier teilweise eine Fiktion: Es ist ziemlich üblich, daß zehn- bis zwölfjährige Kinder arbeiten, zu einer Zeit, wo sie normalerweise zur Schule gehen müßten: als Austräger, Piccolos und so weiter. Aber niemand kümmert sich darum. Es war eine komplette Katastrophe, als jetzt Mitte Oktober die Schulen wieder anfingen und zehn bis zwanzig Prozent mehr Eltern von ihrem Recht Gebrauch machten: Schulen überfüllt, keine Lehrer und so weiter. Großer Klamauk in den linken Zeitungen; das Neueste sind herrliche Plakate, auf denen ein Hakenkreuz zu sehen ist, dessen Haken aus Raubtierkrallen bestehen – darunter steht: Achtung! (auf deutsch) Germania di Bonn. Ich sah die Plakate im Juni schon, jetzt ist eine neue Auflage über die Stadt verteilt; besonders hübsch wirkt im Zusammenhang mit diesen Plakaten natürlich, wenn dann Korporationsstudenten aus Freiburg hier in Bussen, auf Kinderspielplätzen mit Molotowcocktails in ihren Aktentaschen verhaftet werden – oder ein junger Deutscher plötzlich auf der Straße eine Browning aus der Tasche zieht und schreit: Verfluchtes Verrätervolk! Es ist unglaublich, aber wahr. Hinzu kommt die Erinnerung an den Eichmann-Prozeß, an eine Sache, mit der die Italiener einfach nicht fertig werden: den Antisemitismus; sie wissen einfach nicht, was das ist, haben's nie verstanden, schon gar nicht praktiziert, und es ist für sie einfach – in dieser Form – etwas Unvernünftig-Deutsches, Nebelhaftes.

Kein Wunder, daß alle Deutschen, die wir kennenlernen, nie mehr aus Rom weg wollen; wenn es eben geht, bleiben sie hier, halten an ihrem Job als Korrespondent, Diplomat und so weiter fest. Kaum einer »sehnt« sich nach Germany.

Es regnet so heftig, blitzt und donnert, daß die Kinder wohl wieder klatschnaß nach Hause kommen werden; ich kann nichts tun, sie nicht abholen, weil sie wahrscheinlich schon im Bus sitzen. Wir bereiten alles für ihre Trocknung vor.

Auf bald, viele herzliche Grüße von uns allen

Euer Hein

Rom auf den ersten Blick
(1961)

Was der erste Blick bedeutet, ist abhängig vom letzten, und ich habe den letzten Blick auf Rom noch nicht getan; unzählige erste Blicke: plötzlich von der Via Trionfale aus unter uns in der Sonne diese riesige Stadt, deren Grundfarbe gelb zu sein scheint – das gelbe Rom über seine Hügel gebreitet; ein erster Blick. An endlos langen Mauern vorbei, die Kühle versprechen und Reichtum verbergen, Gärten und Palazzi, Palazzi und Gärten: ein erster Blick auf das reiche Rom, dessen reiche Jugend grausam und rücksichtslos in erlesenen Autos umherjagt – das reiche Rom – und das arme in Mietskasernen, wo die Wohnungen kaum geräumiger sind als ein Auto; das Rom der Katzen, die aus zweitausendjährigen Geschlechtern zu stammen scheinen; in den Ruinen des Forums, in den Mauern des Kolosseums; das Rom der Liebespaare, die in dieser Stadt so viele Schlupfwinkel haben wie in keiner Stadt der Welt. Das Rom, das ich aus meinen Lateinbüchern kannte: Es gibt den tarpejischen Felsen also wirklich, gibt wirklich das Kapitol und die Via Appia, und die römischen Kaiser haben ihrem Namen in Gebirgen von Ruinen Dauer verliehen: Caracalla und Nero. Das Rom der reichen Kirchen: diese kalten Prachtkassettendecken, diese riesigen Marmorengel, die Weihwasserbecken von der Größe von Badewannen halten, das Wappen des Heiligen Stuhls an so vielen Portalen, die Eingänge zu fast unermeßlichen großen Gärten mit unermeßlichen kostbaren Palästen sind – und die Bettelmönche in schmuddeligen Kutten, die mit Sammelbüchsen von Café zu Café gehen, alles die eine, dieselbe Kirche; lauter erste Blicke auf irgend etwas, das römisch, nur römisch ist; Rom ist die Heimat eines der mißverständlichsten Eigenschaftswörter, und alles, was man mit einem ersten Blick dort sieht, ist römisch; die Kellner sind's und die Kinder, die Kirche ist es und die Ruinen des imperialen Rom; das Denkmal Viktor Emanuels und Franziska Romana, die heilige Römerin, Schwester unzähliger Römerinnen.

Bei vielem wird der erste Blick auch der letzte sein: beim scheinbar Zufälligen; dem Kellner, der uns in einer Trattoria vor Rom den Weg zu unserer Pension erklärte; er ging dreimal den weiten Weg vom äußersten Ende der Terrasse ins Innere des Hauses: das erste Mal, um eine Karte, das zweite Mal, um einen Bleistift, und dann lächelnd das dritte Mal, um seine Brille zu holen – und ich wußte sofort, daß ein Trinkgeld ihn sehr tief verletzt hätte. Der Installateurlehrling, der in einem Friseursalon den Glaskasten fallen ließ, den er mit seinem Meister in die Wand einmontieren sollte: Flaschen und Tuben zerschellten, der Kasten zersplitterte, Parfüms und Haarwasser flossen über den Boden, und ich hatte Angst vor dem Donnerwetter, das über den weinenden Jungen jetzt hereinbrechen würde; aber der Meister blieb ganz still, er sagte irgend etwas, das »So was kann ja passieren« heißen mochte, und fing an, den Jungen zu trösten, der schluchzend in der Ecke stand, während die Friseure seelenruhig weiter einseiften, weiter mit ihren Scheren schnippelten und eine Frau mit Besen und Feger die Reste zusammenfegte, ihren Putzlappen mit kostbaren Flüssigkeiten tränkte. Ein erster Blick auf Rom.

Die scheinbare Regellosigkeit der Autofahrer, die den ungeschriebenen mehr als den geschriebenen Gesetzen gehorchen; überraschend in einer Stadt, die die Heimat der Lex ist, daß schlafende Katzen und spielende Kinder das Recht brechen, auf das man niemals »pochen« könnte, wenn man rechtens Katzenschlaf und Kinderspiel störte oder »verkehrswidrig sich verhaltenden« Frauen Belehrungen erteilen möchte; die römische Straße ist zwar den Autos freigegeben, aber sie gehört ihnen nicht, noch nicht; der »Ritter am Steuer«, dieses puritanische Ekel, ist ja nur Ritter, weil er gnädig auf sein Recht verzichtet – für einen Augenblick; verkehrswidrig – auf den ersten Blick – scheinen in Rom die Autos zu sein, nicht weil sie Regeln brechen, sondern weil sie ihrem Wesen nach brutal und asozial sind; kein Wunder, daß es in Rom viel mehr Polizisten als Ampeln gibt: Das Recht ist noch nicht automatisiert.

Erste Eindrücke bei ersten Blicken; die Vielfalt der Nonnen, so vielfältig fast wie die Anzahl der Schmetterlingsrassen, auf dem Platz vor Sankt Peter flattern sie hin und her, mit schlichten und üppigen Hauben, mit bunten und farblosen Schleiern und ohne einen solchen; manche sehen aus wie mittelalterliche Matronen, andere wie spanische Señoritas, sardische Bäuerinnen und die modernen mit Baskenmützen und weißen Blusen fast wie Schwestern, mit denen man auf Fahrt gehen könnte; und innerhalb der einzelnen Nonnenrassen die Variation der Hautfarben: gelb, weiß, schwarz und kupfern wie Winnetou.

Alles erste Blicke am ersten Tag; mit jedem Blick etwas Römisches – und wieviel Blicke tut ein Auge täglich?

Abschied von Irland
(1967)

Dreizehn, ein Bäckerdutzend Jahre später sind in Irland eineinhalb Jahrhunderte übersprungen und fünf weitere eingeholt worden, und es ist höchste Zeit für mich, mein Dossier über Irland abzuschließen, schwebende Pläne, noch einmal über Irland zu schreiben, weit in die Zukunft zu schieben und die Notizen, die sich häufen, stillschweigend im Nähkörbchen verschwinden zu lassen; an einer der Notizen, die sich viermal vorfindet, kann ich gut feststellen, wie Irland sich verändert hat; es ist ein Zettel mit der Aufschrift: Die Hunde von Dukinella – es gibt einen Zettel dieses Titels aus dem Jahr 1958, drei weitere aus den Jahren 1960, 1963 und 1964, aber schon im Jahr 1965 brauchte ich diese Skizze nicht mehr niederzuschreiben, denn die Hunde von Dukinella tun nicht mehr, was sie bis 1964 einmal, oft mehrmals täglich getan haben, wenn ich mit dem Auto durchs Dorf an den Strand fuhr: Sie laufen nicht mehr, gefährlich nahe an der Stoßstange, einander von Grundstück zu Grundstück ablösend, von Mauer zu Mauer ihr Gekläff wie Stafettenläufer weitergebend, neben dem Auto her; sie laufen neben keinem Auto mehr her, haben sich wohl an Autos gewöhnt, und vielleicht ist damit eine Menge über Irland gesagt. So habe ich die Hunde von Dukinella, weil ich ihren Eifer, ihr Temperament und ihre Intelligenz liebte, längst in eine Erzählung hineingeschmuggelt, die mit Irland gar nichts, mit Deutschland sehr viel zu tun hat. Es gibt da weitere beunruhigende Zettel, die immer wieder auftauchen: Die Leute im Settlement – oder: Die Messe *vor* der Valley-Schule; das Nähkörbchen ist voll. Dreizehn Jahre später, in einem von zwei Jahrhunderten eingeholten und von fünf weiteren Jahrhunderten übersprungenen Irland käme ich nicht mehr auf die Idee, Indianer vom Himmel fallen zu lassen, und Limerick ist nicht mehr das Limerick von 1954. Gut. Es sind auch, zu meinem, aber nicht zum Bedauern der meisten Iren, die Nonnen aus den Zeitungen fast verschwunden; verschwunden ist noch mehr: die Sicherheitsnadeln und die Gerüche, die letzteren wieder zu meinem, nicht zum Bedauern der meisten Iren, denn ich *habe* nicht etwa, sondern *bin* ein guter Riecher, und eine geruchlose Welt gefällt mir weniger als eine, die noch Gerüche hatte. Und ein gewisses Etwas hat seinen Weg nach Irland angetreten, jenes ominöse Etwas, das man in der englischsprechenden Welt *The Pill* nennt – und dieses Etwas lähmt mich vollends; die Aussicht, daß in Irland weniger Kinder geboren werden könnten, ist für mich niederschmetternd; ich weiß: Ich habe gut reden, habe es leicht, mir viele davon zu wünschen; ich bin weder ihr Vater noch ihr Vater Staat, und ich brauche nicht Abschied von ihnen zu nehmen, wenn viele von ihnen den Weg in die Emigration antreten. Nirgendwo in der Welt habe ich so viele und so hübsche und so freie Kinder gesehen, und die Aussicht, daß Ihrer Majestät *The Pill* gelingen wird, was allen Majestäten Großbritanniens nicht gelang, die Anzahl der irischen Kinder zu verringern, erscheint mir keineswegs erfreulich.

In diesen dreizehn Jahren ist noch etwas viel Schlimmeres geschehen: Ich habe viel über Irland gelesen, ich weiß also einiges, fast viel, und noch lange nicht genug; meine Unschuld ist dahin, und ich bin nicht schuldig, nicht wissend genug. Ich habe auch viel *von* Iren gelesen, und diese ganz und gar uneinheitliche Einheit Irland ist mir an seiner Literatur am deutlichsten geworden. Beckett, Joyce, Behan, sie sind alle drei so irisch, wie es gar nicht erlaubt sein dürfte, und doch sind sie weit voneinander entfernt, weiter als Australien und Europa. Es ist fast unmöglich, etwas über ein Land zu sagen, in dem ein so erstaunlicher Charakter wie Parnell gedeihen und verraten werden konnte, und auf welche Weise wurde er verraten; oder der Parlamentarier Biggar, der mir wie der eigentliche Erfinder des absurden Theaters vorkommt; er hielt das englische Parlament stunden-, tagelang durch das Ablesen sinnloser Texte auf; ein Land, in dem ein anderer, nicht weniger erstaunlicher Charakter gedieh: Michael Collins, the »laughing boy«, der wohl auch verraten wurde. Schließlich waren es irische Poeten, die anfingen und zu Ende führten, was rührend aussah, aber keineswegs rührend endete; es war verrückt, was sie machten, aber in seiner Verrücktheit realistischer als das, was jener schon ältliche Intellektuelle anfing, der Wladimir Iljitsch Uljanow hieß. Eineinhalb Jahre bevor Lenin die Reste eines Weltreiches übernahm, kratzten die irischen Poeten den ersten Stein aus dem Sockel jenes Weltreichs weg, das als unerschütterlich galt und seitdem schon lange nicht mehr ist. Auf dem Denkmal einer dieser Poeten, Thomas Kettle, steht:

> Starb nicht für Fahne, nicht für Kaiser oder König,
> Starb für den Traum, geträumt in einer Hirtenhütte
> Und das verborgene Evangelium der Armen.

Ich habe viel über Irland gelesen, viel erfahren, das wichtigste Faktum scheint mir eines zu sein, das von Beobachtungssatelliten festgestellt worden, »wissenschaftlich«, also »objektiv« nachgewiesen ist: daß die Iren näher am Himmel wohnen als die übrigen Europäer, und zwar ziemlich genau vierzig Meter. Das mag unsere so geduldige wie gestrenge Mutter Kirche ein wenig trösten, wenn unaufhaltsam, unaufhaltsam die Diskussion über ihre weiße Majestät *The Pill* bis in die letzte irische Provinzzeitung vordringt, während die Nonnen (besonders die Vier-bis-sieben-Geschwister-Nonnen) aus den Zeitungen verschwinden. Unweigerlich näherte sich die weiße Majestät nicht nur den unvergleichlichen Stränden des grünen Erin, sie dringt bis in die letzte Cottage im Moor vor, weit, weit in den Westen, wo Connaught beginnt, die Esel, von Liebe verzehrt, einander gute Nacht zubrüllen.

Ich fuhr mit dem Auto quer durch Irland, von Dublin westwärts bis dorthin, wo die grünen Wogen auf einsame Strände schlagen, an jenem Tag, an dem der gute Papst Johannes im Sterben lag; mein Autoradio war kaputt, und so fragte ich unterwegs an Tankstellen, in Teestuben, an Zeitungs- und Zigarettenkiosken, auch dort, wo es das wunderbare irische Eis gibt (ein irischer Weltrekord, den ich wahrscheinlich übersah: den im Eisessen), und ich stellte fest: Irland war auf dem laufenden. Ich glaube, nirgendwo in der Welt sind die Bulletins so begierig, so erwartungsvoll mitgehört worden. Kurz vor Castlebar, in einer einsamen Kneipe am Wegesrand, abends gegen neun, wollte ich mich durch jenen Wundertrunk stärken, der an den Ufern des Liffey gebraut wird, und als ich in die Kneipe kam, brauchte ich erst gar nicht nach dem Befinden des Papstes zu fragen. Die Tränen der bierzapfenden Wirtin, die Mienen der schweigend trinkenden Männer; ich wußte, daß *diese* weiße Majestät gestorben war. Noch einmal: Unsere allgütige Mutter, die Kirche, braucht sich, glaube ich, nicht zu viele Sorgen zu machen um jenes Land, das ja eigentlich ihre älteste, ihre treueste Tochter ist, und immer noch treu, gallisch wie die eine, die den Titel hartnäckig für sich beansprucht und gar nicht mehr so treu ist.

Es könnte in Deutschland (wo ja fast alles mißverstanden wird, weil die armen Deutschen so gar kein *Selbst*verständnis haben) mißverstanden werden oder als unlogisch erscheinen, daß diese treueste Tochter der Kirche das klassische Land der Streiks ist: Die ausgefallensten Berufsgruppen – etwa Bankbeamte – kommen plötzlich auf die großartige Idee, durch Streik ihre Gehaltsforderungen durchzusetzen, und sie tun es mit jener Hartnäkkigkeit, die dieselbe ist, die der irischen Revolution letzten Endes zum Sieg verhalf. Es ist schon ein verrückter Zustand, wenn in einem modernen Land mit moderner Geldwirtschaft Schecks für Wochen, Monate nur noch auf Treu und Glauben genommen werden können; wenn die einen – etwa Warenhäuser – zuviel Bargeld haben, das abends nicht mehr in die sicheren Banksafes gebracht werden kann; anderen – etwa Autohändlern, die mit Bargeld arbeiten – das Bargeld auszugehen droht; es ist schon verruckt, wenn eine vollkommen moderne Geldwirtschaft sich plötzlich in eine Tauschhandels- und »Vertrau-mir-doch-Landsmann«-Situation versetzt, und es gehört zu den unlogischen Verrücktheiten, daß in einer geldwirtschaftlich so absurden Situation das sogenannte Geschäftsleben keineswegs zusammenbricht; Logiker mitteleuropäischer Prägung würden in weiser Voraussicht eine Katastrophe anmelden, die in Irland nicht eintrat; die Sache wird dann komisch, wenn – der Streik dauerte lang und brach, wie die meisten Streiks in Irland, gerade in der Reisesaison aus – dann plötzlich die Scheckbücher ausgehen, Reiseschecks nicht mehr zur Bank gebracht wurden; aber merkwürdigerweise »brach« da gar nichts »zusammen«, es entstand eine Art heiteren Nationalsports daraus, der den streikenden Bankbeamten den Rücken stärkte. Ein überwiegend katholisches Land also, in dem die Streiks gedeihen wie anderswo der Gehorsam. Jemand – aber das war bei der dritten *pint* – prophezeite mir für eins der kommenden Jahre einen Priester- und Nonnenstreik.

Was mich am meisten hindert, über Irland irgend etwas »korrigierend« oder »ergänzend« zu schreiben: Ich mag es zu sehr, und es ist nicht gut für einen Autor, über einen Gegenstand zu schreiben, den er zu *sehr* mag. Natürlich: Es hat sich wirklich vieles verändert, und es sieht fast so aus, als hätten wir in den Jahren 1954 und 1955 Irland in jenem historischen Augenblick erwischt, wo es gerade anfing, eineinhalb Jahrhunderte zu überspringen und sich von fünf weiteren einholen zu lassen. Vielleicht kann ich mir aus der Klemme helfen, indem ich wenigstens *eine* Weglassung bekenne: daß es da ein weiteres Wort gibt, das Irland der Welt geschenkt hat: das Wort »lynchen«. Lob und Preis wäre zu spenden den irischen Frauen, die so hübsche Kinder zur Welt bringen; den irischen Zigeunern, den Fuchsienhecken – diese drei so sentimentalen wie freundlichen Rosenblätter will ich gern aus meinem Nähkörbchen herausholen und meine Schwäche für sie bekennen. Zum Schluß schließlich muß ich noch einen Eisenbahnschaffner aus einem Pilgerzug erwähnen, dem wir viel verdanken. Es gibt in der englischsprechenden Welt ein Zauberwort, das einem sofortige und jegliche Hilfe garantiert: »stranded family«, und an diesem Sonntag befanden wir uns in diesem glückseligen Zustand, als mir plötzlich die Autobremsen total, total versagten, genau in dem Augenblick, als ich bergabwärts auf eine strahlende, lachende, muntere Horde von Jungen und Mädchen zufuhr, die zu einem Eselsrennen unterwegs waren; mit kindlicher Heiterkeit (wie hätten sie ahnen können, daß meine Bremsen hinüber waren!) liefen sie mir regelrecht ins Auto hinein, winkend und schreiend – und es blieb mir nichts anderes übrig, als gegen die nächstbeste irische Mauer und das Auto zu Bruch zu fahren, nachdem ich die »family«, die im nächsten Augenblick eine »stranded family« war, aufgefordert hatte, Deckung zu nehmen. Nun fahren aber in diesem merkwürdigen Land, das nicht nur ein Gefühl für Streik, auch offenbar eines für Sabbath hat, sonntags weder Züge noch Busse, und es blieb mir gar nichts anderes übrig, als dem Rat eines Passanten zu folgen und den Bahnhofsvorsteher von Claremorris um Plätze in einem der Pilgerzüge (denn *die* fahren natürlich!) zu bitten. Wir bekamen die Plätze, wurden mitsamt dem Gepäck in den Speisewagen komplimentiert, und so hörten wir bis Dublin durch den Lautsprecher eine Menge Rosenkränze, Betrachtungen, Predigten, Lieder; aber das war nicht so ungewöhnlich, ungewöhnlich war auch nicht die Tatsache, daß es mir gelang, dem Speisewagenkellner einige Fläschchen Whiskey abzuschwätzen (wir hatten ihn *wirklich* verdient: Man fährt nicht jeden Tag freiwillig gegen eine Mauer!); ungewöhnlich waren die Fähigkeiten des Schaffners, der das Fahrgeld bei uns kassierte; er übte vier Tätigkeiten gleichzeitig aus: Er bekreuzigte sich (im Zusammenhang mit dem Rosenkranzgebet), las in der Zeitung, rauchte und kassierte Geld, alles gleichzeitig.

Wahrscheinlich gibt es für einen, der Ire ist und schreibt, viel Ärgerliches in diesem Land, aber ich bin kein Ire, und ich habe Ärger genug mit dem Land, über das und in dessen Sprache ich schreibe, und auch der *katholische* Ärger in dem Land, dessen Sprache ich schreibe, genügt mir.

Der Panzer zielte auf Kafka
(1968)

Es war hörbar, sichtbar, greifbar und doch nicht zu fassen. Jemand klopfte Mittwoch früh an die Tür unseres Hotelzimmers und rief: »Wir sind besetzt.« Im ersten Augenblick dachte ich, er wolle eine Verabredung absagen, und fand Stunde und Art der Mitteilung etwas ungewöhnlich; die Stimme klang auch zu bewegt, als daß die Mitteilung konventioneller Art hätte sein können. Bevor wir noch recht begriffen hatten, hörten wir die ersten Schüsse, und das »Wir sind besetzt« bekam seine wahre Bedeutung. Die Schüsse waren scharf, und es waren viele, sie trieben uns dreiundzwanzig Jahre und einige Monate zurück. Die Schüsse erklärten deutlich: Europa hat keinen Frieden, es lebt im Zustand unterschiedlicher Waffenstillstände, hier wurde ein Waffenstillstand gebrochen, in Prag.

Mit der Erinnerung an Maschinengewehre und Bordkanonen, die in Straßen schossen, kamen auch gleich die instinktiven Schutzhandlungen: vom Fenster weg, Dekkung suchen, im Flur, im Badezimmer. Wie gut das noch saß. Der Hotelhof war zum Wenzelsplatz hin offen, die Schüsse klangen nah. Irgendwo zersplitterte Glas, irgendwo, wenn auch abgeschwächt, kommt ein jedes Geschoß ja an und aus.

Der Junge wollte sofort hin, und wir ließen ihn gehen. Er suchte nicht Abenteuer und Sensation, aber er *mußte sofort* dorthin. Wir begriffen das und ließen ihn gehen, ohne Angst, aber mit Bangen. Ein wenig später gingen wir auch, trafen ihn und blieben zusammen. Zwei Tage lang schmerzten ihm die Ohren. An seinen Ohren vorbei hatten die sowjetischen Soldaten in der Nähe des Funkhauses in die Luft geschossen. Möglicherweise war er dem einen oder anderen von ihnen in Moskau, Leningrad oder Tiflis auf der Straße begegnet, im Theater oder im Kino, oder bei Riga am Strand. Nun schossen sie in Prag an seinen Ohren vorbei in die Luft und nicht nur in die Luft. Nein, das war kein Kino, kein Fernsehen, es waren keine Dreharbeiten, keine Komparsen, es waren Soldaten in Aktion, und sie zerschossen jegliche Sentimentalität; die Sowjetregierung ließ hier Sympathien zerschießen.

Um das Wenzelsdenkmal, vor dem Museum, entschied sich am Mittwoch das Schicksal der Tschechoslowakei. Politiker denken wohl immer dualistisch: Unterwerfung oder bewaffneter Aufstand. Das erste wäre ihnen am liebsten gewesen, das zweite hatten sie wahrscheinlich einkalkuliert, das dritte hatten sie nicht erwartet: permanenter, geschlossener Widerstand, unbewaffnet.

Diese dritte Kraft, oft schon gedacht, wurde am Mittwoch, dem 21. August 1968, in Prag geboren und wuchs innerhalb von vier Tagen zu einem Riesen heran. Sie war hörbar, sichtbar, greifbar und doch nicht zu fassen; sie war neu und machte vieles neu; sie war voller Leidenschaft, Kraft und Phantasie. Die sowjetischen Politiker gegenwärtiger Prägung werden sie nie zu fassen kriegen. Ob es möglich gewesen wäre, sofort abzuziehen und die brutale Aktion als »bösen Traum« zu hinterlassen? Es war die Bankrotterklärung der sowjetischen Diplomatie, des Geheimdienstes und des Moskowitismus. Aus jeder Stunde der unfaßbaren Anwesenheit von Panzern wurde ein verlorenes Jahr Vertrauen, und so war gegen elf Uhr abend ungefähr der Vertrauensstand des Jahres 1953 erreicht.

Es war bravourös, wie die jungen Leute mit der tschechoslowakischen Flagge auf die Panzer sprangen, einfach mitfuhren und »Dubček, Dubček, Svoboda!« riefen. Wenn sich die Panzerbesatzungen nach innen verkrochen, die Lukendeckel schlossen, öffneten die Jungen die Lukendeckel und holten die da unten aus ihrem »elfenbeinernen Turm« heraus, um sie mit der unsentimentalen Wirklichkeit zu konfrontieren – und um mit ihnen zu diskutieren. Es kam ihnen zustatten, was manche von ihnen mürrisch hingenommen haben mögen, Kenntnis der russischen Sprache und dialektische Schulung, und ich denke, ich hoffe, sie leiteten Zersetzung ein. Diese dritte Kraft war neu und machte vieles neu: Wenigstens eine Fahne in Europa bekam wieder einen Sinn, hier wurde das entleerte Wort Freiheit wieder gefüllt. Sogar Denkmäler wurden wieder erträglich. Und das Evangelium der Demokratie wurde verkündet.

Hin und wieder wandten die eingeklemmten Panzer eine böse Waffe an: Sie gaben auf der Stelle Vollgas, Benzinschwaden zogen wie blauer Nebel über den Wenzelsplatz. Demonstrativ fuhren die Panzer in Kolonnen durch Nebenstraßen, quetschten Autos an die Wand, zerkleinerten Bordsteine und Verkehrsinseln zu Schotter. Ihre böse Botschaft hätte lauten können: Die Dummheit der Waffen siegt.

Im Hotel lief alles weiter, als wäre »nichts geschehen«. Die Kellner blieben höflich, zeigten nur selten Ansätze zur Nervosität, auch wenn das Echo von Schüssen in den Hof klang. Ein Kellner sagte, als am Nebentisch jemand Weißwein verlangte: »Es gibt nur noch *roten*«, und das klang, als könnte er für eine Weile Rot nicht sehen. Im überfüllten Hotel blieben die Gäste ruhig. Kein Anzeichen von Panik. Es mag das geschlossene Selbstvertrauen der Bevölkerung gewesen sein, das die Gäste beruhigte.

Journalisten waren »in ihrem Element«. Waren sie? Ich dachte über den Unterschied zwischen Journalismus und Schriftstellerei nach; die beiden, die zwei in einem waren, Hemingway und Fontane, beides Kriegsberichterstatter, waren nicht hilfreich. Das eine scheint das andere nicht aus, aber noch weniger einzuschließen. Ein Journalist sagte mir, ich hätte Glück gehabt. Ich fand: nein. Ich hätte gern auf dieses Unglück verzichtet.

Es blieb unfaßbar. Noch drei Tage später hielt uns abends spät auf dem Wenzelsplatz ein blasser junger Mann mit Brille fest, führte uns zu den Panzern, die vor der Redaktion von ›Práce‹ standen, schüttelte den Kopf, hob ohnmächtig die Fäuste, trommelte gegen ein Geschützrohr, murmelte weinend immer wieder: »Je suis Communiste. Je suis Communiste.« Er entschuldigte sich, weil er ein wenig »ivre« sei. Es war deutlich zu riechen, daß er an Brennspiritus genippt hatte.

Es gab keinen Alkohol in der Stadt. Alle Kneipen, Cafés, Restaurants, Kirchen, Museen, Kinos, Theater waren geschlossen. Wer das strikte Alkoholverbot erlassen und durchgesetzt hat, sollte den Friedensnobelpreis bekommen. Er hat das Heil der Tschechen und Slowaken nicht retten können und hat doch Unheil verhütet. Ein paar hundert Betrunkene in der Stadt, und der permanente

Siedepunkt wäre nicht zu halten gewesen. Aus der permanenten Konfrontation wären kämpfende Fronten geworden. So blieb die Wut kalt, blieb diese heilige, hungrige, verzweifelte Nüchternheit. Schwejk starb in diesen Tagen auch am Biermangel. Hus war präsent.

Die Tschechoslowaken wollten ihren Kommunismus in beiderlei Gestalt: sozialistisch und demokratisch. Wie Rom die Katholiken für Jahrhunderte schnöderweise aufs trockene Brot verwies, verwies der Moskowitismus hier die Tschechoslowaken auf die Dürre des einen und einzigen Sozialismus.

Es war ein großes Dauerkonzil, bei dem die Verantwortlichen fehlten, nur die Betroffenen einander konfrontiert waren. Sie waren beide wirklich betroffen: die Bevölkerung und die sowjetischen Soldaten. Das Böse des Vorgangs: Zwei historisch unschuldige Gruppen wurden zu gegenseitiger Unmenschlichkeit gezwungen. Beide gläubig, beide tief in ihrem Vertrauen verletzt, durften sie miteinander möglicherweise Mitleid haben, aber es keinesfalls praktizieren. Das Undenkbare: Verbrüderung gegen die Brutalität der Aktion, das wäre der Geist der Revolution, wäre die wahre Rettung vor der Konterrevolution gewesen, und gäbe es dantoneske sowjetische Marschälle – aber die meisten sind wohl doch Napoleoniden.

Es war ein imperialer, hegemonialer Akt, doch die sowjetischen Soldaten wirkten nicht imperial. Ich habe sehr vielen von ihnen ins Gesicht gesehen: Es war ihnen nicht wohl, nicht einmal andeutungsweise so wohl wie einst den deutschen Soldaten, als sie in Prag und in Paris einmarschierten. Mögen sie erzogen sein, an die Unfehlbarkeit des Kreml zu glauben (ich zweifle daran, daß diese Erziehung »geglückt« ist), zum Imperialismus erzogen sind sie nicht. Sie hatten die Wahl, verrückt zu werden oder Selbstmord zu begehen, und ich frage mich, was in Menschen vor sich geht, die drei Tage lang vor dieser Wahl gestanden haben.

Die dritte Wahl, zu desertieren, hatten sie nicht. Es hätte sie keiner aufgenommen. Ein Soldat, der die Wahl der Desertion nicht hat, kann sich nur an seiner Waffe festhalten. Sie waren weder strahlende Sieger noch überzeugte Okkupanten, sie waren in einer unmenschlichen Position – wie die Prager Bevölkerung, die ihnen »an sich« vielleicht Tee, Brot, Wasser angeboten und ihre Toiletten zur Verfügung gestellt hätte. Hier gab es kein »an sich« mehr, es war alles konkret. Und es war notwendig. Zweimal sah ich, wie sowjetischen Soldaten in heftiger Diskussion Zigaretten angeboten wurden; sie nahmen sie an, und im Annehmen lag mehr Menschlichkeit als im Anbieten, das kein Zeichen von Brüderlichkeit war, eher Diskussionshabitus. Außerdem ist eine Zigarette etwas anderes als ein Stück Brot; sie ist ein Stück Nichts, und Brot ist immer noch *auch* ein Zeichen.

Eine alte Dame führte ihren Hund spazieren, ein sowjetischer Soldat lockte ihn, wollte wenigstens von einem Hund »Menschlichkeit« erfahren; die alte Dame pfiff ihren Hund zurück, nicht einmal er sollte kollaborieren oder fraternisieren. Es war nicht Grausamkeit, es war konsequenter Realismus, es war nicht überlegt, es war selbstverständlich. So hart gegeneinander können nur Unschuldige sein. Schuldige finden immer einen Umweg, einander ihre Korruption als scheinbare Menschlichkeit zu bezeigen, die in Wahrheit Sentimentalität ist. Die Gefangennahme eines Generals ist im Normalfall dann eben doch ein Akt unter Gentlemen. Betroffene Unschuldige können sich diesen Luxus nicht leisten und werden grob, weil sie alles am eigenen Leib erfahren.

Im Ausnahmezustand gibt es keine Ausnahmen. Ich denke, das ist erstmalig und mit unerbittlichem Realismus in diesen vier Tagen in Prag geübt und ausgeübt worden. Demokraten denken privilegienfrei. Das Demokratische muß den sowjetischen Soldaten besonders fremd gewesen sein; ihre Gesellschaft, auch ihre Armee, ist eine Privilegierten-Gesellschaft – wie unsere, die sich auf dem Umweg über die »Prominenz« ihren neuen Adel kreiert und den alten weiterhin anbetet.

Prag war im Ausnahmezustand, und die Bevölkerung nahm auch sich selbst nicht aus. Niemand beklagte den Biermangel, das Schlangestehen. Freunde boten uns zu essen an, weil sie fürchteten, wir könnten im Hotel Mangel leiden, während absurderweise dort die Kellner am Abend des zweiten Tages sich entschuldigten, weil es nur noch vier Vorspeisen gab, am Abend des dritten Tages nur noch eine: gefüllte Tomaten mit Lachs. Das Umgekehrte, aus dem Hotel Essen nach draußen bringen, wäre am Stolz der Menschen gescheitert.

Ja, sie waren stolz, auch dieses Wort wurde neu geschaffen. Der Irrsinn privilegierter Existenz in einem Luxushotel wurde ohne Murren und Neid respektiert, und gleichzeitig wurden die Fremden, die Touristen, dadurch auch ausgeschlossen. Es hätte doch nahegelegen, wäre keineswegs unvernünftig gewesen, die eine oder andere Hotelküche im Einverständnis mit Direktoren, Köchen, Kellnern zur Versorgung der dritten Kraft zu beschlagnahmen. Aber es war eben keine Revolution, also auch keine Konterrevolution. Fremde blieben aus- und in ihre Privilegien eingeschlossen. Es war der stolze, heilige, demokratische, nüchterne, geschlossene Widerstand von Realisten, einzigartig in Europa, einmalig in der Geschichte. Selten einmal, daß Nicht-Hotel-Gäste erschöpft von der Straße hereinkamen, sich in der Halle ausruhten, etwas tranken. Im Hotel gab es Alkohol jeglicher Art. Ein tschechischer Dichter trank seine Flasche Pilsener schluckweise, weder pathetisch noch genüßlich, er trank realistisch, sakramental, feierlich. »Die Ironie ist tot«, sagte er, als er sich verabschiedete. Der Schwejk in seinen Augen war erloschen.

Vor Kafkas Geburtshaus stand ein Panzer, das Rohr auf die Kafka-Büste gerichtet. Hier auch wurden Symbol und Wirklichkeit kongruent.

Ein betrunkener Arbeiter torkelte an der Hoteltreppe vorbei und schrie: »Der Kommunismus ist tot. Sie haben den Sozialismus nicht gerettet, sondern zerstört.« Er wurde umringt und in Sicherheit gebracht. Offenbar bestand die Absprache, einzelne Betrunkene mit sanfter Gewalt sicherzustellen. Der Siedepunkt blieb permanent, die dritte Kraft hatte gesiegt.

Und immer wieder, immer wieder die Frauen und Mädchen, die mit den sowjetischen Soldaten diskutierten und auf sie einredeten, blaß, schön vor Zorn und Mut, energisch und entschlossen. Ja, es gab sie, *die Pragerin*, und da nun Denkmäler wieder einen Sinn haben, wird man ihr eines Tages eins setzen, ich hoffe, in Prag. Sie ist blond, schmal, leidenschaftlich, ganz und gar unfanatisch und doch glühend, und sie ist Realistin, Demokratin. Sie will leben, nicht unter dem Kapitalismus, nicht unter der Herrschaft dogmatischer Dürre und Blindheit; ihr Realismus ist irdisch. Ich wünschte ihren Augen Laserstrahlen.

In der Hotelhalle klärte mich jemand über die Dialektik der Humanität auf, über die Schonung krimineller Stalinisten, mit denen erst auf dem Parteitag im September abgerechnet werden sollte. Auch die Mörder unter ihnen wurden nicht etwa mit etwas so Grobem wie Samthandschuhen angepackt – sie wurden mit milden Wattebäuschen ganz vorsichtig abgetupft, damit ihnen nur ja keiner weh tue. Eine blasse blonde Pragerin am Nebentisch sagte laut: »Sie haben noch immer keinen Quisling gefunden.« – »Übrigens«, sagte mein Gesprächspartner, »waren 1956 in Ungarn keine tschechoslowakischen Truppen.« Er sprach weiter über die katholische Kirche in der ČSSR, die sich nun nach Jahren der Unterdrückung mit einem KP-Regime solidarisiere, besitzlos zu bleiben gedenke und *nicht* rückwärts auf vergangenen Feudalismus schiele. Konterrevolution?

In vier Tagen und vier halben Nächten auf der Straße, im Hotel, am Telefon, in Wohnungen hörte ich nicht ein Wort, das diesen Vorwand gerechtfertigt hätte. Natürlich, wer glaubt, in Moskau werde bestimmt, was Sozialismus sei, der mag sich dem Dogma der Unfehlbarkeit des Zentralkomitees beugen. An dem Tag, an dem die Konferenz von Čierna begann, wurde in Rom die Enzyklika ›Humanae vitae‹ veröffentlicht. Es wird bald Katholiken geben, die sich um den Vatikanismus nicht mehr scheren, und ich hoffe, die westlichen Kommunisten werden sich öffentlich, viele östliche wenigstens heimlich nicht mehr um den Moskowitismus scheren.

In der Wohnung eines alten Partisanen hörte ich die Geschichte jenes deutschen Kommunisten Heinrich, der im Krieg mit dem Fallschirm zu tschechischen Partisanen absprang, vierundzwanzig Jahre später, im März 1968, in der Uniform »derer, die wir gemeinsam bekämpft haben«, nach Prag kam und seine Unterstützung gegen die Konterrevolution anbot. Sein Hilfsangebot wurde dankend abgelehnt. »Nun wird er wohl irgendwo vor der Stadt sitzen und warten. Wenn er zu mir kommt: Ich kenne ihn nicht mehr.«

Am dritten Morgen brachte der Kellner unaufgefordert jedem von uns zum Frühstück zwei Eier. Er sagte so ungefähr: »Nehmen Sie und essen Sie, wer weiß, was heute mittag oder morgen ist.« Dieses unverhoffte Eier-Angebot war auch ein Ausdruck jenes sakramentalen Realismus, der keinen Unterschied zwischen Symbol und Wirklichkeit mehr kennt. »An sich« hätten die Kellner uns mit Recht als völlig überflüssige Schmarotzer und Zuschauer behandeln können, aber es gab eben kein »an sich« mehr, deshalb auch keine idealistische Gereiztheit. Wir waren Menschen und hatten ein Recht auf ein Frühstück. Nirgendwo ein Anzeichen von Untertänigkeit, nur höfliche Selbstverständlichkeit.

Die jüngeren Kellner und die Boys sahen, wenn sie ihre Fräcke und weißen Kittel auszogen, genauso aus wie die jungen Leute, die draußen auf Panzer sprangen, Flugblätter und Zeitungen verteilten, die Panzer auspfiffen und mit ihren Mopeds umherbrausten. Sie *waren* diese jungen Leute, sie hätten genausogut Studenten, Arbeiter, Journalisten, Schauspieler, Fotografen sein können. Ich glaube, nirgendwo und noch niemals in Europa war eine Nation so nah an der Demokratie.

Ich fragte einen kommunistischen Funktionär nach zwei bösartigen Funktionären des Schriftstellerverbandes, die ich im Jahre 1961 kennengelernt hatte. »Sie sind«, sagte er, »und das ist wiederum die Dialektik unserer demokratischen Humanität, zwischen Januar und Juni die Treppe hinaufgefallen. Nun hocken sie in ihren Wohnungen, halten sich versteckt, wagen sich nicht nach draußen, lauern. Jetzt wird mit ihnen keiner mehr sprechen. Bisher haben wir sie geschont. Würde man den einen oder anderen von ihnen an Goldstückers Stelle zum Präsidenten des Schriftstellerverbandes machen, sie würden vor leeren Bänken tagen – nur ein paar Kreaturen würden sich vielleicht einfinden, aber selbst Kreaturen müssen sich jetzt sorgfältiger verstecken als unsere legalen Geheimsender.«

Am Abend des dritten Tages bekamen die sowjetischen Soldaten das Schlimmste zu spüren: Spott, den sie nicht heimzahlen konnten. Am Gebäude einer Versicherungsanstalt die Inschrift: »Hier können sowjetische Soldaten leider nicht gegen Beleidigungen versichert werden.« Fingierte Briefe auf Plakaten: »Lieber Iwan, komm rasch nach Hause, Natascha schläft schon mit Kolja.« Böser noch: »Lieber Iwan, Väterchen hat die Filzstiefel vertrunken, Onkelchen ist vom Bären gefressen worden, komm rasch nach Hause, Deine Mama.«

Feldküchen rumpelten im Dunkeln durch die Straßen. Es war der Abend, an dem in Prag plötzlich alle Straßen, alle Nummern- und alle Namensschilder entfernt wurden. Es ging rasch, die Parole ging von Haus zu Haus, und sie wurde sofort ausgeführt. Ich war in einer Wohnung abends gegen sieben, als ein Hausbewohner die Parole durchsagte, und der Wohnungsinhaber ging sofort hinaus, schraubte sein Namensschild ab und warf es in der Garderobe auf einen Tisch. Nur an Kafkas Geburtshaus und an den Straßenecken in der Nähe sah ich am folgenden Tag noch Nummern und Schilder. Die Panzer standen zu nah.

Das Hauptgesprächsthema unter Intellektuellen: bleiben oder nicht. Das Wort Emigration war verpönt, es war auch nicht angebracht. Wer 1933 aus Deutschland emigrierte, hatte die Straße und die Nachbarn zu fürchten. In Prag war die Demokratie auf der Straße geboren, und Nachbarschaft war die zuverlässigste Stütze der Demokratie.

Kein Verhaftungsgerücht wurde bestätigt, und doch: Wie weit würden sie gehen, was würde noch kommen? Sichtbar und greifbar stand der Stalinismus vor der Tür. Seine Methoden waren nicht vergessen. Würden Dubček, Svoboda und Černík es dulden? Noch ahnte keiner, was *sie* hatten erdulden müssen. Das Vertrauen in sie war ungeschwächt, aber was und wieviel würden sie wie lange durchhalten können? Politik hinter verschlossenen Türen, wenn Panzer an allen Straßenecken, vor allen Ministerien, Redaktionen, vor Rundfunk- und Fernsehgebäuden stehen? Beides undenkbar: eine ganze Nation zum Selbstmord auffordern und Kompromisse zu schließen. Neu war die Situation, neu war die dritte Kraft, die auch die »Heimkehrer« in ihrer Geschlossenheit überraschen würde. Wie würde eine Politik hinter verschlossenen Türen mit dieser dritten Kraft zusammenkommen können?

Die Frage der Emigration blieb offen, sie wird noch eine Weile offen bleiben, weil die Situation neu ist, weil die Straße hinter den Intellektuellen steht und das Wunder möglich wäre, daß sie, die Straße, die Intellektuellen lieber draußen weiß als drinnen im Gefängnis. Und was geschieht mit Frauen, Kindern, Müttern, Groß- und Schwiegermüttern? Vielleicht, vielleicht, vielleicht schlägt eine noch unsichtbare dritte Kraft die moskowitische Unfehlbarkeit entzwei, vielleicht, und wann, wann?

Das Denkmal für die Pragerin der ersten drei Tage wird vielleicht gegossen und erst einmal in die Moldau versenkt werden, auf die Brecht eines seiner schönsten Gedichte schrieb; aus der die sowjetischen Soldaten tranken, in der sie sich wuschen, sie, die »an sich« den Spott nicht verdient hatten.

Am vierten Tag ließen die sowjetischen Soldaten kaum noch mit sich reden, sie ließen sich nicht mehr filmen und fotografieren. Die Sonne schien, und es war Samstag. Viele Prager gingen spazieren. Von morgens sieben bis abends acht waren wir unterwegs. Vor den Häusern lagen Listen aus, es wurden Unterschriften gesammelt für das neue, illusionäre Schlagwort Neutralität.

Wir erwischten ein Taxi und ließen uns an den »Sehenswürdigkeiten« vorbeifahren; es war ein schlechter Kulturfilm über Prag: Hradschin, Loreto, vom Stadion aus ein Blick auf Prag, am Belvedere vorbei, Panzer versperrten den Eingang, ins Getto, zur Synagoge, zum Faust-Haus; in der Nähe war die Ignatius-Kirche offen, wir gingen hinein. Der Taxifahrer war höflich, sprach deutsch und wußte Bescheid. So nebenher erzählte er, die Sowjetunion schulde der ČSSR 450 Milliarden Kronen für Uran, die wolle Dubček jetzt haben, um die Wirtschaft zu sanieren, und *deshalb* stünden die Panzer in Prag. Ich wurde nervös, als er sehr knapp vor der abendlichen Panzerpatrouille über eine Kreuzung fuhr. Wir gingen zu Fuß weiter.

Das Hus-Denkmal am Altstädter Ring trug eine Augenbinde. Ein junger Mann, offenbar Westdeutscher und kein Journalist, wurde beim Fotografieren erwischt. Ein sowjetischer Soldat kam quer über den Platz, vom Hus-Denkmal her, auf den jungen Mann zu, der unter den Kolonnaden stand. Der Soldat hielt ihm die Maschinenpistole vor die Brust und verlangte die Kamera.

Dem sowjetischen Soldaten war nicht wohl. Uns war auch nicht wohl. Ich hätte die Kamera sofort herausgerückt. Selbst bei der Chance 1 : 100 000, daß er nicht schießen würde. Es hat so schnell einer, wenn auch nur aus Überreiztheit, den schwachen Druckpunkt einer MP durchgedrückt.

Ich riet dem jungen Mann, die Kamera herauszurükken. Er wollte nicht. Rasch bildete sich eine Gruppe, und der sowjetische Soldat, umzingelt, wurde immer nervöser. Es war ein hübscher junger Bengel, sensibel, und offenbar handelte er auf Befehl. Eine hübsche junge Zigeunerin schob den Lauf seiner Maschinenpistole hoch, so daß er nicht mehr auf die Brust des jungen Mannes gerichtet war, sondern aufs Portal der Teynkirche. Dabei schimpfte sie heftig auf den Soldaten ein und sagte wohl, so etwas gehöre sich doch nicht: den Lauf direkt auf die Brust eines Menschen zu richten.

Zwei weitere Posten wurden zur Verstärkung über den Platz geschickt. Sie sahen nicht so sensibel aus.

Ein Tscheche fragte auf deutsch den jungen Mann: »Haben Sie wirklich eine Kamera, und haben Sie damit geknipst?« – »Ja«, sagte der junge Mann. Ich sagte: »Geben Sie ihm das Ding.« Der Tscheche sagte: »Ich bin dagegen, daß er sie ihm gibt.« Meine Frau sagte: »Zeigt ihm einfach mal eure Pässe.« Wir taten's. Das verzögerte, entspannte, verwirrte. Der junge Tscheche redete, redete, redete russisch auf den ersten Soldaten ein, während immer mehr Zigeuner und Zigeunerkinder näher kamen. In ihren Augen sah ich, für was ich auch bei der Chance 1 : 100 000 einige hundert Kameras geben würde: Leben und Lust am Leben.

Plötzlich drehten sich die Posten um und gingen in Richtung Hus-Denkmal zurück. Sie hatten den Befehl nicht ausgeführt, und bestimmt werden sie mindestens einen Rüffel bekommen haben, wahrscheinlich mehr. Der junge Mann hatte seine Kamera behalten. Die Zigeuner strahlten. Ich drückte dem Tschechen die Hand. Meiner Frau und mir zitterten zum erstenmal die Knie. Zum erstenmal seit dreiundzwanzig Jahren und einigen Monaten hatten wir wieder erlebt, auf wie dumme Weise einer hätte sterben können. Wegen einer Kamera. Ich verwarf die »Tapferkeit« des jungen Mannes.

Wir setzten uns auf eine Bank, unter Bäumen, im Sonnenschein, am Samstagnachmittag. Die Menschen saßen friedlich da, nur wenige Schritte von Panzern entfernt. Ein Junge hatte sein Haustier mit nach draußen gebracht: ein Käuzchen. Ich beneidete den Jungen: Eine Eule oder gar ein Käuzchen, das habe ich mir immer gewünscht. Die Leute saßen still auf ihren Bänken, rauchten, sprachen leise miteinander. Kinder kletterten an einem Spielgerät, spielten im Sandkasten. An den Hauswänden waren die Parolen derber geworden; vornehm ausgedrückt: Das fäkalische und das anale Element traten in den Vordergrund. Ein Panzersoldat antwortete phallisch: Mit eindeutiger Gebärde setzte er sich über das Geschützrohr und lachte derb. Nur einer lachte mit, die anderen waren zu müde, vielleicht waren sie auch geniert.

Im Hotel waren nur noch Journalisten. Sie standen auf der Treppe vor dem Hotel und warteten. Eine Gruppe neuer Journalisten kam an. Sie waren müde, hungrig, man sah ihnen an, daß es alte Routiniers waren für Trouble aller Art. Vor dem Aufzug erkannten sich zwei Amerikaner. »Ach, wir kennen uns doch.« – »Ja, vor zwei Jahren in Saigon.« – »Was meinen Sie, wird's das europäische Vietnam?« Schulterzucken.

Der Aufzug kam. Der alte Herr, der ihn bediente, sah ganz und gar nach »besseren Tagen« aus. Grauhaarig, sensibel, höflich, unaufdringlich, kakanisch. Er hätte Minister sein können oder Kulturattaché, aber wer weiß das schon in einer Demokratie. Vielleicht war er wirklich Fahrstuhlführer von Beruf. Trinkgelder nahm er gelassen an, aber das beweist nichts: Manchmal nehmen auch Minister Trinkgelder an.

Am Sonntagmorgen war die Hotelhalle fast leer. In einem feudalen Fauteuil saß ein junges Mädchen und malte Parolen auf Makulatur. Sie war übernächtigt, ihr Makeup nur ganz leicht verschoben. Es war still, sonnig, und die Schüsse, die schon zum morgendlichen Ritual gehörten, klangen unten in der Halle weiter entfernt. Schon lange nicht mehr gingen wir vom Fenster weg, wenn draußen geschossen wurde.

Wir fuhren ungern, tschechische Freunde drangen darauf. Der Korrespondent des ›Stern‹ brachte uns zum Bahnhof Smíchov. Es ging alles glatt – zwischen Panzern hindurch.

Viele Küsse, viele Tränen am Bahnhof Smíchov. Und zum erstenmal seit Dienstag abend gab es wieder Bier. Die Menschen standen Schlange am Bahnhofsbüfett und trugen ihre Halbliterkrüge davon. Von Prag bis zur deutschen Grenze – von der Eisenbahn aus kein einziger Panzer zu sehen. Nur zwei Soldaten irgendwo an einer Bahnschranke. War die Tschechoslowakei wirklich besetzt? Die böhmischen Wälder sind tief und weit, die böhmischen Dörfer so still. In Pilsen stürzten viele zum Bahnhofsbüfett, um ihre letzten tschechischen Kronen in Pilsener Bier umzusetzen. Sie kamen mit sechs, acht, zehn Flaschen zurück.

Hinter Pilsen in dem lieblichen Flußtal lauerten wir – wie bei der Hinfahrt – wieder vergeblich auf den kleinen Bahnhof Malovice, der in den beliebten Standard-Erzählungen meiner Frau eine wichtige Rolle spielt. Ihr Vater war Jurist bei der Staatsbahn in Pilsen, und den halben Sommer verbrachte die Familie im Wartesaal von Malovice, tief in den Wäldern, am Flüßchen, sammelte Pilze, und die tschechische Oma erzählte Geschichten, brachte aus dem Wald Blumen und Kräuter mit, einmal sogar einen Raben. Zwei Züge fuhren täglich, und mit dem Abendzug brachte der Lokomotivführer meinem Schwiegervater einen Halbliterkrug Pilsener Bier aus Pilsen mit.

Es kann nicht so weit von Pilsen entfernt gelegen haben, denn auf dem Bier soll der Schaum noch zu sehen gewesen sein. Wahrscheinlich liegt's an einer Nebenstrecke. Wir entdeckten es auch bei der Rückfahrt nicht. Es blieb wie ein Traum in den böhmischen Wäldern versteckt. Wie eine Geschichte von Božena Němcová.

Es waren auch Tschechen im Zug, Aussiedler sogar. An der Grenze wurde nicht ein einziger Koffer geöffnet. Aber alle Hohlräume der Waggons wurden aufgeschlossen und bis in den letzten, allerletzten Winkel ausgeleuchtet, von einem Mann in Zivil. Und es wurden die Wassertanks abgeklopft und alle Toiletten genauestens untersucht.

Ein Satz aus der Geschichte: Der Ort war zufällig (1969)

Blättere ich die Notizen vom Jahr 1966 Tag für Tag durch, dann habe ich den Eindruck, die Bewegungen und Tätigkeiten eines nicht no-, sondern motorisch Verrückten zu verfolgen, der mir fremd ist. Unzählige kleine, drei große Reisen, ein Umzug, ein Umbau, nebenbei ein Buch geschrieben, dem man seine »Ruhe« nachrühmte; eine seltsame, mir fremde Bezeichnung für ein Buch, das zwar mit einiger Sorgfalt und doch zwischen Tür und Angel geschrieben wurde. Dieser motorisch verrückte Fremde, dem man innere Ruhe nachrühmt, steht kopfschüttelnd vor dem Protokoll seiner unzähligen Bewegungen und Tätigkeiten, das er – auch für ihn selbst schwer leserlich – verfaßt hat, um Buch über die »verlorene Zeit« zu führen. Das Protokoll weist keinerlei innere, nur äußere Bewegung nach: Reise nach X, weiter nach Y, wieder nach X; hier und da und dort das und das gelesen, hauptsächlich Dostojewskij, alle Tagebücher, Romane, Erzählungen, Briefe, die übersetzt und erreichbar sind; aus Taschenbuchausgaben Blätter herausgerissen, Stellen angestrichen, Seitenzahlen notiert. In der Bundesrepublik, in Irland, in Frankreich, in der DDR, in Holland, in Belgien, in einem Eifeldorf, in Köln, in der Sowjetunion, in Georgien.

Ich greife willkürlich einen Ort heraus: Auf der Rückfahrt von Metz nach Köln, zwischen Metz und Saarbrükken auf der Landstraße, stutze ich plötzlich vor einem Ortsschild, das mir zunächst nur bekannt vorkam, dann, als ich hielt und nachdachte, eine ganze Kette vielschichtiger Erinnerungen auslöste. Ich konnte weder den Ort noch die Erinnerungen umgehen, ich mußte hinein und hindurch. Ich hatte das Städtchen schmutzig und von Menschen – hauptsächlich deutschen Soldaten – wimmelnd in Erinnerung: Zweiundzwanzig Jahre später um die Mittagszeit erwies es sich als sehr sauber und fast menschenleer. Irgendwo mußte es auf einer ansteigenden Straße eine große Kaserne geben; hier, wo ich parkte, am

Markt ein Hotel, ein Restaurant und die Kirche. Das Restaurant war da, das Hotel – etwas abseits die Kirche; die Topographie meiner Erinnerung stimmte nicht mit der gegenwärtigen überein: Ich hätte die Kirche, das Hotel und das Restaurant anders plaziert; diese topographische Verzerrung blieb – der Ort kam mir kleiner vor als damals, und zweiundzwanzig Jahre später hätte ich den Weg zur Kaserne zurück nicht mehr gefunden. Vor zweiundzwanzig Jahren kannte ich fast jedes Haus in der kleinen Stadt, weil ich überall nach Quartier für meine Frau fragte, die an den Wochenenden herunterkam. Jetzt erkannte ich kein Haus wieder, und die Erlebnisse, an die ich mich erinnerte, fanden keinen Ort und keinen Platz; die Erinnerung hatte sich selbständig gemacht, der Ort war belanglos, beliebig, austauschbar geworden. In einer der Nebenstraßen war eine schmuddelige Absteige gewesen, deren Besitzer immer gekränkt war, wenn Ehepaare bei ihm Unterkunft suchten; der Aufschlag für illegitime Rendezvous war erheblich, eheliche Rendezvous waren an den Tarif gebunden und brachten weniger ein. Auf den Bettüchern dieser Absteige waren gewöhnlich deutliche Spuren jener schwarzen Stiefelwichse zu sehen, wie die deutsche Wehrmacht sie an ihre Fußtruppen ausgab. Es ging rauh zu im Gewerbe: im voraus zu zahlen, bitte, und bitte, keine Zimperlichkeiten, es ist Krieg, meine Damen und Herren, Abschied und Tod, die im Krieg nah miteinander verwandt sind, stehen immer vor der Tür. Später glättete ich, wenn ich Quartiere bestellte, den Unmut des Besitzers, indem ich, obwohl legitim verheiratet, einen freiwilligen Illegitimitätszuschlag bezahlte. Nichts ist peinlicher als das Gefühl, ein unwillkommener Gast zu sein. Wenn große Abtransporte bevorstanden in jene Gefilde, die man pathetisch als »Front« bezeichnet, war das Städtchen überschwemmt mit Müttern, Mädchen, Ehefrauen; war seine Einwohnerzahl schon durch die Soldaten verdoppelt, so stieg sie jetzt an solchen Tagen fast aufs Dreifache an, und die Zimperlichen blieben auf der Strecke; man sah Paare und Pärchen noch nach Mitternacht von Tür zu Tür ziehen, bettelnd um die Gunst, wenigstens im Wohnzimmer oder in der Küche die Nacht auf Stühlen oder Sofas verbringen zu dürfen. Es ist kalt draußen in Februar- und Märznächten. Möglicherweise stellen sich Zivilisten vor, Soldaten vor dem Abtransport würden besonders freundlich und liebevoll behandelt, da sie ja dorthin fahren, wo das Vaterland ihrer angeblich bedarf, um Großes zu bewirken. Das Gegenteil trifft zu: Die letzte Ehre, die einem lebenden Soldaten erwiesen wird, besteht darin, ihn bis zum letzten Augenblick anzuschnauzen, zu schikanieren, zu verdächtigen, zu demütigen. Um so peinlicher wirkt jede feierliche Ehre, die man toten Soldaten erweist. Wer wird je die Geschichte jener unzähligen letzten Umarmungen, Küsse, endgültigen Abschiede schreiben, die an jenen winzigen Orten fällig waren, wo Soldaten vor ihrem Abtransport ein letztes Mal ihren Mädchen, Frauen, Bräuten, Müttern und Vätern oder Geschwistern begegneten? Wie menschlich ist selbst die schmutzigste aller schmutzigen Absteigen, verglichen mit einer Remise, einer Waffenkammer, einer Wachstube oder einem Kasernenzimmer, in dem Soldaten wohnen, und dem man bis auf den heutigen Tag den neckischen Namen »Stube« gibt?

Wer Glück hatte, einen Freund oder nur einen Bestechlichen auf der Wache, durfte, wenn der wachhabende Offizier schlief, mit seiner Auserwählten in eine leere Arrestzelle gehen, die hinter dem Paar verriegelt wurde. Die Moral selbst der zimperlichsten Dame sinkt erheblich, wenn sie gegen zwei Uhr morgens immer noch frierend mit ihrem Kavalier durch die öden Straßen eines öden Kaffs irrt und keine Herberge gefunden hat; sie ist bereit, sich durch die Wache schmuggeln zu lassen und in einen Woilach gewickelt in einer Futterkrippe zu schlafen, mit jemandem oder allein. Schließlich haben Vorschriften nur einen einzigen Sinn, sollten sie nur ein Schicksal haben: umgangen zu werden, und schließlich werden zwei Menschengruppen auf die schnödeste Weise in den Tod geschickt: Häftlinge und Soldaten. Natürlich steht das nicht in den Landserheften. Es grenzt an Obszönität, und es hebt keineswegs die Wehrfreudigkeit, wenn ich außerdem noch bekanntgebe, daß in diesem stillen, fast verschlafenen lothringischen Städtchen die system- und kriegsbedingte Schikane um ein Vielfaches gesteigert wurde durch liebenswürdige Vorgesetzte, die gerade jenen Ausgang und Urlaub sperrten, von denen bekannt war, daß sie Besuch erwarteten. In jeder Armee läßt sich jegliche Willkür innerhalb des Systems legal verankern: Man kann jemanden zur Feuer- oder Fliegerwache einteilen, man kann an seiner Uniform einen Makel finden, man kann ihn provozieren, bis er ausfällig wird; man kann ihn notfalls warten lassen, einfach warten lassen auf die Unterschrift, während man selbst mit seinem weiblichen Besuch auf seiner Stube hockt und von einer Schallplatte das Lied ›Tapfere kleine Soldatenfrau‹ abspielen läßt. Die Absurdität im Krieg verlorener Zeit, bis zum Irrsinn verletzter Sensibilität kann man ausdehnen, während vor dem Tor die Frauen warten: Huren, Mütter, Bräute, Ehefrauen.

Zweiundzwanzig Jahre später gab die kleine Stadt keine Reliquien her, keinen Fetisch, an dem die Erinnerung sich sinnlich hätte festhalten können: Häuserfronten, Straßenpflaster, Straßennamen, Kneipen: nichts. Nichts. Der Ort war zufällig, belanglos. Was heraufkam, war die lange verdrängte oder nur aufgeschobene Erinnerung an ein System der Zwangsgemeinschaft, das um so unmenschlicher war, weil es auch noch Ehre und Ehren zu vergeben hatte, und das immer noch Ehre genießt und sich anmaßt, diejenigen an Denkmälern zu ehren, die es bis zum letzten Augenblick ihres Lebens schikaniert, gedemütigt und wie Dreck behandelt hat.

Ich blieb nicht lange dort, kaum so lange, wie man braucht, um eine Zigarette anzuzünden und zu Ende zu rauchen; ich guckte in ein paar Schaufenster hinein und sah, was man überall sieht: Transistoren, Elektrorasierer, Waschmaschinen. Die Erinnerung wurde nicht warm, sie blieb kalt. Schließlich war ich in vielen Kasernen gewesen und hatte in allen das gleiche erlebt: diese Stimmung vor dem Abtransport, diese immer wieder verzögerten Abschiede, von denen jeder der letzte zu sein schien, bis dann doch noch der allerletzte und der allerallerletzte kam, und noch einer – und die Soldaten fast froh waren, wenn sie in die Güterwagen stiegen, die für acht Pferde oder vierzig Menschen bestimmt waren. Gewiß war das der Sinn dieser bis in die allerletzte Grausamkeit ausgetüftelten Schikanen: den endgültigen Abschied zwar nicht leichtzumachen, ihn aber wie eine Erleichterung zu empfinden. Wer nur einmal jemand zum Zug brachte und eine Viertelstunde bis zur Abfahrt am heruntergekurbelten Fenster stehend Banalitäten austauschte, kennt diese grausame Sorte Erleichterung, empfand wohl auch die grausame Poesie des banalen Dialogs, der unter dem Zwang der Abfahrtszeit geführt wird, während man auf die Bahnhofsuhr blickt.

Ich warf meine Zigarettenkippe in die Gosse, stieg ins Auto ein, fuhr weiter. Selbst der Bahnhof, an dem ich vorüberkam, war mir fremd, nicht einmal seine Uhr brachte Wärme oder Farbe in den kalten Haß meiner Erinnerungen, und ich hatte doch so oft auf die Zeiger dieser Uhr geblickt, wenn Züge abfuhren oder ankamen. Als ich weiterfuhr, erwärmten sich einige Details, es tauchten sogar Blumen auf; sie hatten in dem Zimmer gestanden, das der Kantinenpächter innerhalb des Kasernenbezirks als Absteige im Kantinengebäude eingerichtet hatte und kostenlos jenen zur Verfügung stellte, die Ausgangssperre und Besuch hatten. Im Grau, im Schmutz und im schmutzigen Grau meiner durch Haß fixierten Erinnerung war kein Platz für Blumen. Sie paßten nicht, und sie paßten mir nicht. Ich drehte das Autofenster herunter und warf die Blumen hinaus.

Fjodor M. Dostojewskij und Petersburg (1969)

Zitat: *Ich habe meine Werke nie im Leben anders fortgegeben als für Vorschußzahlungen. Ich bin ein proletarischer Literat, und wenn irgend jemand mein Werk haben möchte, muß er es mir im voraus bezahlen.*

Zitat: *Eine unergründliche Kälte wehte ihn aus diesem wundervollen Panorama an; stumm und taub blieb für ihn dies prächtige Bild. Er wunderte sich jedesmal über den düsteren und geheimnisvollen Eindruck und schob dessen Lösung, da er sich selbst nicht traute, in die Zukunft hinaus... Wie in einem Abgrund, tief unten, dem Auge kaum noch erkennbar, erschien ihm sein früheres Leben, die früheren Gedanken, die früheren Ziele, die früheren Fragen, dies ganze Panorama und er selbst und alles und alles. Es kam ihm vor, als fliege er auf und alles entschwinde seinen Augen. Indem er eine unwillkürliche Bewegung mit dem Arm machte, fühlte er in seiner Hand die zwanzig Kopeken. Er öffnete die Faust, sah die Münze an, holte aus und warf sie ins Wasser. Es schien ihm, als hätte er sich selbst mit der Schere von allem und allem abgeschnitten in diesem Augenblick.*

Kommentar: Diese Stadt heißt seit vierundfünfzig Jahren nicht mehr St. Petersburg; zehn Jahre lang hieß sie Petrograd, seit vierundvierzig Jahren heißt sie Leningrad. Sie ist vom Petersburg des 19. Jahrhunderts zwei Revolutionen und zwei Weltkriege weit entfernt. Sie ist wirklich – und fremd, nicht im geographischen Sinne fremd, in einem poetischen und metaphysischen Sinn. Sie war auch dem Dichter Fjodor Michailowitsch Dostojewskij fremd. Es war nicht seine Stadt, er hatte keine, er hatte nicht einmal eine Stätte, zog von Wohnung zu Wohnung, reiste von Ort zu Ort, war zehn Jahre seines Lebens verbannt. St. Petersburg war die Stadt, in der er die meiste Zeit seines Lebens verbrachte und die zum Material für einige seiner Romane und Erzählungen wurde. Dieser Bericht ist ein Annäherungsversuch an die Fremdheit des Wirklichen, ein Versuch, herauszufinden und zu zeigen, was siebenundachtzig Jahre nach Dostojewskijs Tod im Leningrad des Jahres 1968 wiedergefunden werden konnte von dieser Fremdheit des Wirklichen.

Zitat: *Ich empfand ganz plötzlich, daß es mir ganz gleichgültig wäre, ob die Welt da wäre oder ob es überhaupt etwas gäbe. Ich begann mit meinem ganzen Wesen zu verspüren und zu merken, daß es zu meiner Zeit nichts mehr gab. Anfangs freilich war es mir immer noch so vorgekommen, als ob, im Gegensatz hierzu, ehemals vieles bestanden hätte; später jedoch kam ich dahinter, daß es auch ehemals nichts gegeben und daß es mir irgendwo nur so geschienen hatte. Allmählich kam ich gleichfalls zu der Überzeugung, daß es auch niemals etwas geben werde. Da hörte ich auf einmal auf, mich über die Leute zu ärgern, und kam beinahe so weit, daß ich sie nicht einmal bemerkte. Das äußerte sich sogar in den allergeringsten Kleinigkeiten: Ich gehe zum Beispiel über die Straße, stoße Leute an – nicht etwa, weil ich in Gedanken versunken wäre; worüber hätte ich denn nachdenken sollen? Ich hatte ja damals ganz und gar zu denken aufgehört. Mir war alles gleich.*

Kommentar: Ein Thema, das heute modisch klingt: Der einzelne und die Gesellschaft, war vor mehr als hundert Jahren, als der Roman ›Schuld und Sühne‹ erschien, Gegenstand für einen prophetischen Schriftsteller. Das Leiden des einzelnen an der Großstadtgesellschaft und das Leiden der Gesellschaft an ihm ist das Thema der Petersburger Romane und Erzählungen Dostojewskijs. Er war der erste russische Autor, der die Großstadt zum Gegenstand der Literatur machte, der die in ihr Erniedrigten und Beleidigten, die Leidenden einer heraufkommenden modernen Gesellschaft in die Literatur aufnahm. Er entdeckte jene Schicht, die sich in den Großstädten des 19. Jahrhunderts erst bildete: die Kleinbürger, und er verlieh diesen Titel wie ein Adelsprädikat.

Zitat: *Ich schlängelte mich wie ein Aal, in der unansehnlichsten Weise, zwischen den Fußgängern hindurch und machte bald Generälen, bald Gardekavallerie- oder Husarenoffizieren, bald eleganten Damen Platz, in diesen Augenblicken fühlte ich einen schmerzhaften Krampf in meinem Herzen und Schauer im Rücken schon bei dem einzigen Gedanken an die Schäbigkeit meiner Kleider, an die Schäbigkeit und Trivialität meiner herumschleichenden Gestalt. Es war die peinlichste Pein, eine anhaltende und unerträgliche Erniedrigung in dem Gedanken, der zu einer anhaltenden und unmittelbaren Empfindung wurde, daß ich in den Augen aller Welt nur eine Fliege war, eine gemeine, unnütze Fliege – wenn auch klüger als alle, wenn auch gebildeter als alle, wenn auch edler als alle – das versteht sich von selbst, so doch eine allen fortwährend ausweichende Fliege, von allen erniedrigt und von allen beleidigt.*

Kommentar: Er nahm an der Stadt Petersburg die Sehenswürdigkeiten nicht wahr – er benutzte sie nur als Interpunktionen innerhalb seines Materials –, er nahm auch die gesellschaftlichen Sehenswürdigkeiten, Generäle, Minister nicht wahr; auch ihnen wurde die Funktion von Komma, Punkt, Strichpunkt zugewiesen. Ihn beschäftigten die Leidenden. Fremd waren ihm die gesellschaftlichen und architektonischen Sehenswürdigkeiten aller Städte. Über seinem Werk könnte das Motto stehen: Nur das Leiden ist wirklich.

Zitat: *Er erwachte verdrossen, gereizt und böse und sah sich voll Haß in seiner Kammer um. Es war ein winziger Käfig, etwa sechs Schritte lang, der überaus kläglich wirkte mit seiner gelben, staubigen, überall von den Wänden losgelösten Tapete, und so niedrig, daß es einem etwas größeren Menschen darin bange wurde in dem Gefühl, er könne jeden Augenblick mit dem Kopf gegen die Decke stoßen. Die Möbel paßten zu dem Raum: drei alte Stühle, die nicht intakt waren, ein gestrichener Tisch in der Ecke, darauf einige Hefte und Bücher; schon an dem Staub, der sie bedeckte, konnte man sehen, daß sie seit langem nicht angerührt worden waren; und endlich an der Wand ein plumpes großes Sofa, das den halben Raum ausfüllte – einstmals war es mit Kattun überzogen gewesen, jetzt hing er in Fetzen herunter – es diente Raskolnikow als Bett.*

Kommentar: Die räumliche Enge, in der sie wohnten, wird den Bewohnern der riesigen Stadt angesichts der gigantischen Paläste und Verwaltungsgebäude vervielfacht. Diese prächtige Stadt mit ihrer gesellschaftlichen und architektonischen Anmaßung wirft die Unansehnlichen ihrer Bewohner immer wieder in die Enge ihrer Räumlichkeiten zurück, in der sie sich wie Insekten fühlen.

Zitat: *Ich habe mich damals wie eine Spinne in meine Ecke verkrochen. Du warst ja in meinem Verschlag, du hast ihn gesehen und du weißt wohl, Sonja, daß niedrige Decken und enge Zimmer die Seele und den Verstand einengen.*

Zitat: *Ich möchte feierlichst erklären, daß ich schon mehrere Male ein Insekt werden wollte. Doch nicht einmal dazu ist es gekommen.*

Statement: Andreij Fjodorowitsch Dostojewskij

Ich bin der einzige Enkel und direkte Nachkomme des großen russischen Schriftstellers Fjodor Michailowitsch Dostojewskij. Da ich meinen Beruf als Ingenieur nicht mehr ausübe, habe ich mich dem Studium seines Lebens und Wirkens gewidmet.

Kommentar: Dostojewskijs Religiosität ist ihm so oft vorgeworfen worden, wie sie ihm abgestritten worden ist. Es steht niemandem zu, an seinem persönlichen Bekenntnis als Christ zu zweifeln. Was er in seinen Romanen ausdrückt, ist alles, was es zwischen absolutem Nihilismus und tiefster Gläubigkeit geben kann. Er nahm als Autor des 19. Jahrhunderts die großen Themen unserer Zeit vorweg. In den ›Dämonen‹ beschreibt er mit exakter Prophetie Liquidationstechniken und -ideologien des 20. Jahrhunderts, in ihrer ganzen unmenschlichen Grausamkeit und Sinnlosigkeit. Dostojewskij nahm als Romancier den Existentialismus, die Absurdität, die Angst vorweg, und er tat es als Christ. Er floh als Autor niemals in vorgeschobene oder vorgegebene Ordnungen, er lieferte sich und seine Gestalten den Wirklichkeiten aus. Er war ständig wie auf der Durchreise, und wie ein Durchreisender nahm er wahr: Augenblick und Ewigkeit, Leben und Tod, die Bitterkeit des Vergänglichen. Nichts war ihm so verdächtig wie die Gesunden, deren Gegenteil nicht die Kranken sind, sondern die Leidenden. Dostojewskij legte nicht fest, ob ihr Leiden in der Zeit, am Ertragen der absurden Zeitlichkeit, in eine Ewigkeit münden würde, er bot keine katechetisch verwertbaren Lösungen an, nur Gedanken, Spekulationen, Assoziationen und die Wirklichkeit der von ihm geschaffenen Gestalten, die alle zwischen Himmel und Erde leiden.

Zitat: *Wir stellen uns die Ewigkeit als eine Idee vor, die man nicht erfassen kann, als etwas Großes, Gewaltiges. Aber warum muß es unbedingt etwas Großes sein? Und wenn dort statt dessen nur ein kleines Zimmerchen sein wird, stellen Sie sich das vor, so ähnlich wie eine Badestube auf dem Dorf, verrußt und in allen Ecken Spinnen, und das ist die ganze Ewigkeit. Wissen Sie, manchmal kommt es mir so vor.*

Tee wird es geben und Menschen.

Statement von Schauspieler Jewgeni Lebedew

Dostojewskij ist für mich die große Schule der Schauspielkunst. Ich lerne bei ihm. Ganz egal, welche Rolle ich spiele, ich nehme sie durch Dostojewskij auf, Dostojewskij ist nichts Einfaches. Er ist sehr kompliziert. An der Rolle von Rogoshin arbeite ich zum Beispiel schon zehn Jahre. Und, wie es mir scheint, ist das eine Arbeit ohne Ende. (Das ist alles, was ich über Dostojewskij sagen kann. Es tut mir weh, über ihn zu sprechen, man wird auch müde, wenn man Dostojewskij spielt.)

Brief an den Bruder vom 18. Juli 1849

Zitat: *Die regnerischen Tage sind dagegen unerträglich, und die Kasematte sieht dann noch viel unerfreulicher aus. Ich habe die Zeit nicht unnütz vertan: Ich habe den Plan zu drei Erzählungen und zwei Romanen gefaßt; einen Roman schreibe ich jetzt, vermeide aber, zuviel zu arbeiten. Solange ich in Freiheit arbeitete, mußte ich immer die Arbeit unterbrechen und mich zerstreuen; hier muß aber die auf die Arbeit folgende Erregung ganz von selbst vergehen. Meine Gesundheit ist gut, bis auf die*

Hämorrhoiden und die Zerrüttung der Nerven, die crescendo fortschreitet. Ab und zu bekomme ich Anfälle von Atemnot, der Appetit ist wie früher sehr ungenügend, der Schlaf ist schlecht und dazu noch voll krankhafter Träume.

Kommentar: In der Wohnung Michail Wassiliewitsch Petraschewskis versammelte sich 1848 einmal wöchentlich eine Gruppe von Radikalen und Revolutionären. Sie lasen Fourier und Proudhon, die französischen Sozialutopisten, planten eine Geheimdruckerei zur Verbreitung von Proklamationen. In diesen Geheimbund, dem auch Dostojewskij angehörte, schleuste die Regierung Nikolaus I. einen Spitzel ein, und am 23. April 1849 wurde die ganze Gruppe verhaftet.

Zitat: *Mein lieber Bruder und Freund! Nun ist alles überstanden! Ich bin zu vier Jahren Festungshaft verurteilt. Heute, am 22. Dezember, wurden wir alle nach dem Semjonower Platz gebracht. Dort verlas man uns das Todesurteil, ließ uns das Kreuz küssen, zerbrach über unseren Köpfen den Degen und machte uns die Todestoilette. Dann stellte man drei von uns vor dem Pfahl auf, um das Todesurteil zu vollstrecken. Ich war der sechste in der Reihe; wir wurden in Gruppen von je drei Mann aufgerufen, und so war ich in der zweiten Gruppe und hatte nicht mehr als eine Minute noch zu leben. Ich hatte noch Zeit, Pleschtschejew und Durow, die neben mir standen, zu umarmen und von ihnen Abschied zu nehmen. Schließlich wurde Retraite getrommelt, die an den Pfahl Gebundenen wurden zurückgeführt, und man las uns vor, daß Seine Kaiserliche Majestät uns das Leben schenke.*

Statement: Hinrichtungsplatz

In hundertzwanzig Jahren hat sich natürlich alles verändert, aber 1849, eines frühen Morgens im Dezember, stand Dostojewskij hier auf dem Schafott und wartete zusammen mit den anderen Verurteilten auf seine Hinrichtung. Sie wurden jedoch begnadigt und zur Zwangsarbeit nach Sibirien oder zum Soldatendienst verschickt.

Kommentar: Petersburg ist eine befohlene, abstrakte,

in das Nichts finnischer Sümpfe hineingepeitschte Stadt. Niemand weiß, ob ihre Errichtung hundert- oder zweihunderttausend Menschenleben gekostet hat. Die russischen Dichter Puschkin, Gogol, Belyi und Blok waren fest davon überzeugt, daß das Wasser St. Petersburg einmal zurückfordern würde. Dostojewskij hat das Blut und Elend der Geopferten wohl gespürt, den riesigen unsichtbaren Sklavenfriedhof, auf dem diese Pracht und Herrlichkeit errichtet ist, die zu intellektuell begründeter Gewalttätigkeit und zu Demut herausfordert. Dieser Versuch, Rußland so hoch im Norden für den Westen Europas zu öffnen, ist gegen das Klima, gegen die geologischen Bedingungen den Sümpfen abgetrotzt. Eine Idee und ein Traum, und es sind diese beiden Worte, die in Dostojewskijs Petersburger Romanen und Erzählungen am häufigsten ausgesprochen werden. – Diese fremde Wirklichkeit Petersburg verfolgte Dostojewskij auch im Ausland, in allen Großstädten erkannte er die Fremdheit Petersburgs wieder, die sich ihm zu Haß und Heimweh vervielfachte.

Zitat: *Ich liebe dich, du Schöpfung Peters. Pardon. – Nein, ich liebe sie nicht. Fenster, Löcher, Monumente. Unter den Füßen der feuchte Granit, zur Seite die hohen, dunklen, verräucherten Häuser, unter den Füßen Nebel, über dem Kopf gleichfalls Nebel.*

Zitat: *Für den alltäglichen menschlichen Bedarf wäre ein gewöhnliches menschliches Bewußtsein übergenug, also etwa die Hälfte, ein Viertel jener Portion, die dem entwickelten Menschen unseres unglücklichen neunzehnten Jahrhunderts zukommt, der dazu noch das besondere Unglück hat, in Petersburg zu leben, der abstraktesten und ausgeklügeltsten Stadt der ganzen Welt.*

Zitat: *Seit drei Tagen irre ich hier herum und lasse mich mit niemandem ein. Und dann noch diese Stadt! Und wie haben wir sie bloß ausgeklügelt, ich bitte Sie! Eine Stadt der Bürokraten und Seminaristen aller Sorten! Wirklich, ich habe früher manches übersehen, damals vor acht Jahren, als ich mich hier herumgetrieben habe. Jetzt setze ich meine ganze Hoffnung auf die Anatomie, bei Gott!*

Zitat: *»Haben Sie Straßensänger gern?« fragte Raskolnikow plötzlich einen nicht mehr jungen Mann, der neben* *ihm vor dem Leierkasten stand. Dieser starrte ihn erschrocken und verwundert an. »Ich mag sie gern«, fuhr Raskolnikow fort, aber mit einem Ausdruck, als rede er gar nicht über die Straßensänger, »ich liebe es, wenn zu Leierkastenmelodien gesungen wird, besonders an einem kalten, dunklen und feuchten Herbstabend, unbedingt an einem feuchten, wenn die Vorübergehenden grünliche und kranke Gesichter haben; oder noch besser, wenn es nasse Flocken schneit, still und stet, wissen Sie? Und die Gaslampen hindurchschimmern.«*

Kommentar: Wie alle Romanschreiber war Dostojewskij ein unermüdlicher Spaziergänger. Auf seinen Wegen, zu privaten Pfandleihern, zur Kirche, auf Bittgängen, zum Verleger, zum Buchhändler, um Vorschuß zu bekommen, hat Dostojewskij sie in der fremden Wirklichkeit Petersburg wahrgenommen und sie in seinem Werk in eine zweite Wirklichkeit geholt: die Unansehnlichen der Gesellschaft, die Händler und Rentner, kleine Beamte und Kanzlisten, die Dirnen und Polizisten, Studenten und Marktfrauen, Soldaten und Offiziere, Verbummelte und Genies, in ein paar Straßen um den Heumarkt herum hat er sie gesehen und aus der Fremde in die Wirklichkeit seines Werks hineingenommen, Bauernjungen, die als Rekruten oder Lakaien in die große Stadt gekommen waren.

Zitat: *Das ist eine Stadt der Halbverrückten. Hätten wir einen Sinn für Wissenschaft, so wären Mediziner, Juristen und Philosophen in der Lage, die wertvollsten Erkenntnisse aus dem Petersburger Leben zu ziehen. Aber im Augenblick geht es nicht darum, sondern um die Beobachtung, die ich schon einige Male an ihnen gemacht habe. Sie verlassen das Haus – noch gehen sie aufrecht. Nach zwanzig Schritten lassen sie den Kopf sinken und verschränken die Hände auf dem Rücken. Ihre Augen sind offen, und doch sehen sie nichts, weder direkt vor sich, noch links oder rechts. Endlich bewegen sie die Lippen und beginnen ein Selbstgespräch, wobei sie zuweilen gestikulieren und sogar deklamieren, bis sie schließlich längere Zeit mitten auf dem Weg stehenbleiben. Seit dem gestrigen Tage möchte ich immerfort nur reden und reden.*

Zitat: *Ich bin überzeugt, daß man unsereinen, den Kel-*

lerlochmenschen, im Zaume halten muß. Er ist wohl fähig, vierzig Jahre stumm in seinem Kellerloch auszuhalten, kommt er aber ans Licht, geht es mit ihm durch, dann redet er, redet, redet, redet.

Zitat: *Übrigens, worüber kann ein anständiger Mensch mit dem größten Vergnügen reden?*

Antwort: Über sich selbst.

Also werde ich über mich selber reden.

Brief an den Bruder

Wie traurig war es mir, wieder in Petersburg einzutreffen; ich fühlte dunkel meine ganze Zukunft voraus in diesen tödlichen drei Stunden meiner Überfahrt. Besonders, nachdem ich mich an Euch gewöhnt und mich so mit Euch eingelebt hatte, kamen mir Petersburg und mein künftiges Petersburger Dasein derart furchtbar, fruchtlos und unerfreulich vor, und die Notwendigkeit so unbarmherzig, daß, wäre es mit meinem Leben in diesem Augenblick zu Ende gegangen, ich, so scheint es mir wenigstens, mit Freuden gestorben wäre. Ich übertreibe nicht. Dieses ganze Schauspiel der Stadt lohnt nicht einmal die Ausgaben für die Beleuchtung.

Straßeninterviews

(1) Ich glaube, daß Dostojewskij auch heute die Bedeutung noch nicht verloren hat, die er zu seiner Zeit hatte. Allerdings ist jetzt eine ganz andere Zeit, und die Jugend hat – besonders bei uns – ganz andere Interessen. Trotzdem glaube ich, daß Dostojewskij auch uns noch etwas zu sagen hat.

(2) Ich habe von Dostojewskij mehr gesehen als gelesen. Ich kenne zum Beispiel Filme wie ›Der Idiot‹ und ›Weiße Nächte‹. Mir hat's gefallen, wie diese Filme gemacht waren, weil sie der Regisseur Iwan Pyrjew inszenierte – mit guten Schauspielern.

(3) Dostojewskij ist ein zu Recht von allen geschätzter russischer Schriftsteller. Seine Werke, wie zum Beispiel

›Die Brüder Karamasow‹, werden bei uns buchstäblich von allen gelesen. Er war ein erstaunlich feinfühliger Psychologe.

(4) Dostojewskij war ein Schriftsteller, der in seinen Werken nicht genug jene Zukunft aufzeichnete, die für Rußland nach der Revolution kommen sollte. Überhaupt hatte er zum Sozialismus sozusagen eine ganz schwache Beziehung.

Kommentar: Aus allen Ecken und Winkeln des riesigen Reiches kamen sie in die Hauptstadt Petersburg, dorthin zitiert, um Rechenschaft abzugeben; dorthin verschlagen, um endlose Prozesse zu führen; sie scheiterten als Bittsteller an Vorzimmertüren, dienten als Lakaien in den großen Palästen, sie kamen als Studenten, Offiziere, Rekruten, Beamte; sie strandeten vor großen und kleineren Türen, warteten, warteten Jahre, oder ein Leben lang; das Geld ging ihnen aus, sie zogen in schäbige kleine Zimmer, versetzten ihre Habseligkeiten bei Pfandleihern, spielten, machten Gelegenheitsarbeiten, lebten von nichts oder von großen Worten, von Intrigen und Schwätzen, verloren in den Mietskasernen und Straßen der großen abstrakten Stadt, die ihnen fremd blieb.

Zitat: *Da ist zum Beispiel auch dieser Iwan Fomitsch Surikow, ein unglückliches, vertrocknetes Kerlchen – er wohnt in unserem Hause, gerade über uns –, der läuft auch ewig mit Löchern in den Ärmeln und abgerissenen Knöpfen umher, immer für andere Leute unterwegs und von früh bis in die Nacht hinein auf den Beinen, ohne es zu etwas zu bringen. Wenn man mit ihm spricht, hört man immer dasselbe: Ich bin so arm, meine Frau ist gestorben, es war kein Geld da, um Medizin für sie zu kaufen, im Winter ist mir ein Kind erfroren, die älteste Tochter muß verdienen helfen. Weshalb ist er denn kein Rothschild geworden? Wer ist schuld daran, daß er kein Millionär ist?*

Zitat: *»Sie haben vermutlich Ihre Stellung verloren und sind nach Petersburg gekommen, um sich zu rechtfertigen und eine neue zu erhalten?«*

»So ist's – woher wissen Sie das?« fragte er ganz erstaunt.

»Man sieht das auf den ersten Blick. Es kommt manch

einer aus der Provinz hierher, der sich in ähnlicher Lage befindet, ähnliche Hoffnungen hegt und in ähnlicher Weise sich durchschlägt.«

Brief vom 23. Juli 1873

Zitat: *Am Samstag ging Mischa in meinem Auftrag in das Büro von Klein, wo man ihm sagte, daß fünfzig Exemplare verkauft seien, und das Geld habe er nicht hinterlassen. (Wahrscheinlich geben sie auch nur den Verkauf von fünfzig Exemplaren zu und haben doch mehr verkauft.) Ich bin heute um zehn Uhr aufgestanden und suchte die Pfandleiher auf. Überall will man mir sechzig geben und nicht mehr. Und nur bei einem Pfandhaus, bei der Anitschkow-Brücke, im Haus von Lopatin, gab man mir siebzig, aufgrund meines Drängens. Auf diese Weise reichte das Geld: Ich bezahlte hundertsechs Rubel, und es blieben mir zum Leben gegen fünfzehn Rubel und etwas Kleingeld. Aber dafür – ohne Uhr.*

Statement des Oberpriesters Amborzumow

Fjodor Michailowitsch hat das russische Leben gezeigt, wie es wirklich ist. Zweifellos hat er die Anfänge des heutigen Atheismus dargestellt. Wie durch ein Vergrößerungsglas gesehen, beschreibt er die Eigenschaften seiner Helden. In seinen Büchern kann man die allmähliche Entwicklung des Lasters wie auch der Tugend beobachten.

Kommentar: Eine Möglichkeit, sich der Person und dem Geist eines Autors vom Range Dostojewskijs zu nähern, wäre die: seinen von unzähligen Gestalten bevölkerten Kosmos zu ordnen, die Gespräche, Gedanken, Handlungen zu werten und zu analysieren. Dieser Kosmos hat die hohe Spannung zwischen absolutem Hochmut und totaler Demut, zwischen Raskolnikow und Sonja. Die Entfernung zwischen dieser hochgespannten Intellektualität Raskolnikows, der am Ende die Erde küßt, und den demütigen Gestalten wie dem Idioten Fürst

Myschkin ist kaum mit menschlichen Maßen zu messen. Raskolnikow ist nur eine der Gestalten Dostojewskijs, die im höchsten intellektuellen Bewußtsein Gesellschaft und Geschichte durchschauen und sich hochmütig über sie stellen und doch am Ende jene Kraft entdecken, mit der Sonja ausgestattet ist, die Demut, von der Dostojewskij sagt, sie sei »die allerfürchterlichste Kraft, die es auf Erden gibt«.

Zitat: *Wer sich über das Höchste hinwegsetzt, der ist Gesetzgeber, und wer das Höchste wagt, der hat das höchste Recht. So war es und so bleibt es für alle Zeiten! Nur ein Blinder könnte das übersehen.*

Zitat: *Das Ganze dreht sich darum, daß in diesem Artikel alle Menschen irgendwie eingeteilt werden in »gewöhnliche« und »außergewöhnliche«. Die Gewöhnlichen müssen im Gehorsam verharren und sind nicht berechtigt, das Gesetz zu übertreten; denn sie sind, wie gesagt, »die Gewöhnlichen«. Und die Außergewöhnlichen haben das Recht zu jedem Verbrechen und zu jeder Übertreibung des Gesetzes eigentlich darum, weil sie außergewöhnlich sind.*

Zitat: *Sonja, ich wollte ohne jede Kasuistik morden, morden um meiner selbst willen. Ich habe ganz einfach gemordet, um meiner selbst willen habe ich gemordet, für mich ganz allein: ob ich dann später irgendwessen Wohltäter geworden wäre oder ein Leben lang wie eine Spinne alle in meine Netze gelockt und das lebendige Blut ausgesaugt hätte, das mußte mir in jenem Augenblick vollkommen gleichgültig sein! Und nicht um das Geld, das ist die Hauptsache, ging es mir damals, Sonja, als ich gemordet habe; es ging mir weniger um Geld als um etwas anderes. Versteh mich: Wäre ich diesen Weg weitergegangen, hätte ich vielleicht nie wieder gemordet. Es ging mir um etwas anderes, etwas anderes trieb mich: Damals mußte ich mich überzeugen, ob ich eine Laus bin wie alle anderen oder ein Mensch. Kann ich die Grenze überschreiten oder kann ich es nicht? Wage ich mich zu bücken und aufzuheben oder wage ich es nicht? Bin ich eine zitternde Kreatur oder habe ich das Recht …*

Zu morden?

Statement: Andreij Fjodorowitsch Dostojewskij

Im fünften Stock dieses Hauses wohnte Raskolnikow. Aus dieser Tür kam er, als er zu der alten Geldverleiherin ging, um sie zu töten.

Hinter dieser Tür stahl er die Axt, die er unter dem Mantel versteckte – dann ging er, um den Mord auszuführen.

Von dieser Stelle bis zum Haus der alten Geldverleiherin hatte er 730 Schritte zu gehen.

In diesem Haus im vierten Stock wohnte die alte Geldverleiherin, die Rodion Raskolnikow tötete.

Kommentar: Kaum etwas außer seiner Arbeit hat Dostojewskij so sehr beschäftigt wie die gleichzeitig abstrakte und so wirkliche Substanz Geld. Er war immer verschuldet, spielte. Immer ging es um Vorschüsse, immer in Leihhäusern oder Spielbanken. Ein fast stereotyper Briefanfang: »Mein lieber Engel Njuta, ich habe alles verspielt, kaum war ich angekommen, hatte ich in einer halben Stunde alles verspielt.«

Zitat: *Irgendwelche Gedanken oder Fetzen zogen einfach vorbei, irgendwelche Bilder, der Glockenturm der V.-Kirche, ein Billard in einer Kneipe und irgendein Offizier an diesem Billard; ein Tabakladen in irgendeinem Keller, Zigarrengeruch; eine Hintertreppe, dunkel und voll Unrat, mit Eierschalen besät und aus der Ferne das Läuten der Sonntagsglocken. Die Bilder wechselten und kreisten wie Wirbel.*

Kommentar: Der im Wasser verwirklichte und unglaubwürdige Traum Petersburg läßt die Menschen in Dostojewskijs Romanen an ihrer eigenen Wirklichkeit zweifeln, er macht sie zu Tagträumern, Einzelgängern, fast alle führen sie Selbstgespräche, sie nehmen ihre Ideen für Taten und ihre Taten – wie Raskolnikow seinen Mord an der Pfandleiherin – für Ideen.

Zitat: *Er hatte nicht weit zu gehen, er wußte sogar, wieviel Schritte es von seiner Haustür waren: genau siebenhundertunddreißig. Einmal hatte er sie gezählt, als er besonders stark geträumt hatte.*

Und immer kamen Träume, seltsame, alle möglichen Träume, die lassen sich gar nicht erzählen.

Zitat: *Ich glaube, ihre Augen irgendwo gesehen zu haben, doch das ist nicht möglich. Ich bin noch niemals hier gewesen, vielleicht war es nur ein Traum.*

Zitat: *Die Träume sind bekanntlich eine höchst sonderbare Sache. Das eine stellt sich einem mit erschreckender Deutlichkeit vor, mit allen Einzelheiten, ausgefeilt wie Goldschmiedearbeit; über etwas anderes springt man hinweg, als bemerkte man es überhaupt nicht, zum Beispiel über Raum und Zeit. Die Träume, so scheint es, lenkt nicht der Verstand, sondern der Wunsch, nicht der Kopf, sondern das Herz.*

Kommentar: Aber ihre Träume sind nicht romantische Träumereien, es sind abstrakte, intellektuelle Träume, Utopien, zu denen sie diese Fata Morgana, die im Wasser liegt, verführt haben mag. Je höher ihr intellektuelles Bewußtsein ist, je mehr sie den Zufallspomp der Paläste durchschauen, desto heftiger wird ihr intellektueller Traum, bis sie nicht mehr wissen, ob sie das, was sie denken, tun, oder das, was sie tun, denken.

Zitat: *Inmitten dieses Nebels kommt mir zum hundertsten Male der sonderbare, eindringliche Gedanke: Wie, wenn dieser Nebel sich verzieht und zum Himmel steigt – wird dann nicht zusammen mit ihm auch diese modrige, dumpfe Stadt emporsteigen und wie Rauch verfliegen, und was zurückbleibt, ist dann nur der finnische Sumpf und mitten in ihm – meinetwegen als Schmuck – der Eherne Reiter auf dem schnaubenden, überjagten Roß?*

Zitat: *Seht euch doch die Sonne an, wenn sie aufgeht; ist sie nicht eine Leiche? Alles ist tot. Überall liegen Tote. Die Menschen sind einsam, und um sie herum ist Schweigen – das ist die Erde.*

Zitat: *Gespenster sind sozusagen Fetzen und Bruchstükke anderer Welten, ihre Peripherie. Ein gesunder Mensch hat keine Veranlassung, sie zu sehen, selbstverständlich, denn ein gesunder Mensch ist eben vorwiegend ein irdischer Mensch, folglich soll er auch ausschließlich dieses Leben leben, vollständigkeits- und ordnungshalber. Kaum aber ist er erkrankt, kaum ist die normale irdische Ordnung im Organismus gestört, gleich machen sich die Möglichkeiten der anderen Welt bemerkbar, und je kränker man wird, desto mehr Berührungen mit der anderen*

Welt stellen sich ein, so daß, wenn der Mensch vollends gestorben ist, er einfach in diese andere Welt hinübergeht.

Zitat: *Heute ist schlecht zu beerdigen!*

Wieso schlecht?

Schnee, Nässe ...

Es ist ja gleich ...

Nein, scheußlich. Die Totengräber haben sicher geflucht. Und im Grab stand sicher das Wasser. – Woher soll denn im Grab das Wasser sein?

Wieso denn, hier steht eben Wasser.

Hier auf diesem Friedhof kannst du kein einziges trokkenes Grab finden.

Warum?

Was heißt warum?

Hier ist überall Sumpf. So wird man denn einfach ins Wasser gelegt. Ich habe es selbst gesehen, mehrere Male.

Kommentar: Die ständige Frage ist: Bedroht der Traum die Wirklichkeit oder die Wirklichkeit den Traum? Bedroht das Wasser die Stadt Petersburg, ist Petersburg eine Anmaßung, die das Wasser nicht dulden wird? Diese Angst scheint aus den feuchten Grundmauern der Mietshäuser in die Wohnungen hochzusteigen, sie kommt mit der Flut, geht mit der Flut, ist ständige Bedrohung und auch ständige Lockung.

Zitat: *Schließlich drehten sich vor seinen Augen irgendwelche roten Kreise, die Häuser wankten, Passanten, Quais, Equipagen – alles drehte sich und tanzte. Plötzlich fuhr er zusammen, vielleicht durch eine ungeheuerliche und häßliche Erscheinung wie vor einem neuen Ohnmachtsanfall bewahrt. Er fühlte, wie sich jemand neben ihn hinstellt, rechts, Seite an Seite; er sah auf eine Frau, groß mit Kopftuch, mit einem gelben, länglichen ausgemergelten Gesicht und blutunterlaufenen eingefallenen Augen. Sie starrte ihn direkt an, konnte aber offensichtlich nichts sehen und nichts unterscheiden. Plötzlich stützte sie sich mit der rechten Hand auf das Geländer, hob das rechte Bein nach und stürzte sich in den Kanal. Das schmutzige Wasser teilte sich und schloß sich für einen Augenblick über seinem Opfer, aber schon nach einer Minute kam der Körper wieder hoch und wurde sanft von der Strömung weitergetragen.*

Zitat: *Ich bin am Ende. Wenn es nur nicht regnet. Denn ich will der Sonne gerade ins Antlitz sehen, wenn ich dieses Leben, das ich ihr verdanke, von mir werfe.*

Es war der allerkälteste und allertrübseligste Regen, so ein gewisser bedrohlicher Regen – ich erinnere mich dessen –, ein Regen von offenkundiger Menschenfeindlichkeit.

Zitat: *»Niemals in meinem Leben habe ich das Wasser leiden können«, dachte er und lächelte, »nicht einmal auf Landschaftsbildern ...«*

Zitat: *Plötzlich hörte man durch die Nacht und die Dunkelheit einen Kanonenschuß, dann einen zweiten. »Aha, das Signal! Das Wasser kommt«, dachte er. Gegen Morgen überschwemmt es dort unten die Straßen, überflutet Keller und Souterrains, schwemmt die Keller-Ratten herauf, und in Regen und Wind werden die Leute fluchend, triefend naß, ihren Trödel in die oberen Stockwerke bergen.*

Zitat: *Milchig dichter Nebel lag über der Stadt. Swidrigailow schritt über das glitschige schmutzige Holzpflaster in Richtung zur Kleinen Newa. Kein Fußgänger, keine Droschke begegnete ihm auf dem Prospekt. Ein hoher Feuerwehrturm zeigte sich rechts. »Aha!« dachte er. Da haben wir den richtigen Ort. Hier hat man wenigstens einen offiziellen Zeugen. Das große Tor war geschlossen, ein kleines Mädchen, eingehüllt in einen grauen Soldatenmantel, den kupfernen Achilleshelm auf dem Kopf, lehnte mit der Schulter daran. Sein Gesicht war von jenem uralten mäkelnden Gram gezeichnet, der ausnahmslos allen jüdischen Gesichtern eigen ist.*

Sie, was suchen Sie hier? fragte er, immer noch ohne seine Haltung zu ändern.

Aber gar nichts, Bruder, guten Morgen! antwortete Swidrigailow.

Hier ist nicht der Ort dafür.

Ich reise, Bruder, in fremde Länder.

In fremde Länder?

Nach Amerika.

Nach Amerika?

Swidrigailow holte seinen Revolver hervor und spannte den Hahn. Der Achilles zog die Brauen hoch.

Sie, für solche Scherze ist hier nicht der Ort.

Und warum sollte hier nicht der richtige Ort sein?

Nun, weil es eben nicht der Ort ist.

Nun, Bruder, das ist ganz egal, der Ort ist gut; wenn man dich fragen wird, so sollst du nur antworten, er ist eben nach Amerika gefahren.

Er drückte den Revolver an seine rechte Schläfe.

Sie, das ist hier nicht erlaubt, hier ist nicht der Ort dafür! belebte sich der Achilles, und seine Augen rundeten sich.

Swidrigailow drückte ab.

Zitat: *Das Publikum des Pawlowsker Konzertgartens ist nach allgemeiner Ansicht an den Wochentagen ein gewählteres, als an den Sonn- und Feiertagen herbeiströmt. Das Orchester ist unbestritten das beste unter allen unseren Orchestern. Der Abend war diesmal ganz besonders schön und das Publikum recht zufrieden.*

Kommentar: Die demütigste aller Gestalten Dostojewskijs, gleichzeitig von hoher Sensibilität und Intellektualität, ist Fürst Myschkin, der Idiot; er ist nicht etwa verständnisvoll, er ist einsichtig; die Epilepsie, an der auch Dostojewskij litt, macht Myschkin auf eine ekstatische Weise einsichtig in die psychischen Hintergründe des Verbrechens wie des Mitleids, der Sünde wie der Unschuld. Myschkin ist der kühnste Versuch, Christus als den Mitleidenden in der Literatur leibhaftig zu machen. Er ist zeitverloren und doch in der Zeit, voller Wirklichkeitssinn und doch weltfremd. Myschkin ist ein Annäherungsversuch von unglaublicher Kühnheit und voller Risiko.

Zitat: *Lange irrte er durch die menschenleeren, von den Riesenschatten der Bäume verdunkelten Alleen. Er kam am Konzertgarten vorüber, dessen leere Bankreihen und Orchestersitze einen trostlosen, unangenehmen Eindruck auf ihn machten. Auf Umwegen gelangte er darauf an die grüne Bank, welche Aglaia zum Stelldichein bestimmt hatte. In den Zweigen über seinem Kopf zwitscherte ein Vogel, seine Augen suchten ihn unwillkürlich in dem frischen, jungen Laub. Und plötzlich begriff er, was ihn quälte: Es war der Gedanke, daß er in diesem großen, erhabenen Fest der Natur, das ohne Ende war, das im-*

mer, immer, von seiner Kindheit an, ihn angezogen hatte, ganz und gar fremd war. Alles hat seinen Weg und sein Ziel, nur er allein steht einsam und verlassen da, fremd diesem All, ein Auswurf der Natur.

Zitat: *Was soll mir eure Natur, euer Pawlowsker Park, euer Sonnenauf- und Sonnenuntergang, euer blauer Himmel und eure selbstzufriedenen Gesichter, wenn dies Freudenmahl ohne Ende damit beginnt, daß man mich, mich allein als ungeladenen Gast dabei betrachtet.*

Zitat: *Als ich in Pawlowsk lebte, kam Fjodor Michailowitsch Dostojewskij eines Abends zu mir. Wir tranken Tee. Eben hatte meine Tochter ihm das Glas gereicht, als er plötzlich aufsprang, schwankend und blaß. Nur mit Mühe gelang es mir, ihn zum Diwan zu bringen, auf den er in Krämpfen und mit entstelltem Gesicht niedersank. Sein ganzer Körper wurde stark geschüttelt. Als er nach einer Viertelstunde zu sich kam, konnte er sich an nichts erinnern und sagte mit dumpfer Stimme: Was ist mir geschehen? Ich bemühte mich, ihn zu beruhigen, und bat ihn, über Nacht bei mir zu bleiben. Er lehnte das entschieden ab und sagte, er müsse unbedingt nach Petersburg zurück. Er wüßte zwar nicht mehr, warum – er wisse nur, es sei notwendig. Ich wollte nun nach einem Wagen schicken, aber er lehnte auch das ab. Lassen Sie uns lieber zu Fuß gehen, das wird mich erfrischen, sagte er. Wir gingen los, als es schon ziemlich dunkel war. Wir mußten den ganzen Park passieren, der zu dieser Zeit fast menschenleer war. Kurz vor der sogenannten Setka blieb Dostojewskij stehen und flüsterte: Ich werde gleich einen Anfall haben! Um uns war niemand. Ich setzte ihn auf das Gras direkt am Weg. Er saß da etwa fünf Minuten, glücklicherweise kam aber der Anfall nicht.*

Zitat: *Doch der Fürst sah und hörte nicht, was rings um ihn geschah. Er wäre am liebsten aus dieser Gesellschaft geflohen. Ach, vielleicht wäre es besser gewesen, wenn sie ihn hier überhaupt niemals gesehen hätten und alles, was er hier erlebt hatte, nur ein Traum gewesen wäre.*

Biographie

Dostojewskij starb im Alter von neunundfünfzig Jahren und publizierte innerhalb von fünfunddreißig Jahren, von denen er zehn in Sibirien und viele auf Reisen verbrachte, neunzehn Bücher, darunter ›Schuld und Sühne‹, ›Der Idiot‹, ›Die Dämonen‹, ›Die Brüder Karamasow‹.

Geboren in Moskau am 11. 11. 1821 als Sohn eines Arztes. Schulbesuch in Moskau bis 1838.
1837 Tod der Mutter,
1839, als Dostojewskij achtzehn Jahre alt war, Ermordung des Vaters in der Nähe des Landgutes Darowaja.
1838–41 Besuch der Ingenieurschule in Petersburg.
1843–44 technischer Zeichner im Kriegsministerium,
1844–49 freier Schriftsteller in Petersburg.
Übersetzte Balzac und George Sand ins Russische. Eigene Publikationen: ›Arme Leute‹, ›Der Doppelgänger‹, ›Weiße Nächte‹, ›Die Wirtin‹.
Am 23. 4. 1849 als Mitglied der Petraschewski-Verschwörung verhaftet, zum Tode verurteilt, eine Minute vor Vollstreckung des Urteils begnadigt, acht Monate Haft in der Peter-und-Paul-Festung. Vier Jahre bis 1854 in der Katorga in Omsk in Sibirien.
Von 1854 bis 1857 Soldat in Semipalatinsk in Sibirien.
1857 Ehe mit Marja Dimitrijewna Issajewa.
Zwischenstation in Twer, wo er auf die Erlaubnis des Zaren wartete, wieder in St. Petersburg wohnen zu dürfen.
Ab 1859 wieder in St. Petersburg.
Publikationen: ›Ein kleiner Held‹, ›Onkelchens Traum‹, ›Das Gut Stepantschikowo‹, ›Erniedrigte und Beleidigte‹, ›Erinnerungen aus einem Totenhaus‹.
Ab 1861 Liaison mit Polina Suslowa.
1864 Tod Marja Dimitrijewnas, seiner ersten Frau. Zweite Ehe mit Anna Grigoriewna Snitkina, die er als Stenotypistin engagiert hatte. Reisen mit Polina Suslowa, später mit Anna Grigoriewna nach Paris, Dresden, Bad Ems, Vevey, Florenz, Bad Homburg, Baden-Baden, Rom, Köln, Kopenhagen, Neapel, Genua, Mailand, Turin, London. Meistens ohne Geld, auf der Flucht

vor Gläubigern und Verlegern, viel in Spielsälen, schrieb in Wiesbaden den ›Idioten‹. In Dresden mehrmals und längere Zeit gewohnt, der Sixtinischen Madonna wegen, die er sehr liebte.

1868 Geburt und Tod der Tochter Sonja, 1875 Geburt – 1878 Tod des Sohnes Aljoscha. Der Sohn Mischa und die Tochter Ljubow blieben am Leben.

Publikationen bis 1880: ›Aufzeichnungen aus einem Kellerloch‹, ›Schuld und Sühne‹, ›Der Spieler‹, ›Der Idiot‹, ›Der ewige Gatte‹, ›Die Dämonen‹, ›Tagebuch eines Schriftstellers‹, ›Der Jüngling‹, ›Die Sanfte‹, ›Traum eines lächerlichen Menschen‹, ›Die Brüder Karamasow‹.

Viel Zeit verloren, viel Zeit gewonnen.

Gestorben in St. Petersburg am 28. 1. 1881, neunundfünfzig Jahre alt.

Statement des Dichters Josef Brodsky

Leningrad ist eine sehr schöne Stadt. Diese Schönheit ist von der Art, die entweder vom Wahnsinn erzeugt wurde oder diesen Wahnsinn in sich trägt. Dostojewskij verbrachte hier den größten Teil seines Lebens. Hier liegt er auch begraben. In seiner Rede anläßlich einer Puschkin-Feier sagte er, daß Puschkin für die russische Kultur und die russische Nation eine prophetische Erscheinung gewesen sei. Dasselbe kann man auch von ihm sagen.

Dostojewskij ist der erste russische Schriftsteller, der das Thema des Absurden berührte.

Man sagt: »Ein guter Dichter ist ein toter Dichter.« Nun, Dostojewskij ist tot und begraben auf dem Friedhof in der Lavra. Das Leben geht weiter, die Stadt ist nach wie vor schön und – wahnsinnig. Darin liegt die Richtigkeit, die prophetische Wahrheit Dostojewskijs.

Wer Augen hat zu sehen, sehe!
(1970)

Als Voraussetzung ein Geständnis: Ich mache mir nicht viel aus Pracht-Fotobänden, ob sie nun dänische, sowjetische, amerikanische oder deutsche (BRD oder DDR) Leistung in Farbe darbieten oder tschechische; die gut geklickte, gut belichtete Pracht läßt mich ziemlich kalt. Was ich aufbringe, ist Verständnis dafür, daß Völker, Nationen, Staaten, Gemeinschaften aller Art, oder auch Firmen gern vorzeigen, was sie erstellt haben oder was ihnen von der Geschichte zugestellt worden ist: etwas so Erstaunliches wie den Kreml oder die Stadt Leningrad in ihrer Gesamtheit, den Kölner Dom oder das römische Souterrain dieser Stadt, die Sehenswürdigkeiten italienischer Städte, die man aufzählen oder abbeten könnte wie einen Rosenkranz – von Verona bis Palermo. Es gibt außerdem ökonomische Leistungen herzuzeigen: Zuchtbullen, automatische Walzstraßen, faustgroße Kartoffeln, Neubauten, U-Bahn-Tunnels und den obligatorischen Blick ins lebhafte Nachtleben. In diesem Stolz, das Sehenswürdige vorzuzeigen, liegt viel Kindliches, wie bei einem Jungen, der mittags stolz einen Einser mit nach Hause bringt, verbriefte Leistung auf den Tisch legt: Seht her! So tüchtig bin ich. Da werden Schultern geklopft und Prämien vergeben, Gesichter strahlen, und das Ganze, ob nun ein Stadt- oder Fabrikdirektor einen Orden umgehängt oder der Junge mit der Eins ein Eis spendiert bekommt, hat etwas Rührendes. Schließlich strahlen Politiker und Industrielle auch gern einmal, wenn sie ein gutes, anerkennendes Wort zu hören bekommen. Hier wäre eine endlose Meditation über Repräsentation fällig, mit einem ausführlichen Anhang über das Zensurensystem – ich will sie mir und dem potentiellen Leser ersparen. Was prominent ist, hervorragt also, ist selten repräsentativ – ganz gleich, ob's sich um literarische oder politische Prominenz handelt. Da ich schon einmal bei Geständnissen bin, ein weiteres: Ich finde den Kreml herrlich, Leningrad traumhaft, die Eremitage als Gebäude und als Museum unbeschreiblich, und ich steige hin und wieder gern ins römische Souterrain von Köln hinunter. Schließlich kann man in Sehenswürdigkeiten tun, was man in fremden Städten und Ländern ausgiebig tun sollte: spazierengehen, und überall begegnet man Menschen; so wird das Sehenswürdige zwar gesehen und doch zum »Nebenbei«. Ein solcher Prachtband besteht notwendigerweise aus lauter Einsern wie das Zeugnis eines Musterschülers. Nun sind Musterschüler so problematisch wie ihre Einser, wie das ganze Leistungs- und Zensurensystem. Ich würde zum Beispiel einem Jungen, wenn ich schon gegen meine Überzeugung Zensuren erteilen müßte, eine Eins geben, wenn er in einem Diktat statt 110 Fehlern nur noch 56 hätte, obwohl er mit 56 Fehlern »objektiv« wahrscheinlich noch eine dicke Sechs verdient hätte.

Soweit meine Geständnisse und Voraussetzungen. Ich habe den dunklen Verdacht, daß sie für viele Maler, Autoren, Filmleute zutreffen und daß ihretwegen so ungeheuer viele Mißverständnisse, Gekränktheiten, Dementis, Verleumdungen und Kampagnen entstehen. Ein Autor oder ein Maler kann natürlich privat hin und wieder – und das bis zu Tränen – gerührt sein, aber das, was er macht, darf niemals Rührung erwecken. Bewegung, auch innere, im Sinne des vielgeschmähten Wortes Emotion: ja. Rührung: nein. Nie. Gerührt wird nur in der Suppe, im Pudding; Teig wird gerührt (für Pfannkuchen und Waffeln etwa), und in diesem Sinne gibt es natürlich Künstler, die viel Rührung verursachen: die Genremaler zum Beispiel. Bewegung ist etwas anderes. An und in Moskau ist nichts Rührendes, auch nicht an und in Köln, dieser vielgeschmähten und durch jahrtausendealten Schmutz gesegneten Stadt, aber viel Bewegendes. Es geht hier um den materialistischen, den physikalischen Unterschied zwischen rühren und bewegen.

Hätte ich Zeit, Gelegenheit, einen guten, sehr sensiblen Kameramann, viel gutes, farbempfindliches Filmmaterial, würde ich gern zwei Filme machen. Den ersten mit den Menschen auf Moskaus Straßen, einen Film mit etwa zwei Millionen Stars und ohne Sehenswürdigkeiten im überkommenen Sinn der Repräsentation; möglicherweise würde ich inkonsequenterweise dem Kreml gestatten, den Menschen auf Moskaus Straßen und Plätzen mal kurz über die Schulter zu gucken; in meinem Film würde man kein einziges Auto sehen, nur Fußgänger, diese ununterbrochen strömende, sich bewegende Menge von Millionen Menschen, die ich nicht als »Masse« empfinde; vielleicht würde es sogar genügen, mit einer Kamera ganz langsam, dem Kreml abgewandt, an der kilometerlangen Menschenschlange vorbeizufahren, die auf dem Roten Platz dort ansteht, um einen Blick auf den einbalsamierten Lenin zu werfen; zuerst nur Gesichter, dann nur Beine, nur Hände, schließlich die Leiber; wieder Gesichter. Wahrscheinlich würde den meisten Zuschauern ein solcher Film unbeschreiblich monoton vorkommen, weil sie, obwohl sie fast nur noch sehen, den biblischen Spruch vergessen haben: Wer Augen hat zu sehen, der sehe! Dann müßte jemand einen ähnlichen Film über London machen, einen über New York, über Berlin (Ost und West), über Rom, über Peking, und vielleicht würde man dann annähernd wissen, was das ist: ein Sowjetmensch, ein Brite, ein Amerikaner etc. Einfall für einen utopischen Film: eine Million Sowjetbürger, die durch New York, eine Million Amerikaner, die durch Moskau, eine Million Deutsche, die durch Peking spazierengehen. Die einzig wahre, einzig mögliche Form der Invasion, auch die einzig mögliche Art der »Völkerverständigung«, die ja eines Tages zur Völkerverständigung werden sollte. Im Sinne der letzteren ist ein solcher Fotoband in jedem Fall zu begrüßen; er ist geeignet, Augen zu öffnen, Vorurteile zu korrigieren und auf spätere Spaziergänge in diesem Land vorzubereiten, das uns und dem wir immer noch zu fremd sind. Da er außerdem einen Überblick über die sowjetische Literatur enthält, bekommt er den Hintergrund, der einer bloßen Foto-Auswahl fehlen würde. Außerdem bin ich immer noch und immer wieder bereit, der Sowjetunion, ihren Völkern und deren Menschen die Vorgabe anzurechnen, die ihr und ihren Bewohnern immer wieder verweigert wird, obwohl sie ihr und ihnen geschichtlich zusteht: das Ausmaß an Zerstörung, Verbrechen und Mord, das auf ihrem Territorium zwischen 1941 und 1945 verübt worden ist; diese bisher nicht ausgemessene Vorgabe hebt das, was die Sowjetunion vorzuzeigen hat, in eine andere Dimension und macht auch ihre »Einser« mehr bewegend als rührend. Und wenn ich einen Film machen möchte, nur mit Gesichtern, Händen von Sowjetmenschen (auf ihre Beine müßte ich wahrscheinlich verzichten, weil ich zum Thema Bekleidung, Unterabteilung Fußbekleidung, eine ganze Soziologie, Philosophie und Theologie der Kleidung unter Berücksichtigung des sogenannten Ost-West-Gefälles liefern müßte, um Hochnäsigkeit und Snobismus westlicher Beschauer eines solchen Films aufs gehörige Maß zu reduzieren) – dann nur, weil ich Menschen und ihre Gesichter für die wahren Sehenswürdigkeiten halte.

Der zweite Film, den ich unter den gleichen technischen Voraussetzungen gern machen würde: über alle Variationen und Stationen des Tauwetters in Moskau nach einem langen und harten Winter; ein Film zwischen schneeweißer Reinheit und jenem dreckigen, ölig-gelben Schwarz, zu dem sich etwas, das einmal Schnee gewesen sein mag, an den großen Moskauer Ausfallstraßen auftürmt. Der adlige Schnee, der proletarische Schnee, der bürgerliche Schnee, der klassenlose Schnee, der heilige Schnee, der erniedrigte und beleidigte Schnee, der Schnee auf den Straßen, auf den Hinterhöfen; eine ganze Hierarchie des Schnees: wie er in verkehrstechnisch relativ unwichtigen Nebenstraßen liegenbleibt, zu Eis getreten und gefahren wird, während gleichzeitig die großen Boulevards und Prospekte sauber und schneefrei sind. Natürlich müßte in einem solchen Film auch die Lösung der ungeheuer interessanten technischen Probleme gezeigt werden, die in einer riesigen Stadt wie Moskau durch Schnee und Eis entstehen: Wo sitzt der Mensch, der für Eis und Schnee in Moskau verantwortlich ist, wie heißt er, welche Armee von Hilfskräften steht ihm zur Verfügung, wer hat diese Apparate erfunden, die ein wenig an Schiffsschrauben erinnern und mit denen der Schnee automatisch auf Laufbänder, von Laufbändern auf Lastwagen transportiert wird? Hat er – wenn schon Orden – je einen Orden bekommen? Blickt der Hauptverantwortliche nachts mit umwölkter Stirn, mit seinem Pyjama bekleidet, sorgenvoll zum Himmel, wenn er gerade die wichtigsten Straßen schneefrei hat und Neuschnee fällt?

Diese schneeweiße Schneeunschuld, die ihm wahrscheinlich einen Fluch entlockt und ihn veranlaßt, zum Telefon zu greifen und jene Räumwagen zu mobilisieren, die zu dreien oder vieren, exakt hintereinander gestaffelt, die großen Boulevards und Prospekte von dieser lästigen, vom Himmel fallenden Unschuld befreien? Das Faszinierende an Moskau im Tauwetter ist die Gleichzeitigkeit verschiedener Winterstufen: ganze Schneegebirge in Höfen, als würden sie dort für eine schneeknappe Zeit gestapelt, während auf den Straßen schon Frühling herrscht; in absönnigen Straßen hacken Frauen mit Brechstangen halbmeterdicke Eisschichten los, während einige hundert Meter weiter die Menschen schon auf Plätzen in der Sonne sitzen; in diesen Straßen fröstelt man, während man einige hundert Meter weiter den Mantel auszieht. Schließlich: das Wasser, es tropft von Dächern, fließt aus abschüssigen Straßen – wiederum nach unerbittlichen physikalischen Gesetzen – in tiefer gelegene, bildet Pfützen, staut sich an verstopften Kanälen; auf der geringsten Unebenheit von Asphalt oder Pflaster bildet sich ein kleiner See; Frauen schieben und schaufeln von den Riesendächern der Moskauer Altstadt meterhohen, halb schon zu Matsch gewordenen Schnee auf die Straße, die abgesperrt werden muß. Bäche verschiedener Farbe, verschiedener Größe, je nach Abschüssigkeit, entstehen. Letzten Endes wäre der unvermeidliche Blick in die Abwässerkanäle zu werfen, wo diese gurgelnden, schmutzigen Wassermassen, die einmal schneeweißer Schnee waren, mit Moskauer Straßenstaub und Dächerdreck vermischt, Moskau endgültig verlassen. Ein solcher Film würde – nach den Maßstäben eines realistischen Autors gemessen – auch aus lauter Einsern bestehen: eine Eins für den Cheforganisator der Moskauer Schnee- und Eisräumkommandos, für den Konstrukteur des Schnee-Schaufelfließbandes, lauter Einser für die Frauen, die auf den Dächern Schnee schaufeln, für die Männer, die unten auf der Straße die Absperrung bewachen und Passanten vor Unheil bewahren, und natürlich für die Ingenieure, die die Abwässerkanäle entworfen und gebaut haben und den zu Wasser gewordenen Schnee seiner Vergänglichkeit überliefern. Ein solcher Film müßte natürlich in Farbe sein, und er würde, fürchte ich, als abstrakt, als gegenstandslos empfunden, obwohl er keinerlei Fiktion, nur organisiertes Material, das was man gemeinhin Wirklichkeit nennt, enthalten würde. Vielleicht wäre ein solcher Film, an dem nichts erfunden, der nur komponiert wäre, geeignet, törichte Vorurteile gegen Kunst zu korrigieren. Außerdem denke ich, der Schnee Rußlands, der Schnee Moskaus, der Schnee der Sowjetunion hätte ein Denkmal verdient; der lange und harte Winter mag von vielen Bewohnern Sowjetrußlands als Fluch empfunden werden, zweimal war er ganz gewiß ein Segen: in den Jahren 1812 und 1941. Schließlich dürfte auch in einem solchen Film – und das aus materialistischen, nicht aus metaphysischen Gründen – der Himmel nicht vergessen werden, der den Schnee immer dann herabfallen läßt, wenn er »geschichtlich« notwendig wird. Und beide Filme, glaube ich, wären nicht rührend, aber bewegend. Ein paar Worte müssen gesagt werden über die Autoren und Künstler, die unbedingt *auch* in die Abwässerkanäle blicken wollen; man verdächtigt sie so gern, daß sie es drauf abgesehen haben, nur den Schmutz zu sehen, die Slums, die Krüppel, das Nicht-Repräsentative; für sie, diese merkwürdigen Autoren, ist eben etwas anderes repräsentativ, jenes nie erfaßbare Etwas, das man Leben nennt und unter dem jeder etwas anderes versteht, wie jeder etwas anderes unter Wirklichkeit versteht. Diese bestimmte Sorte von Autoren, die – real wie symbolisch gesprochen – unbedingt in die Abwässerkanäle blicken wollen, sind die einzig wahren Realisten, auch wenn sie aus den Materialien Schnee und Moskau abstrakte Filme machen möchten; Schnee in Städten hat das Schicksal, zu Wasser und schmutzig zu werden, zum Segen für die Menschen, die nicht in ewigem, reinem Schnee leben möchten; dort, wo der ewige, der reine Schnee liegt, kann man nur unter künstlichen Bedingungen leben.

Dürfen Russen lachen? (1976)

Dürfen Russen lachen? Würde man Radio Eriwan diese Frage stellen, ich bin sicher, die Antwort würde lauten: »Im Prinzip nein. Ausnahmen sind gestattet.«

Ich möchte diese Frage nicht Radio Eriwan stellen, sondern einer ebenso fiktiven Instanz: der Menschenbild-Kommission der CDU/CSU. Ich bin mir der Antwort nicht sicher, fürchte aber, sie würde ungefähr so lauten wie die fiktive Antwort von Radio Eriwan. Im Prinzip, fürchte ich, kann – oder besser gesagt: *darf* – niemand glücklich sein, der nicht der Segnungen der Freien Marktwirtschaft teilhaftig wird. Ich hoffe, daß ich den Grafen Franz Ludwig Schenk von Stauffenberg nicht allzusehr mißinterpretiere, wenn ich seine Äußerung am 29. Januar 1976 im Bundestag über ein Zitat von Heidemarie Wieczorek-Zeul nicht direkt *so*, aber in dieser Richtung verstehe. Das Zitat selbst ist dabei unwichtig.

Frau Wieczorek-Zeul *sollte* gesagt haben, die Menschen dort (in der Sowjetunion!) seien fröhlich und entspannt, der Sozialismus mache Freude, sogar Spaß. Inzwischen hat Heidemarie Wieczorek-Zeul dieses Zitat glaubwürdig dementiert. Unwichtig ist auch, aus welch obskuren Ekken die eine Partei polemisches Material gegen die andere zusammenkratzt. Geschenkt. Merkwürdig bleibt, daß für einen Bundestagsabgeordneten der CSU ›Nowosti‹ plötzlich zu einer glaubwürdigen, im Bundestag zitierbaren Quelle wird. Aber auch das: geschenkt.

Mich interessiert – ich bitte nach links, nach rechts und in die Mitte hin tausendmal um Verzeihung – der metaphysische Ansatz einer solchen Polemik. Sind Russen, Sozialisten, Kommunisten und alle möglichen Mischungen, ohnehin, was die Ewigkeit betrifft, in die Hölle verwiesen, sollen sie auch auf dieser Erde zur totalen Freudlosigkeit verdammt sein? Ich finde das nicht nur unchristlich, auch ungerecht. Ich würde gern das links unterschätzte, rechts mißbrauchte Genie der Sachlichkeit, Thomas von Aquin, diesen beharrlich und leidenschaftlich nach Wirklichkeiten suchenden »stummen Ochsen« (nein, nicht Marx und Marcuse, sondern diesen für die CDU/CSU ja eigentlich zuständigen »stummen Ochsen«) gelegentlich mal fragen, ob eine solch doppelte Verdammung der metaphysischen Wirklichkeit entspricht.

Die Menschen in der Sowjetunion haben natürlich ihren Kummer (sogar manchmal so etwas Unmarxistisches wie Liebeskummer), sie haben ihre Sorgen, ihre Nöte, ihre Ängste, materielle und (ja!) nicht materielle. Sie leben – wie wir! – in diesem irdischen Jammertal, und es bedarf keiner marxistischen, auch keiner antimarxistischen Argumente, es bedarf nur des äußerst reaktionären Hinweises auf die auch in der Sowjetunion noch nicht so sehr veränderte Natur des Menschen, um festzustellen, daß man auch in den jämmerlichsten Versionen des Jammertals nicht permanent jammert. Unter den jämmerlichsten Versionen des irdischen Jammertals verstehe ich *nicht* die Sowjetunion, sondern extreme Situationen wie Lager, Gefängnisse, auch die Stationen des ›Archipel Gulag‹.

Im ›Ersten Kreis der Hölle‹ zum Beispiel herrschen Terror, Bürokratie, bürokratischer Terror, und doch erlauben sich die Häftlinge luxuriös-ausgiebige Gespräche, Referate ideologischer Art, wie sie etwa zwischen Rubin und seinen Mithäftlingen stattfinden, die nicht nur, aber auch clowneske Züge haben. Und es gibt da kleine und größere Flirts zwischen Häftlingen und »freien« Mitarbeiterinnen, Neckereien, die jemand, der nie gefangen war, vielleicht neckisch vorkommen. Kleine Freuden werden zu großen. Es ist noch lange nicht erwiesen, daß Menschen, die in Freiheit und Luxus leben, permanent fröhlich und entspannt sind. Und wer nicht das nötige Kleingeld hat, um alle Angebote der Freien Marktwirtschaft anzunehmen, der mag weitaus weniger fröhlich sein als der, dem die Verführungen dieses Marktes gar nicht erst zur Hand sind.

Ich mag den linkischen Seitenhieb des Grafen Stauffenberg nicht überstrapazieren (besonders nicht, seitdem als erwiesen gelten darf, daß CSU-Mitglieder und Jusos *wirklich* hilflose Kinder *nicht* beißen!).

Ich warne nur vor der Illusion, das Leben in der Sowjetunion wäre freudlos. Meine Lieblingsbeschäftigungen, wenn ich dort bin: mit Freunden zusammensein oder spazierengehen, und letzteres wird weder von Funktionären verstanden, die – völlig unberechtigterweise! – Unheil wittern, Konspiration ahnen, noch wird es immer von meinen Freunden verstanden, die das manchmal »banal« finden. Aber ich sehe nun einmal gern die Gesichter von Menschen und in die Gesichter von Menschen und denke mir das meine dabei: unpolitisch, unliterarisch, ein bummelnder Zeitgenosse, der beobachtet, wie man *dort* mit Kindern umgeht: energisch und zärtlich zugleich, besorgt, und ich erinnere mich eines Taxifahrers, mit dem ich ziemlich lange fuhr: Er hatte (illegalerweise, nehme ich an!) sein dreijähriges Töchterchen bei sich, solange seine Frau einkaufen war.

Auch *dort* gehen oder kommen die Menschen vom Einkaufen, gehen zur Arbeit oder kommen von ihr, eilen zu Rendezvous (legitimen und illegitimen), sie gehen ins Kino, ins Theater, zum Konzert, zum Tanz, treffen sich mit Freunden. Möglicherweise muß der eine oder andere in eine Parteiversammlung, und ich will nicht einmal behaupten, daß es gerade die sind, die mürrisch wirken.

Ja, ich weiß, diese Völkerscharen, die sich durch Moskaus Straßen bewegen, haben nicht ihr Auto um die Ecke stehen, die meisten wohnen zu eng, viele von ihnen hätten gern westliche Schuhe, einen westlichen Hut oder eine westliche Bluse, aber ich bin mir nicht sicher, ob sie – plötzlich in den Westen versetzt – fröhlicher oder entspannter wären. Nur wenige Emigranten sind hier so glücklich, wie wir sie gern hätten. Es fehlt ihnen etwas – nein, nicht die sowjetischen Hüte, Schuhe, Blusen; es fehlt ihnen – mag man die gesamte russische Literatur in einen Computer füttern, um endlich herauszufinden, was das ist –, es fehlt ihnen Rußland. Ich nehme an, es fehlt ihnen, um fröhlich zu sein, und es fehlt ihnen, um richtig traurig zu sein, und es fehlt ihnen möglicherweise sogar, was ihnen *dort* fehlte. Ich werde mir nicht anmaßen, die russische Seele zu ergründen, ich möchte nur feststellen: Es gibt sie.

Die Feststellung, *dort* wären die Menschen fröhlich und entspannt, wäre zu generell, um gültig zu sein. Aber es wäre die Gegenfrage zu stellen: Wo sind die Menschen denn fröhlich und entspannt? In New York, in Paris, in Rom oder etwa in Bonn? Mir sind immer die Menschen in London als die entspanntesten erschienen – und bedenkt man die nationalökonomische Lage Englands, den ständigen, überall und jederzeit zu erwartenden politischen Terrorismus und den Tiefstand des englischen Pfundes, so wäre das schon überraschend genug; englische Freunde haben mich vor diesem Eindruck oft genug gewarnt und darauf hingewiesen, daß unter dieser (wie sie sagen) Maske der Entspanntheit sämtliche Krämpfe des Puritanismus lauern (was ich nicht glaube). Ebenso entspannt erschienen mir die Menschen in Dublin und Kopenhagen, und auch dort gab es entsprechende Warnungen. Ob die Chinesen so entspannt und fröhlich sind, wie sie wirken?

Und wir? Wie entspannt und fröhlich sind wir denn, die wir so gern unser »Menschenbild« preisen. Ich riskiere die banale Frage, wie entspannt und fröhlich ist er denn, *der Mensch?* Man sollte nicht nur Thomas von Aquin fragen, auch Marx und Marcuse – noch besser wäre es, die gesamte Weltliteratur zu Rate zu ziehen. Ich habe die Empörung des Grafen Stauffenberg nur zitiert, weil sie mir typisch für ein bestimmtes Denkdogma und eine gestiefelte Art von Humorlosigkeit erscheint.

Natürlich gibt es in der Sowjetunion unzählige Menschen, die unter dem gegenwärtigen System leiden und gelitten haben, materiell und (noch einmal: ja) nicht materiell. Das russische Volk ist älter als das sowjetische System, und wir, die Deutschen, sind älter, viel älter als unsere schüchternen Versuche zur Demokratie, die insgesamt weniger lange dauern (und gedauert haben), als das sowjetische System alt ist. Wir sollten uns nicht zu viel einbilden. Wenn sich die Menschenbild-Kommission der CDU/CSU wirklich bildet, sollte sie oft nach Moskau fahren und dort spazierengehen, nicht als Delegation, sondern privat – wenn man sie läßt.

Shalom
(1978)

Dreimal, in den Jahren 1969, 1972 und 1974, bin ich in Israel gewesen, insgesamt 30 Tage, 720 Stunden, ich will die Minuten nicht auch noch vorrechnen, wenn das auch vielleicht notwendig wäre, denn ich habe mich nur stunden-, manchmal minutenlang, kaum einmal tageweise unbetroffen gefühlt. Ich beneide die Deutschen, die unbetroffen sein können. Ich konnte es nur selten sein, das muß vorausgesetzt sein, wenn ich hier ein paar Eindrücke wiederzugeben versuche. Es ist nicht die Frage meiner Schuld (manchmal beneide ich die eindeutig Schuldigen) oder Unschuld, es ist nicht die Frage der Kollektiv- oder Einzelschuld, es ist das Bewußtsein, nicht nur Zeitgenosse der »Endlösung«, sondern deutscher Zeitgenosse gewesen zu sein, Zeitgenosse dieser mit unfaßbarer Gründlichkeit vorbereiteten Ausrottung, wie ich sie bisher am eindringlichsten in H. G. Adlers großer Studie ›Der verwaltete Mensch‹ dargestellt fand.

Israelische Freunde haben mich als Einzelperson freizusprechen versucht. Emanuel Ben Gorion, der mich bei meinem ersten Besuch mit einer sehr liebenswürdigen Ansprache willkommen hieß, Ernst Simon, Werner Krafft, andere im Gespräch – ich hätte den Freispruch gern angenommen, er drang nicht durch, nicht in mich ein; es ist nicht das Problem von Anklage, Untersuchung, Freispruch, für »schuldig« oder »nicht schuldig« befunden zu werden, es ist eben nicht nur ein moralisches Problem, nicht einmal nur ein menschliches, es ist nicht einmal das Problem der Zeugenschaft, sondern der Zeitgenossenschaft, und vielleicht sind viele Deutsche, zu sehr darauf bedacht, sich freizusprechen oder freigesprochen zu werden, sich bis heute nicht klar darüber, welcher Zeit Genossen sie waren, Zeitgenossenschaft ist nicht Schuld, und so gibt es keine Absolution, es gibt kein Bekenntnis. Aufgefordert, anläßlich eines internationalen Kongresses in Yad Vashem, der Gedenkstätte für die ermordeten europäischen Juden, eine Rede zu halten, konnte ich kein

Wort herausbringen. Ich war zu sehr betroffen, und mir schien, Sprache sei sinnlos geworden.

Nicht nur, was in Yad Vashem dokumentiert ist, bringt deutsche Geschichte nach Israel, auch die Probleme des Staates Israel hängen mit dieser Geschichte zusammen. Israel, so schien mir, ist ein Land, in das man freiwillig gehen soll, in dem man arbeiten, siedeln, mitarbeiten muß. Zu viele europäische Juden mußten, um ihr nacktes Leben zu retten, nach Israel gehen, sie sind Vertriebene, und ich denke, ich fürchte, ihnen ist das Arabische, das Palästinensische fremd, sie sind Fremde geblieben, und manche Probleme Israels haben wahrscheinlich in dieser Fremdheit ihre Ursache. Die Ruhe und die Sicherheit, die Israel braucht, mit sich selbst, in sich selbst, um sich herum, kann es sich selbst nicht garantieren. Wer garantiert beides? Es gibt so wenig arabische Kritik an und in den arabischen Staaten an deren Politik gegenüber Israel. In Israel gibt es Signale für Verständigung und Versöhnung genug, in der Philosophie, der Religionswissenschaft, der Literatur. Würden diese Signale nur empfangen und entschlüsselt (manche sind unverschlüsselt), es könnten Edom und Jacob gemeinsam im neuen Jerusalem wohnen.

Es fällt mir schwer, über Israel zu schreiben. Seine Geschichte, seine Entstehung, seine Probleme sind bekannt, die Lösungen umstritten, in Israel und außerhalb. Ich fühle mich weder berechtigt noch mit den notwendigen Kenntnissen der Zusammenhänge ausgestattet, um Lösungen – gar mit erhobenem Zeigefinger – vorzuschlagen. Es bleibt vorausgesetzt: meine Betroffenheit, meine Befangenheit.

Was mich am meisten bewegt, was mich beeindruckt hat, in Jerusalem, im Sinai, auf dem Ölberg, im Norden Galiläas, fast überall: das Biblische, von dem ich nicht weiß, wie es als Vorstellung in mir entstanden ist. Die peinlich illustrierten, textlich reduzierten, fast kastrierten Schulbibeln können diese Vorstellung nicht erweckt haben; auch nicht der Religionsunterricht, der sich fast ausschließlich in Apologetik und Anankasmen verlor. Das Biblische auf beide Schriften bezogen – es muß aus dem Wort, den Wortbildern gekommen sein, die diese Vorstellung schufen, stark genug, um durch die reduzierten Texte hindurchzuwirken. Und es trennte sich bei mir, in mir, diese Vorstellung nicht in die Söhne Jacobs und die Söhne Edoms, nicht in Beduinen und Ackerbauern, ich fand das Biblische auf den Straßen rund um den Sinai herum, in den kleinen Beduinenmädchen, die an den Straßen hockten und stickten, ich fand es auf dem Ölberg. Am wenigstens fand ich es an den Heiligen Stätten der Christenheit. Dieser Kampf um Steine und Stellen, um Platz und Segen, dieses Vorzeigen konfessioneller Sehenswürdigkeiten und Besitzstände hat mir nichts bedeutet. Natürlich sah und respektierte ich die Ergriffenheit der Pilger, ich konnte diese Ergriffenheit nur nicht teilen: Das alles war und ist mir zu demonstrativ, zu weit von dem entfernt, was das biblische Wort in mir bewirkt hat, ausgelöst hat. Es ist mir gleichgültig, ob der Menschgewordene da oder dort vier oder fünf Schritte abseits gegangen ist, gestanden hat, wo genau er geboren und gestorben ist, und so waren die Warnungen eines Kollegen, der mich vor Enttäuschungen bewahren wollte, überflüssig. Das Detektivische an der Heilsgeschichte und an Gottesbeweisen hat mich nie berührt, und der Streit um Zentimeter und Meter ebensowenig.

Ich bin dafür nicht geschaffen und auch für Sehenswürdigkeiten nur auf zweiter oder dritter Ebene der Wahrnehmung. Natürlich weiß ich nicht nur, sondern spüre auch, daß der Platz um den Felsendom herum einmalig ist, daß er atmet: Raum und Räumlichkeit hat – wie der Rote Platz in Moskau und der Kreml aufgetürmte Geschichte –, doch einmal, da mitten im Feld zwischen zwei arabischen Dörfern, an der Stelle, wo Sychar gewesen sein soll (oder gewesen sein könnte), ein paar Mauerreste, die mich gleichgültig ließen, dann aber, als wir uns bückten, hatten wir plötzlich die Hände voller Tonscherben, als wären sie über den steinigen Acker gesät worden: Scherben, Scherben, wohin einer griff, mehr Scherben als Steine, und diese Ernte an noch nicht ganz vergangener Vergänglichkeit, das war wirklicher als die Mauerreste, an denen man herumrestauriert hatte.

Wie viele Menschen mußten hier gewohnt haben, hier, wo man weit und breit kein bewohntes oder bewohnbares Gebäude mehr sah; hier, wo der Brunnen gestanden haben soll (oder könnte), an dem einer einer Ehebrecherin die Zahl ihrer Liebhaber auf den Kopf zusagte – und das lebendige Wasser versprach. Waren die Scherben 1500, 2000, 3000 Jahre alt, so alt wie Jericho oder gar älter? Ich machte keinerlei Anstrengung, das herauszufinden, hier nicht und später nicht, wir füllten ein paar Hände voll Scherben in eine leere Brottüte, um sie später zu Hause als Andenken ans Heilige Land zu verteilen: soeben noch als geformt erkennbare Erde, biblischer Staub, fast vergangene Unvergänglichkeit. Sychar? Keiner weiß es – und doch ist es wirklich.

Die biblische Hitze in Haifa: der »Glutofen«, die Hitze außerhalb des Autos um ein Vielfaches heißer als im Auto, der glühende Atem des Wüstenwindes, wieder war's das Wort, das sich verwirklichte, und das Wasser, die Wasser Israels werden zu mehr, als sie sind: Leben, Heilung, Segen, Wasser und Fußwaschung werden zu mehr, als sie sind, so wie Brot zu mehr wurde, als es ist (war). Israel ist mehr als der Staat Israel, nein, nicht größer, mehr! Die hierhin wollten und hierhin zogen, früh und freiwillig, wollten mehr als einen modernen Staat, mit seinen Schwächen, Fehlern, Dummheiten; sie wollten Heimat, und manche mögen sich nun in einen Staat zurückgeworfen fühlen. Wo sind Staat und Heimat schon deckungsgleich? Für die Israelis kölnischer Herkunft, denen der Atem im Glutofen stehenblieb wie mir, kam ich »aus der Heimat«, sie wollten Witze hören, wollten hören, daß Köln immer noch schön (wenn nicht gar die schönste) ist. Sie müssen mich als einen Abtrünnigen, als einen wahren Verräter empfunden haben. Ahnten sie nicht, daß Köln durch das, was sie vertrieb, durch das, was die meisten Juden nicht überlebten, gar nicht mehr »das alte Köln«sein kann? Auch für mich nicht? Ich versuchte, ihnen zu erklären, daß Köln nicht mehr meine erste, daß es meine dritte und vierte Heimat war; daß es dieses Köln, das ihre und meine erste Heimat war, nicht mehr gibt, und nicht nur, weil es zerstört wurde; daß ich das demonstrativ Kölnische, das Stadtoberhäupter, den Dialekt breit ausweidend, wie eine Fahne vor sich hertragen, nicht als Flagge zeigen kann? Daß es ein zweites, das

Kriegs-Köln, ein drittes, das zerstörte, ein viertes, das wiederaufgebaute Köln, gibt. Nein, was immer ich sonst sein mag, ein guter Kölner bin ich nicht, werde ich nie sein, so wenig, wie ich ein guter Berliner geworden oder gewesen wäre. So blieb von Köln, was nicht mehr ist, wirklicher als das, was noch ist: die Schule (die nicht mehr ist), die Bäckerei M. (die nicht mehr ist) in der P-Straße (dort haben wir unsere Brötchen gekauft), die Eisdiele (die nicht mehr ist), während der Dom (der noch ist) und das Ostermannlied keine rechte gemeinsame Wärme aufkommen ließen. Ausgenommen von dem, was noch ist, der Rhein, der nicht nur immer noch da ist, vielleicht sogar bleibt – und wie sollte ich ihnen, für die Wasser auf eine unsentimentale, die einzig wirkliche Weise ist, was es ist: kostbar, heilig – wie ihnen erklären, was man aus dem Wasser des Rheins gemacht hat, dieser Brühe, in der man, als sie noch Wasser war, sogar schwimmen konnte. (Ja, da unten an der Bismarcksäule und auch an der Bastei – diese schwimmenden Bäder, da bin ich so oft gewesen.) Nein, nicht einmal im Scherz verspreche ich, beim nächsten Mal eine Flasche Rheinwasser mitzubringen. Zweihundertfünfzig, zum Teil noch nicht identifizierte Giftstoffe. Oh, heilige Wasser Israels, heilende Waschung im Glutofen Haifas – wer sehnt sich da zurück an den Rhein, den grünen Rhein, der einem an Sommerabenden den Atem verschlägt? Es betrübt mich, ich konnte kein guter Kölner sein, nicht mit Gewalt, nicht mit Einsicht, nicht einmal aus Mitleid, und ein guter Propagandist für »Köln am Rhein, das schöne Städtchen« wäre ich ohnehin nie geworden. Sollten doch die Stadtoberhäupter und Provinzregenten nicht nur flaschenweise Kölnisch-, auch Rheinwasser mitbringen und die ehemaligen Kölner einmal dran riechen lassen! Auf daß sie erkennen, was am Rhein, am Rhein, am schönen Rhein gespielt wird.

In Israel weiß man, wie kostbar Wasser ist, die planende Vernunft, mit der in einem komplizierten System Wasser gesammelt, verteilt, zugeteilt wird, gilt diesem Element, von dem man weiß, daß es mehr ist, als es ist: lebendiges Wasser, Leben, Freude, Heilung, Reinigung – und entsprechende Strafen für Wassersünder. Die Sünde wider das Wasser ist bei uns noch zu entdecken. Immer wieder, wenn die Scherben aus Sychar (?) in der Brottüte rappeln, denke ich an die Frau, die dort zum Brunnen kam, an das Ewige der Höflichkeit dessen, der ihr das lebendige Wasser versprach, und es führt da eine Wort-, eine Sinn-, eine Höflichkeitsspur bis zu der Frau, die man auf dem Ölberg zu ihm führte, auf die da keiner den ersten Stein werfen wollte, und das nicht Tradierte, das Unbelegte, die Worte, die er da auf die Erde schrieb, wären vielleicht aufschlußreicher als manches, was tradiert ist: Dieses Spielerische, das L'art pour l'art des auf die Erde Schreibens, die Höflichkeit des Nicht-Verurteilens, nicht einmal Urteilens – natürlich hätte ich das gern auf dem Ölberg entdeckt. Was dort blieb: die Stille, die unglaubliche Stille eines Friedhofs, der wahrscheinlich Millionen Gräber beheimatet: Steine, die schon wieder Landschaft geworden sind, diese ungeheure Stätte der Erwartung des neuen Jerusalem (das auch die Christen nicht geschaffen haben) – dieser Friedhof, meßbar und abmeßbar in seinen Ausmaßen, irdisch katastertechnisch durchaus erfaßbar, ist ebenfalls mehr als er selbst, höher und tiefer als in Stockwerken ausdrückbar wäre, die fast unzähligen Steine haben hier »einen Berg versetzt«, wirken wie ein versetzter Berg, den die Hoffnung, die Erwartung des neuen Jerusalem versetzt hat: Mehr, weit mehr Juden als der Staat Israel Einwohner hat, sollen hier beerdigt sein, auf diesem Berg, auf dem jemand geduldig und höflich, vielleicht auch ein wenig peinlich berührt, die wilden Anklagen gegen eine Ehebrecherin anhörte, die er mit leisen Worten höflich entließ. Was wurde hier auf die Erde geschrieben? Vergangen und unwiederbringlich wie das, was Kinder (und Erwachsene) in den Sand schreiben, das die hereinströmende Flut wieder glättend auslöscht. Ich würde es so gern wissen, und warum hat da keiner über die Schulter gesehen und es überliefert: einen Kinderreim, ein Zufallswort, vielleicht sogar etwas Albernes. Vielleicht: Ihr seid ja alle doof? Vielleicht: Geschlechtlichkeit ist mehr als Geschlechtlichkeit. Wie Wasser mehr als Wasser, Brot mehr als Brot, Wein mehr als Wein ist, und der Mensch in seiner Geschlechtlichkeit ein bißchen mehr als das Tier. Ich wüßte es gern, und es interessiert mich mehr als alle Archäologen, alle Detektive entdecken können. Es wäre mir wichtiger als Grabeskirche, Stätte der Eifersucht und des Gezänks der Konfessionen, die sie unter sich geteilt haben wie die römischen Söldner den Leibrock. Doch ich will auch der Grabeskirche nicht unrecht tun: Auf ihrem Dach ist Leben, da wohnen die koptischen Mönche (oder sind es Priester?) in kleinen Häuschen, fast Buden, zwischen Pflanzenkübeln, mit ihren Frauen (oder sind es Nonnen?) – weit ab von Gezänk –, welch ein Friede auf dem Dach der Grabeskirche!

Ich bitte um Verzeihung, es ist mir einfach nicht gegeben, an den Heiligen Stätten der Christenheit Ergriffenheit zu empfinden. Ergriffen war ich, als ich den Berg sah (war es wirklich dieser oder ein anderer?), von dem herab eine Predigt gehalten wurde, diese verkörperte Poesie der Hoffnung, noch nicht verwirklichte Utopie – auf allen Kontinenten verraten, hier (war's wirklich dieser Berg?) – Worte in der Landschaft. Und der See (den wir See Genezareth nennen), bin ich hier schon einmal gewesen oder nur durch die Worte hierher versetzt worden, wieso glaube ich, den See zu erkennen? So sehr, daß mir nicht einmal die Autos (meins und die anderen) ungereimt vorkommen. Und ebenfalls hier (ja irgendwo hier) das Vaterunser zum erstenmal gesprochen – warum bewegt und berührt mich dagegen die Geburtskirche in Bethlehem so wenig wie die Grabeskirche, warum so wenig die Sehenswürdigkeiten, die jedes Land gern vorzeigt, historische Stätten und moderne Leistung, weniger jedenfalls als die Scherben von Sychar, mehrtausendjährige geformte Erde in der Hand, kurz bevor sie wieder vollends zur Erde geworden ist.

Vorausgesetzt ist der Respekt, der große Respekt vor soviel Fleiß und Leidenschaft, die ganze Bibliotheken füllen; die es genau, geschichtlich und geographisch genau wissen wollen, die ermessene, die abgemessene Wahrheit: dieser Hieroglyphenstein im Museum von Haifa, die Gläser im Glas-Museum bei Tel Aviv, die Geschichte und Entstehungsgeschichte des Glases, gleich gegenüber die des Geldes, und im Glas-Museum das Schönste, das der Kölner Untergrund zu bieten hat: Gläser, römische. Dieser internationale Brauch des Vorzeigens von Geschichte ist mir nie sehr nahegegangen, diese Demonstration dem (jeweils) ungläubigen Thomas gegenüber (schon die kölnische, bescheidene und doch aufgebauschte Einübung in versteinerte Geschichte hat mich nur als Material interessiert). Das Liebste (auch in Köln) war mir immer das Zerbrechlichste: Glas und Gläser als Scherbe und als Ganzes, dieser Traum von der erhärteten Durchsichtigkeit, noch nicht ganz verstanden, zu selbstverständlich genommen – zu schnöde behandelt – wie das Wasser.

In den wenigen Stunden der Unbetroffenheit und Unbefangenheit dachte ich, während ich durchs Land fuhr oder gefahren wurde: Vielleicht wäre ich kein schlechter Jude gewesen (oder geworden), gewiß aber wäre ich nie geworden, was ein amtierender Staatsmann oder Politiker sich unter einem »guten Israeli« vorstellt, ganz sicher keiner von der demonstrativen Sorte – eine Eigenschaft – das haben Künstler und Schriftsteller international gemeinsam –, die es unter unseresgleichen kaum gibt. Ich habe einen Film über Dostojewskij geschrieben, den ich – immer noch – für eine große Hommage an den russischen Geist und die russische Literatur halte: In der Sowjetunion hat er offiziell tiefe Gekränktheit bewirkt; ich habe einen Film über Irland gemacht, der – wie mir schien und immer noch scheint – ziemlich nah an Schmeichelei grenzte. In Irland gab es wüste Beschimpfungen, und als ich mal wieder dort war, sagte mir eine Nachbarin: »Haben Sie nicht Angst, daß Sie gesteinigt werden?« In einem Film über Israel (den ich nie machen werde, ich werde nie mehr einen Film über irgendein Land machen) müßte ich auch die (gelegentlich: fürchterlichen) häßlichen Tankstellen filmen, die man manchmal am Wüstenrand findet; nicht – wie mir schien – zufällig und notwendigerweise häßlich, sondern fast demonstrativ, aus einer Pionier-Mentalität heraus, von alten Ölbüchsen und Kanistern umsäumt, die obligatorische Imbißstube unter leeren Flaschen, Büchsen, Papptellern fast begraben, ganz im Gegensatz zu den wohlgeordneten Kibbuzim. Und in den Kibbuzim, als Gast, bei Gesprächen, in Diskussionen, tief in Betroffenheit und Befangenheit, die Schwierigkeit, mich vom Stigma des guten Deutschen zu befreien. Die Last des guten Deutschen möchte ich nicht tragen: Das wäre zu schwer für mich, zu leicht für alle Nichtdeutschen, die vielleicht die Schuld loswerden möchten, Genosse der Zeit und Überlebender zu sein: Da nützt – um das loszuwerden – auch keine Fahrt durch die Wüste, um den Sinai herum, an Eilat vorbei, den herrlichen Golf von Akaba entlang, nicht die Fahrt mit dem Glasbodenboot, von dem aus man die Meerestiere bewundern kann; nein, nicht der wunderbare Abend in Sharm el Sheik, das Bad im Meer und zurück über Abu Rodeis, von dort in sechs Stunden »abgemacht«, wozu die Juden mit Moses vierzig Jahre oder vier oder nur vier Monate brauchten (Irrwege, Umwege, unerlaubtes Einschwenken in ein riesiges Truppenlager eingeschlossen), es gibt keine Flucht vor dem Stigma des guten Deutschen, das das Stigma vom bösen Deutschen voraussetzt. Unter Autoren ist das anders, fällt das nicht schwer, sich vorzustellen, was aus einem geworden wäre, was mit einem geschehen wäre, wäre der eine jüdisch, der andere nichtjüdisch gewesen, den Städter in den Bauern (und umgekehrt) zu versetzen, und ich denke dabei an einen, der weinte, weil er nicht in der Hitlerjugend mitmarschieren konnte, erinnere mich an den Jungen, der ich war, der wahrscheinlich krank geworden wäre, hätte er mit der Hitlerjugend marschieren müssen. Dieses literarische Spiel ist mit etwas Phantasie leicht gespielt, es entspannt ein wenig (nicht lange!), es ist ein Spiel, nostalgisch verbrämt, hilft nicht, nützt nicht, weil einer ja weiß: Es war nicht so, es ist nicht so gewesen – und, vor allem: Es ist anders gekommen. Man kann das spielen, um den einen oder anderen besser zu verstehen, den einen in des anderen Lage zu versetzen: Es bleibt ein schlechter Geschmack, weil verstehen einfach ein dummes Wort ist und ich nicht vertrieben bin, nicht aus meiner Heimat. Nicht aus einem Land Israel in einen Staat Israel, der sich allein nicht schützen kann; der da in den Sinai hinein – und um ihn herum – so viele Straßen baut, die nicht den Auftrag »Bauet dem Herren eine Straße durch die Wüste« erfüllen.

Die Zweifel mancher israelischer Autoren, Denker, Mahner sind stärker als meine, der ich mich eben nur versetze, nicht wirklich damit befaßt bin, und es wäre ein Wunder, würde wirklich eine Wende bedeuten, wenn arabische Kollegen so viel Zweifel an Politik und Propaganda ihrer Staaten äußern würden wie israelische Autoren an ihrem.

Autoren sind nun einmal so, pessimistisch, nicht aufs Negative (Abfallhaufen, Slums) aus, sie prüfen das vorhandene Material, entdecken das Gute anderswo als im Plan der Besichtigungen vorgesehen, und so haben Besichtigungen, das Vorzeigen und Vorführen von Sehenswürdigkeiten manchmal (in allen Ländern gleichermaßen) etwas Peinliches: Musterdörfer, Hotels, Fabriken, Plantagen – und dann noch der Beduinenmarkt von Beer Sheba, wo mich die blinden Bettler erschreckten, die so angstvolle wie beängstigende Rundfahrt durch Ghaza, dann an die Stätte Samson und Delilahs, und zum Schluß dann das Bad im Meer bei Askalon, im November, über das ich notierte: einfach herrlich. Ja, und das war's auch, einfach herrlich! Unbefangen, unbetroffen, als wäre einer im Süden Portugals oder in Tunesien – und nach einem ebenfalls ereignisreichen Tag das unvergessene (und unvergeßliche) Mittagessen in einem schattigen Restaurant am Hafen von Cäsarea (mit Hava Bitan), wo Archäologiestudenten (mit Erfolg) nach Amphoren tauchten.

Unvergessen auch die Besteigung von Masada, mit den beiden Unersetzlichen: Moshe Tavor und Avigdor, der für uns das notwendige Trinkwasser schleppte; dort oben, im Glutofen, mit dem Blick aufs Tote Meer, die Einsicht: daß Legenden wirklich sein können, Wirklichkeiten zu Legenden werden, wieder in Wirklichkeit verwandelt werden, allen Oberflächen-Reportervorstellungen – sie schlössen einander aus – zum Trotz. Es gibt Sehenswertes, auch Sehenswürdigkeiten genug: Ich neige nicht dazu, Touristen oder Pilger zu verachten, weder jüdische noch christliche oder mohammedanische. Es ist ein Privileg, außerhalb der Pilger- und Tourismus-Industrie ein wenig Zeit zu haben: etwa zum ausführlichen Geplauder, mit Rosen- und Zwiebelzüchtern über ihre Arbeit und ihre Probleme zu sprechen (bis zu welchem Zeitpunkt das EWG-Europa etwa noch Zwiebeln abnimmt... kommen sie zu spät, lohnt es nicht mehr, sie zurückzutransportieren, und sie werden ins Meer gekippt), und unvergessen ist auch das: die marokkanische

Familie, die da stolz auf ihr Häuschen, auf ihre Plastik-Rosenzuchtzelte, glücklich darüber, unverfolgt, nicht verachtet im Lande der Väter zu sein, langstielige Rosen für Märkte von London, Paris, München züchtet. Als Rosenzüchter wäre ich wahrscheinlich ein »guter Israeli« geworden, als Autor ziemlich sicher nicht. Es ist ja nicht der »zersetzende Intellektuelle« in einem, der einen in Paris, Moskau, New York, Bonn (oder eben auch Köln) kritisch macht; wer Romane oder Erzählungen schreibt, ist ja nur partiell (und damit nur potentiell) ein »Intellektueller«; es ist die Phantasie, die einen beschwert, der Gedanke an das Leben vor und nach diesem Leben, an Vergangenheit und Zukunft hinter dem Augenblick und über ihn hinaus, die Unmöglichkeit zu vergessen, der Fluch, sich immer zu erinnern – das ist es, und die Last, nie Feierabend mit seiner Phantasie zu haben – aber hier, im kleinen Häuschen der Rosenzüchter aus Marokko, war das alles für viele Minuten weg: Es war nur freudvolle Schmerzlichkeit im Gedanken an die Flüchtlinge und die Flüchtigen, die da immer wieder anfangen, aufbauen, Träume verwirklichen, unbewegt und unbeschwert von der revolvierenden Skepsis, und so denke ich oft, denke immer wieder an die kleine, energische junge Frau, die uns in makellosem Französisch die Probleme der Rosenzucht und des Rosenexports erklärte (Verpackung, sehr rasch zum Flughafen, hohe Abfallquote), die uns stolz ihr gutes Zimmer zeigte, das sie wahrscheinlich nur an sehr, sehr hohen Feiertagen benutzen: mit Couch und Anrichte, mit Sesselgarnitur (Schutzhüllen darüber) und einer prachtvollen gläsernen Kutsche auf der Anrichte – und ich war längst schon kein »Intellektueller« mehr (der ich, wenn überhaupt, nur partiell bin), der das alles »pflichtgemäß« kitschig und schauerlich hätte finden müssen, »kleinbürgerlich«, und ich begriff, was ich daheim nie begriffen hatte: Welch ein Stolz, welch ein Luxus, ein unbenutztes Zimmer zu haben, einen Raum außerhalb der Alltäglichkeit, ein gutes Zimmer, das ich als »gutes Zimmer« immer verachtet hatte, und ich erlaube mir nach sieben Jahren noch die Sentimentalität, mir, wenn ich Rosen kaufe, manchmal vorzustellen, sie stammten aus den Plastikzelten dieser marokkanischen Familie. Und ich denke an die langen, die endlosen Gespräche mit Jenny und Ezra, bei denen wir auch gemeinsam das Warum und Wieso nicht ergründeten. Shalom.

Quellennachweise

Mit den Augen eines Soldaten. Briefe aus den Kriegsjahren 1940 bis 1943, an die Eltern, die Geschwister und an Annemarie Cech. Unveröffentlicht.

Besuch auf einer Insel. Manuskript von 1952. Erstveröffentlichung in: Heinrich Böll, Werke, Essayistische Schriften und Reden 1, 1952–1963, hg. von Bernd Balzer, Köln: Kiepenheuer & Witsch 1978.

Annäherung an Irland. Briefe an Annemarie Böll, die Schwester Mechtild Böll und den Vater Victor Böll. Briefe vom 4. Juni und 6. Juni 1955 zuerst veröffentlicht in: Gabriele Hoffmann, Heinrich Böll, Bornheim-Merten: Lamuv 1986. Die anderen Briefe unveröffentlicht.

Skelett einer menschlichen Siedlung. Erstveröffentlichung in: Frankfurter Allgemeine Zeitung vom 16. Juli 1955. Aus: Heinrich Böll, Irisches Tagebuch, Köln: Kiepenheuer & Witsch 1957.

Wo liegt Paris? Erstveröffentlichung in: Köln, April–Juni 1956. Aus: Heinrich Böll, Werke, Essayistische Schriften und Reden 1, 1952–1963, hg. von Bernd Balzer, Köln: Kiepenheuer & Witsch 1978.

Reise durch Polen. Erstveröffentlichung in: Dokumente, Januar/Februar 1957. Aus: Heinrich Böll, Werke, Essayistische Schriften und Reden 1, 1952–1963, hg. von Bernd Balzer, Köln: Kiepenheuer & Witsch 1978.

Undines gewaltiger Vater. Erstveröffentlichung in: Frankfurter Allgemeine Zeitung vom 10. Januar 1957. Aus: Heinrich Böll, Werke, Romane und Erzählungen 3, 1954–1959, hg. von Bernd Balzer, Köln: Kiepenheuer & Witsch 1978.

Straßen wie diese. Erstveröffentlichung als Nachwort zu: Chargesheimer, Unter Krahnenbäumen – Bilder aus einer Straße, Köln 1958. Aus: Heinrich Böll, Werke, Essayistische Schriften und Reden 1, 1952–1963, hg. von Bernd Balzer, Köln: Kiepenheuer & Witsch 1978.

Stadt der alten Gesichter. Erstveröffentlichung in: Der Schriftsteller Heinrich Böll, Köln 1959. Aus: Heinrich Böll, Werke, Essayistische Schriften und Reden 1, 1952–1963, hg. von Bernd Balzer, Köln: Kiepenheuer & Witsch 1978.

Nordrhein-Westfalen. Erstveröffentlichung 1960. Aus: Heinrich Böll, Werke, Essayistische Schriften und Reden 1, 1952–1963, hg. von Bernd Balzer, Köln: Kiepenheuer & Witsch 1978.

Assisi. Erstveröffentlichung in: H. J. Schultz (Hg.), Frömmigkeit in einer weltlichen Welt, Stuttgart 1959. Aus: Heinrich Böll, Werke,

Essayistische Schriften und Reden 1, 1952–1963, hg. von Bernd Balzer, Köln: Kiepenheuer & Witsch 1978.

Durch die Kamera gesehen. Briefe aus Irland von 1960, an Annemarie Böll und an die Söhne René und Vincent. Unveröffentlicht.

Irland und seine Kinder. Fernsehdrehbuch. Sendung: ARD (WDR) am 8. März 1961. Erstdruck in: WDR, Jahrbuch 1960 bis 1961, Köln 1961. Aus: Heinrich Böll, Werke, Hörspiele, Theaterstücke, Drehbücher, Gedichte 1, 1952–1978, hg. von Bernd Balzer, Köln: Kiepenheuer & Witsch 1978.

Im Süden. Briefe an die Schwester Mechtild Böll und an die Familie Mandl. Unveröffentlicht.

Rom auf den ersten Blick. Erstveröffentlichung 1961. Aus: Heinrich Böll, Werke, Essayistische Schriften und Reden 1, 1952 bis 1963, hg. von Bernd Balzer, Köln: Kiepenheuer & Witsch 1978.

Abschied von Irland. Erstveröffentlichung in: Frankfurter Allgemeine Zeitung vom 25. März 1967. Aus: Heinrich Böll, Werke, Essayistische Schriften und Reden 2, 1964–1972, hg. von Bernd Balzer, Köln: Kiepenheuer & Witsch 1978.

Der Panzer zielte auf Kafka. Erstveröffentlichung in: Der Spiegel vom 20. September 1968, m. d. Untertitel: Vier Tage in Prag. Aus: Heinrich Böll, Werke, Essayistische Schriften und Reden 2, 1964–1972, hg. von Bernd Balzer, Köln: Kiepenheuer & Witsch 1978.

Ein Satz aus der Geschichte: Der Ort war zufällig. Rundfunkmanuskript. Sendung: SWF am 27. Dezember 1969. Aus: Heinrich Böll, Werke, Essayistische Schriften und Reden 2, 1964 bis 1972, hg. von Bernd Balzer, Köln: Kiepenheuer & Witsch 1978.

Fjodor M. Dostojewskij und Petersburg. Fernsehdrehbuch. Sendung: ARD (WDR) am 15. Mai 1969. Erstdruck in: Neue politische und literarische Schriften, Köln 1973. Aus: Heinrich Böll, Werke, Hörspiele, Theaterstücke, Drehbücher, Gedichte 1, 1952–1978, hg. von Bernd Balzer, Köln: Kiepenheuer & Witsch 1978.

Wer Augen hat zu sehen, sehe! Erstveröffentlichung als Vorwort zu: UdSSR – Der Sowjetstaat und seine Menschen, Stuttgart 1970. Aus: Heinrich Böll, Werke, Essayistische Schriften und Reden 2, 1964–1972, hg. von Bernd Balzer, Köln: Kiepenheuer & Witsch 1978.

Dürfen Russen lachen? Erstveröffentlichung in: Konkret vom 26. Mai 1976. Aus: Heinrich Böll, Werke, Essayistische Schriften und Reden 3, 1973–1978, hg. von Bernd Balzer, Köln: Kiepenheuer & Witsch 1978.

Shalom. Erstveröffentlichung in: Deutsches Allgemeines Sonntagsblatt vom 5. März 1978 und 12. März 1978, m. d. Untertitel: Ein Essay. Zugleich Vorwort zu: Hilla und Max Jacoby, Shalom, Hamburg 1978. Aus: Heinrich Böll, Werke, Essayistische Schriften und Reden 3, 1973–1978, hg. von Bernd Balzer, Köln: Kiepenheuer & Witsch 1978.

Ein Autor schafft Wirklichkeit

Am 18.11.1987 wurde die Heinrich-Böll-Stiftung gegründet. Die Stiftung ist bemüht, Heinrich Bölls Wirken in Kultur und Gesellschaft fortzusetzen und lebendig zu erhalten.

Mehrere Fachbeiräte verwirklichen die Aufgaben des Vereins in den einzelnen Arbeitsbereichen. So wird der Fachbeirat »Heinrich Böll – Leben und Werk« insbesondere die Erforschung und Verbreitung seines Werkes unterstützen.

Bitte fordern Sie die Satzung und die »Plattform unter Verwendung von Heinrich-Böll-Zitaten« an von der

Heinrich-Böll-Stiftung e. V., Unter Krahnenbäumen 9
5000 Köln 1, Telefon: (0221) 160510

Heinrich Böll im dtv

Foto: Isolde Ohlbaum

Irisches Tagebuch · dtv 1

Zum Tee bei Dr. Borsig
Hörspiele · dtv 200

Als der Krieg ausbrach · dtv 339

Nicht nur zur Weihnachtszeit
dtv 350 · dtv großdruck 2575

Ansichten eines Clowns · dtv 400

Wanderer, kommst du nach Spa ...
dtv 437

Ende einer Dienstfahrt · dtv 566

Der Zug war pünktlich · dtv 818

Wo warst du, Adam? · dtv 856

Gruppenbild mit Dame · dtv 959

Billard um halbzehn · dtv 991

Die verlorene Ehre der Katharina Blum · dtv 1150/großdruck 25001

Das Brot der frühen Jahre
dtv 1374

Hausfriedensbruch. Hörspiel
Aussatz. Schauspiel
dtv 1439

Und sagte kein einziges Wort
dtv 1518

Ein Tag wie sonst
Hörspiele · dtv 1536

Haus ohne Hüter · dtv 1631

Du fährst zu oft nach Heidelberg
dtv 1725

Das Heinrich Böll Lesebuch
dtv 10031

Was soll aus dem Jungen bloß werden?
Oder: Irgendwas mit Büchern
dtv 10169

Das Vermächtnis · dtv 10326

Die Verwundung · dtv 10472

Heinrich Böll/Heinrich Vormweg:
Weil die Stadt so fremd geworden ist... dtv 10754

Niemands Land
Kindheitserinnerungen an die Jahre 1945 bis 1949
Herausgegeben von Heinrich Böll
dtv 10787

Frauen vor Flußlandschaft · dtv 11196

Eine deutsche Erinnerung
Interview mit René Wintzen
dtv 11385

Rom auf den ersten Blick
Landschaften. Städte. Reisen
dtv 11393

Heinrich Böll zum Wiederlesen
dtv großdruck 25023

In eigener und anderer Sache
Schriften und Reden 1952 – 1985
9 Bände in Kassette · dtv 5962
(Einzelbände dtv 10601 – 10609)

In Sachen Böll –
Ansichten und Einsichten
Hrsg. v. Marcel Reich-Ranicki
dtv 730

Horst Krüger im dtv

Foto: Isolde Ohlbaum

Ostwest-Passagen

Horst Krügers literarisch-politische Reise-Essays sind nicht deshalb so brillant und außergewöhnlich, weil er so außergewöhnliche Orte besucht, sondern weil er sie anders sieht. dtv 1562

Poetische Erdkunde
Reise-Erzählungen

Zehn scharfzüngig-anmutige und engagierte Reisebeschreibungen über Frankfurt am Main, die Provinz der DDR, Wien, Mainfranken, Baden, den El Escorial in Spanien, Ägypten, Washington D.C., Peking und Hongkong sowie ›Die Frühlingsreise – Sieben Wetterbriefe aus Europa‹. dtv 1675

Spötterdämmerung
Lob- und Klagelieder zur Zeit

Eine Sammlung heiterer, provokanter, aber auch melancholischer Feuilletons und witziger Satiren, in denen Horst Krüger von sich und seinen Reiseerlebnissen berichtet, Zeiterscheinungen aufs Korn nimmt, über den Kulturbetrieb spottet und Schriftstellerkollegen porträtiert. dtv 10355

Tiefer deutscher Traum
Reisen in die Vergangenheit

Horst Krüger auf der Suche nach der deutschen Identität. Ein sinnliches, melancholisches und ehrliches Buch. »Ich habe es in einem Zug gelesen, Orte und Menschen neu entdeckt, den Osten, die Deutschen, auch unsere Geschichte neu sehen gelernt.« (Arnulf Baring) dtv 10558

Das zerbrochene Haus
Eine Jugend in Deutschland

Horst Krügers Bilanz seiner Jugend im nationalsozialistischen Deutschland. Das persönliche Leben im Alltag und die Politik jener Jahre sind in diesem Bericht auf ungewöhnliche Weise miteinander verknüpft. Ein Bekenntnis und eine scharfsinnige Analyse des verführten Kleinbürgertums. dtv 10665

Zeit ohne Wiederkehr

Eine Auswahl von Feuilletons des unerschrockenen Chronisten Horst Krüger, die in den Jahren 1964 bis 1983 entstanden sind und als literarische Spiegelungen des Zeitgeistes die Jahre überdauert haben. dtv 11121

Kennst du das Land
Reise-Erzählungen

Horst Krüger als Reisebegleiter nach Amerika, Indien, Israel, Estland, Ungarn, Rothenburg ob der Tauber, West-Berlin und in die DDR. dtv 11158